AF372031

SANAR LA HERIDA MATERNA

La página 341 supone una continuación de esta página de derechos de autor.

2ª edición: octubre 2022

Título original: Discovering the Inner Mother: A Guide to Healing the Mother Wound and Claiming Your Personal Power

Traducido del inglés por Alicia Sánchez Millet

Diseño de portada: Editorial Sirio, S.A.

Maquetación de interior: Toñi F. Castellón

© de la edición original
2021 de Bethany Webster

Publicado por acuerdo con William Morrow, un sello editorial de HarperCollins Publishers

© de la foto de la autora
Jessica Star

© de la presente edición
EDITORIAL SIRIO, S.A.
C/ Rosa de los Vientos, 64
Pol. Ind. El Viso
29006-Málaga
España

www.editorialsirio.com
sirio@editorialsirio.com

I.S.B.N.: 978-84-18531-49-1
Depósito Legal: MA-1293-2021

Impreso en Imagraf Impresores, S. A.
c/ Nabucco, 14 D - Pol. Alameda
29006 - Málaga

Impreso en España

Puedes seguirnos en Facebook, Twitter, YouTube e Instagram.

BETHANY WEBSTER

SANAR LA HERIDA MATERNA

*Descubrir a la madre interior y romper
con la herencia patriarcal de dolor, vergüenza,
sometimiento y silencio, que recibimos
las mujeres de generación en generación*

EDITORIAL SIRIO

Este libro está dedicado a todas las mujeres que anhelan encarnar su verdad, romper los ciclos de los traumas familiares y expresar más plenamente su poder y su potencial. A medida que vamos sanando nuestros traumas colectivos y personales, vamos despejando el camino para que haya más mujeres que puedan manifestarse en el mundo. Ojalá sientas el respaldo de todas las mujeres valientes que ha habido a lo largo del tiempo y del espacio: están contigo, animándote.

Un día por fin supiste

lo que tenías que hacer, y empezaste,

aunque a tu alrededor

algunas voces insistieran en gritar

sus malos consejos,

aunque la casa entera empezara a tambalearse

y sintieras el viejo tirón de los grilletes de tus tobillos.

«¡Arregla mi vida!»,

gritaba cada voz.

Pero no te detuviste.

Sabías lo que tenías que hacer,

aunque el viento hurgara

con sus dedos rígidos

hasta en los propios cimientos,

a pesar de su terrible melancolía.

Demasiado tarde,

era una noche inhóspita,

y el camino estaba lleno de piedras y ramas caídas.

Pero, poco a poco,

a medida que ibas dejando sus voces atrás,

las estrellas empezaron a alumbrar

a través de los mantos de nubes,

y surgió una nueva voz,

que paulatinamente empezaste a

reconocer como tuya,

que te hacía compañía,

a medida que, con paso firme y raudo,

te adentrabas cada vez más en el mundo,

dispuesta a hacer

lo único que podías hacer,

dispuesta a salvar

la única vida que podías salvar.

El viaje, **de Mary Oliver**

ÍNDICE

NOTA DE LA AUTORA

La memoria y la percepción son subjetivas por naturaleza, son inherentes a la experiencia personal del observador.

Los ejemplos personales que cito en este libro se basan en mis propias percepciones de personas y acontecimientos que tuvieron lugar en mi infancia y en cómo creo que me han afectado en mi vida de adulta.

He hecho todo lo posible para ceñirme a la realidad y describir mis recuerdos con equidad, pero quiero dejar claro que estas perspectivas no son una exposición de hechos sino mis percepciones y opiniones personales.

INTRODUCCIÓN

Desde muy joven, he sentido que algo no funcionaba en mi relación con mi madre, pero instintivamente afrontaba la situación guardando silencio y siendo fiel al papel de «buena chica». A eso de los diecinueve, mis síntomas se agravaron de tal modo que me vi obligada a buscar ayuda profesional, y tuve la suerte de iniciar un extraño viaje, que ya dura décadas, con una terapeuta especializada en terapia profunda, correctiva y relacional, que aún hoy continúa. Al principio evité ahondar en mi relación con mi madre, pero estaba decidida a comprender la verdadera causa de mi desesperación que, durante años, ha sido un misterio para mí. Semana a semana, año tras año, década tras década, he ido experimentando revelaciones, realizando conexiones y haciendo descubrimientos que no he visto reflejados en obras divulgativas sobre terapias de desarrollo personal, psicología o autoayuda.

En 2013, empecé a escribir un blog, deseosa de compartir todo lo que estaba descubriendo sobre la herida materna. No parecía haber mucho material sobre este fenómeno, pero quería ayudar a otras mujeres que, al igual que yo, estaban intentando descubrir el origen de sus síntomas. Casi inmediatamente después de haber comenzado a escribir mi blog, mis artículos se volvieron virales y se corrió la voz por todo el mundo. Empecé a recibir un flujo constante de correos de mujeres que me contaban sus historias y me daban las gracias por narrar experiencias para las que no encontraban palabras o no tenían el valor de expresar.

De pronto, mi vida se llenó de sincronicidades. Varios meses después, acababa de reservar un viaje a Barcelona, España, donde iba a pasar una de mis escasas vacaciones, cuando, al día siguiente, recibí un correo de una profesora de esa ciudad, que me preguntaba si podía traducir uno de mis artículos, para un taller que iba a impartir a un grupo de mujeres. Le respondí que iba a estar allí por esas fechas y que me encantaría dar una charla sobre dicho artículo, durante mi estancia. Una cosa llevó a la otra, y acabé dando dos talleres, en un solo fin de semana, en los que no quedaba ni una plaza libre. Me presentó a su red de colaboradoras en Europa, y volví a España para hacer una gira de talleres por varias ciudades, desde Barcelona a Bilbao, pasando por Madrid, Valladolid y otras. Asistieron mujeres de todas partes de Europa. Y casi sin darme cuenta, estaba en un tren hacia Gran Bretaña, donde impartí talleres en Londres, Totnes, Frome, Nottingham y otras ciudades. Luego comenzaron a llegar invitaciones desde Budapest, Berlín, Italia, Viena, Croacia, Bélgica, Polonia, Holanda y Austria, y desde lugares más lejanos en India, Bali, Japón y Tailandia.

En todas las ciudades, me encontraba salas abarrotadas de mujeres curiosas, nerviosas, deseando conectar con otras mujeres y con ganas de resolver este tema. Se trataba de mujeres de todo tipo, desde ejecutivas, terapeutas, académicas y amas de casa, hasta estudiantes universitarias, abuelas, emprendedoras y *millennials*. Al final de cada taller, se notaba que la pesadez inicial que reinaba en la atmósfera se había transformado en una inmensa ligereza, amplitud y electricidad. Era asombroso ver que se creaban vínculos profundos con tanta rapidez, a medida que explorábamos juntas este tabú.

Posteriormente, ese mismo año, después de haber asistido a un congreso de mujeres, regresé a casa frustrada por la falta de profundidad que había visto al tratar sobre los temas que nos interesan a las mujeres. Me di cuenta de hasta qué extremo las mujeres, incluso las que estaban en la cima del éxito, trataban de evitar la más que evidente herida materna. Ese descubrimiento me impulsó a escribir un ensayo que llevaba por título «Why It's Crucial for Women to Heal the Mother Wound» [¿Por qué es crucial para las mujeres sanar la herida materna?]. Este artículo, en particular, elevó rápidamente el grado de concienciación respecto a la herida materna a un nivel totalmente nuevo; incluso se empezó a utilizar la expresión en artículos, *podcasts*, talleres y redes sociales.

Sabía que quería escribir un libro sobre este tema, pero lo iba posponiendo porque mi negocio seguía expandiéndose gracias a mis escritos, viajes y enseñanzas. Al final, pude dejar mi empleo de administrativa en una universidad y me centré en este trabajo a tiempo completo. Con el paso del tiempo, observé que uno de los indicativos de que las mujeres estaban curándose de su herida era que mostraban una mayor predisposición a alterar y transformar el mundo de los negocios tal como lo conocemos, así como el poderoso deseo de ser veraces, auténticas, y de vivir la vida a su manera. He conocido mujeres que han puesto fin a su matrimonio, su trabajo y las relaciones que ya no les servían, o que empezaban a transformarlos desde dentro, y en ambos casos, inspiraban y propiciaban el cambio en las personas que tenían a su alrededor, haciendo que todo subiera de nivel.

Cuando Trump fue elegido presidente, sentí una urgencia tremenda de escribir un libro, a fin de poder llegar a más mujeres y enseñarles qué era la herida materna, cuál era su relación con el fin del patriarcado y por qué es importante que la curemos. Una mañana me desperté con un claro sentimiento de que había llegado el momento de escribir el libro lo antes posible; el mundo estaba cambiando y este mensaje era más necesario que nunca. Tenía la intención de responder a una de las editoras que se habían puesto en contacto conmigo, a pesar de que no tenía agente. Pero, según parece, el universo tenía otros planes, puesto que al día siguiente recibí un correo electrónico de una agente interesada en representarme. El resultado es el libro que tienes en tus manos.

Resumiendo, escribir este libro sobre la herida materna ha sido el fruto de dos décadas de investigación y de doloroso trabajo interior. Es el libro que me gustaría haber tenido, cuando empecé mi propio viaje. También es un libro *para este momento*, una etapa en la que el despertar global se ha vuelto imprescindible para nuestra supervivencia colectiva.

Aquí voy a compartir mi propio viaje sobre cómo descubrí la herida materna y las herramientas que he utilizado para seguir trabajando sobre este tema en el ámbito personal y con miles de mujeres. También hablaré de los grandes avances que experimenté a raíz de descubrir a mi propia *madre interior*, con sus correspondientes revelaciones sobre el feminismo, los traumas intergeneracionales y el potencial humano.

La herida materna es un tipo de trauma familiar y cultural específico del patriarcado

Tanto hombres como mujeres sufren la herida materna. Esta herida se manifiesta en el ámbito personal, cultural, espiritual y planetario. Es un tema tan endémico en nuestra cultura que podría y debería ocupar varios volúmenes: este libro no es más que una introducción, y se centra principalmente en el plano personal. Aquí me he centrado en el aspecto de la herida materna cuando eres consciente de ella por primera vez y por experiencia propia. Creo que cuando cada una de nosotras se haya sanado lo suficiente en el plano individual, estaremos más preparadas para cumplir los requisitos necesarios para transformarla como sociedad. Este no es un trabajo para culpabilizar a nuestras madres, sino sobre la responsabilidad generacional e intergeneracional. Se trata de ser dueñas de nuestro poder y, por consiguiente, de crear un nuevo equilibrio y armonía en nuestro mundo, entre las energías masculina y femenina.

A lo largo de los años, escritoras como Adrienne Rich y Christiane Northrup han mencionado el concepto, pero nadie ha especificado exactamente qué es y por qué sigue siendo una experiencia universal de las mujeres de todo el mundo. En este libro, pretendo cerrar una brecha elemental en nuestra comprensión de la psicología y el empoderamiento femenino, definiendo la herida materna, explicando cómo se manifiesta en nuestra vida y aportando una visión unificadora, a la par que una guía práctica para el viaje de sanación.

Aunque tengo una licenciatura y un máster en Psicología, soy *coach*, no psicoterapeuta o especialista en traumas. En la página 319 he incluido un apéndice de términos más técnicos elaborado por mi terapeuta, Nicole Ditz, para las que estéis interesadas en saber más, pues este libro trata temas como el funcionamiento del cerebro y el trauma complejo durante el desarrollo.

Descubre a tu madre interior abarca temas de interseccionalidad,[*] género, sexualidad, raza, religión y otros vectores de nuestra cultura

---

[*] N. de la T.: Es un enfoque que defiende que el género, la etnia, la clase u orientación sexual, así como otras categorías sociales, no son naturales, sino creados, y están interrelacionados. Es el estudio de las identidades sociales solapadas y sus respectivos sistemas de opresión, dominación o discriminación. Término acuñado por la jurista afroamericana Kimberlé Crenshaw. (Fuente: Wikipedia)

relacionados intrínsecamente con la herida materna. Igualmente, la relación de los hijos y la herida materna, así como los patrones de interacción de los padres para con sus hijas, son áreas de vital importancia para la temática de esta obra. Los múltiples puntos de intersección de estos temas con la herida materna bien merecen un análisis de calidad y una profundidad que las limitaciones de un solo volumen no me permiten abordar. Espero tener la oportunidad de tratarlos como se merecen en obras futuras.

No obstante, también me gustaría subrayar que mis experiencias están bajo la influencia del privilegio de quien soy y de donde procedo, como mujer blanca, de clase media y con estudios. Todas estamos limitadas por las circunstancias de nuestra propia vida y no todo el mundo tiene por qué identificarse con ellas. Soy consciente de que mis experiencias e identidades limitan mis perspectivas y mi comprensión. Relato mi propia historia como ejemplo y objeto de debate, con la esperanza de que ayudará a las lectoras a comprender mejor su propia situación.

He escrito este libro como mujer blanca que se ha beneficiado gratuitamente de los privilegios que me ha ofrecido el color de mi piel y del doloroso legado de mis antepasadas, y como persona comprometida con mi propio trabajo interno y externo, y con las más altas directrices de responsabilidad, para poner fin al racismo y a los sistemas de opresión. Mientras mis investigaciones y conversaciones con miles de mujeres revelan que existe una afinidad transversal con el fenómeno de la herida materna en muchas razas y culturas, los factores de racismo sistemático e institucionalizado, la opresión y los traumas ocasionados por la raza y otros elementos agravan la herida materna y generan disparidad respecto a ella en muchas mujeres.

Cuando hablo de la herida materna en el contexto de las culturas patriarcales, me estoy refiriendo a las ubicuas sociedades patriarcales capitalistas ancladas en la colonización y destrucción de la tierra que han llegado a dominar gran parte del mundo. Este libro, donde describo mi historia personal y mis observaciones, tiene como objetivo abrir una puerta para que se oiga el bullicioso coro de voces femeninas de una gran variedad de clases sociales, razas y culturas, y que compartan sus experiencias personales en lo que respecta a la herida materna.

Aunque está pensado principalmente para mujeres, creo que cualquiera que lo lea se beneficiará de él. A las mujeres que son madres, las invito a leerlo desde su perspectiva de sí mismas *como hijas*, puesto que esta herida solo podemos sanarla con esa visión. A medida que te vas dando cuenta de cómo fuiste educada y del impacto que tuvo dicha educación sobre ti, es probable que cambie positivamente tu actitud como madre, lo cual te ayudará a crear vínculos más fuertes y saludables con tus hijos e hijas.

Aquí hago una transición de lo personal a lo cultural, empezando por una explicación de lo que es la herida materna, cómo se manifiesta y el tipo de dinámica de poder que genera. A continuación, indagaremos en el proceso de revisar los traumas dentro de tu familia, el trabajo interior que ello conlleva y, por último, los cambios que puedes esperar, a medida que avanzas hacia la otra orilla. Al final de cada capítulo hay una serie de preguntas para reflexionar, que son para ayudarte a analizar el material en el contexto de tu experiencia personal. Las que leáis el libro y os sintáis preparadas para profundizar en el proceso de sanación, os recomiendo que visitéis mi sitio web (www.bethanywebster.com), en el que encontraréis más fuentes e información.

En última instancia, sanar la herida materna nada tiene que ver con nuestras madres, sino con aceptarnos a nosotras mismas como mujeres y aceptar nuestros dones sin avergonzarnos. Tiene que ver con ampliar nuestra capacidad para albergar el dolor emocional y transformarlo en conciencia. Tiene que ver con restaurar un antiguo desequilibrio creado por el patriarcado. Con dejar de sentirnos inconscientemente niñas abandonadas y desesperadas, que proyectan su dolor hacia todo lo que las rodea. Sanar nuestra herida materna nos permite convertirnos en las afectuosas observadoras de la querida niña interior y ser un ejemplo vivo de la benevolente conciencia femenina que ha estado latente dentro de muchas de nosotras. Para conseguir una sanación intergeneracional hemos de aprender a encarnar justamente todo aquello que nunca recibimos, a ser la amorosa presencia que anhelamos para nosotras mismas, la benevolente e incondicional presencia que siempre está ahí pase lo que pase. Hemos de darnos cuenta de que en nuestro interior tenemos una reserva de ayuda virgen, que podemos utilizar en cualquier momento. Nos convertimos no solo en el receptáculo sino en el contenido, en el anhelo y en lo anhelado, en el recipiente colectivo para algo nuevo y sin precedentes que ha de ver la luz en este mundo.

Aquí tienes una breve muestra de los beneficios de sanar la herida materna:

Recobramos la sensibilidad hacia la vida: la vida renace. En vez de ver las cosas a través de un prisma de etiquetas muertas y una capa de proyecciones traumáticas, podemos percibir la belleza visceral, la profundidad y el valor de la vida que nos rodea.

Integramos en lugar de encasillar: somos más capaces de ver la vida como una totalidad integrada y aumenta nuestra autoconciencia. Vemos más las conexiones que las diferencias. Las diferencias que vemos no nos parecen tan peligrosas. Estamos más abiertas a recibir comentarios.

Vemos los detonantes como oportunidades: nuestra forma de reaccionar es un indicador que nos muestra qué es lo siguiente de nuestro pasado que hemos de sanar. Cada detonante es una oportunidad para tomar mejores decisiones que las que tomamos de niñas.

Reivindicamos vías de conocimiento vivas: la experiencia vivida se convierte en una fuente de sabiduría e información. Actuamos de acuerdo con nuestro propio autoconocimiento y aprendemos a confiar en él. Reclamamos la autoridad de nuestra experiencia. Aprendemos a confiar en nuestras observaciones e intuiciones.

Priorizamos el ser, en lugar del hacer: confiamos en nuestra necesidad de descansar, de silencio, de espacio, de tiempo, sin sentir que nos va a suceder algo terrible si no somos productivas.

Decosificamos el mundo que nos rodea: a medida que nos abrimos emocionalmente a nuestra traumatizada niña interior, también nos abrimos a otras personas, sentimos más empatía y estamos más conectadas con las especies no humanas y con la propia tierra.

Valoramos la vulnerabilidad: cuando nos damos cuenta del alcance y de la magnitud de todo lo que hemos sufrido emocionalmente de niñas, valoramos emociones como la ira y la tristeza, y les damos la bienvenida, en vez de juzgarlas o avergonzarnos de ellas. Esperamos la renovación y la regeneración que nos ofrecen, así como la claridad que siempre deja su estela.

Sanar la herida materna no es un camino rápido, atractivo o sencillo. Pero es el verdadero sendero hacia la sanación intergeneracional y la transformación, que hemos de experimentar con el fin de crear cambios duraderos para las generaciones futuras. A través de este trabajo, construimos un mundo mejor para nosotras, nuestra familia, nuestros hijos e hijas y el planeta.

Capítulo 1

¿QUÉ ES LA HERIDA MATERNA?

George Bernard Shaw

*É*ramos una familia de clase media de Nueva Inglaterra. Mis padres tenían trabajos estables y vivíamos en un bonito barrio. Vivía en una casa, no me faltaba la comida en el plato y me iba de vacaciones en verano. Me compraban ropa al empezar cada nuevo curso y organizaban mis fiestas de graduación. Pero por muy buena que fuera la intención de mis padres, para mí, mi hogar era como una zona de guerra emocional, donde yo estaba en el centro. Mis padres se casaron jóvenes, y creo que repetían inconscientemente los patrones disfuncionales a los que estuvieron sometidos durante su educación en su propia familia.

Tenía tan solo seis años cuando mi madre me dijo que yo era su mejor amiga y que me quería más que a nadie. Por esas mismas fechas, empecé a observar que mi padre llegaba tarde por la noche y que iba a bares, mi madre *lloraba y yo la consolaba y me ponía de su parte, cuando se enfadaba con mi padre al llegar a casa. Era su aliada, su guerrera y, en un contexto emocional, su cónyuge sustituta. Sentía que mi seguridad dependía de proporcionarle apoyo emocional. Cuando mi padre volvía tarde por la noche, veíamos la televisión en su cama y hablábamos. Su confianza en mí me hacía sentirme importante, pero también esclava de su dolor. Albergaba la esperanza de que algún día pudiera corresponderme satisfaciendo mis necesidades.*

Con el paso de los años, fui ejerciendo cada vez más el papel de mediadora familiar, gritando a mi padre en nombre de mi madre, amparando a mi padre ante la furia de mi madre, poniéndome en medio para proteger a mi hermano cuando mi padre se ponía violento. Era la esponja para los sentimientos no deseados de la familia, la que paraba el primer golpe en los momentos de crisis, la que resolvía los problemas y el vertedero emocional. La consecuencia era que descuidaba constantemente mis propias necesidades, observaciones, sentimientos y respuestas auténticas que había en mi interior, me sacrificaba dándolo todo a favor del sistema familiar. Externamente, estaba calmada, pero internamente siempre estaba alerta intentando detectar catástrofes inminentes.

A eso de los siete años, soñaba repetidamente que encontraba un bebé real, uno mío al cual pudiera cuidar. Anhelaba ser una niña real, no una muñeca ni un objeto, sino una niña de verdad merecedora de atención emocional, de sentirse respaldada y de recibir cariño de un adulto sano. Desde la enseñanza básica hasta la media, desarrollé una profunda devoción por la Virgen María. Mis padres no eran religiosos, de modo que mi devoción era algo que pertenecía a mi propio mundo que era ajeno al suyo, era como una cuerda salvavidas en medio del caos. Algunas veces, me quedaba a dormir en casa de mi bisabuela, y me enseñó a rezar. Murió cuando yo tenía diez años, y a mí me dieron todos sus objetos religiosos: figuras, estampas, rosarios y libros. Monté un altar en mi habitación y rezaba a menudo para que María se me apareciera de regreso a casa, cuando volvía de la escuela, o en nuestro jardín trasero, como lo hizo con los pastorcitos de Fátima. Realizaba buenas acciones en secreto, como ayudar a las compañeras de la escuela o ser generosa con mi hermano, y se lo ofrecía a ella. Intentaba que pasaran días enteros sin cometer ningún pecado.

A los once años, recuerdo el silencio que imperaba en la casa, una tarde en la que estaba sola. Tomé un cuchillo de sierra grande de un cajón de la cocina y me levanté la camisa. Me puse la punta del cuchillo en el centro del pecho y cerré los ojos. Pensé que eso haría que mejoraran las cosas, todos serían más felices sin mí. Desapareciendo yo, creía que su sufrimiento y el mío terminarían. Al final, sentí mucho miedo de lo que estaba a punto de hacer. Ahora, cuando lo recuerdo me doy cuenta claramente de que percibía que el problema era mi existencia, debido al trato desdeñoso que sentía que recibía en mi niñez.

Durante toda mi etapa universitaria, seguí siendo una «buena chica», a la vez que tenía la sensación de que las necesidades de mi madre me perseguían, hasta el punto de sentir como si una ominosa sombra estuviera siempre detrás de mí. Desde que puedo recordar, ella compartía conmigo diferentes situaciones que le preocupaban, tanto si se trataba de su relación disfuncional con mi padre como de algún tema laboral. A medida que me iba haciendo mayor, parecía que lo que esperaba de mí era tener alguien con quien poder desahogarse, y con el paso del tiempo, mi resentimiento y mi ira fueron en aumento debido a que percibía que había un desequilibrio en nuestra relación, que se traducía en que mis necesidades fueran invisibles. Parecía que esperara que la aliviara de sus preocupaciones. Cuando se me ocurría mencionar mis problemas, con frecuencia, se cerraba o adoptaba una actitud claramente hostil. Mi papel como sirvienta emocional parecía servir de tapadera de su rabia. Sentía que no me podía desviar de ese rol sin recibir algún tipo de castigo.

Cuando me iba bien como estudiante o en algún terreno artístico, su orgullo de madre respecto a mí siempre estaba vinculado a manipulativas exigencias tácitas de «no me dejes. No estés por encima de mí. No me amenaces». Tenía la fuerte sensación de que se encontraba en una especie de voraz abismo que solo me revelaba a mí, y que conseguía controlar cuando «me comportaba según lo previsto», que para mí era como si lo único que esperara de mí es que fuera su mascota obediente, su animadora personal y su mejor amiga. Cuando expresaba opiniones contrarias a las suyas, marcaba mis límites, daba muestras de tener un momento de confianza en mí misma o ejercía mi independencia de ella, se lo tomaba como una traición. Respondía con una dura ofensa, un bufido de exasperación o un rechazo inmediato a lo que acababa de decir. A veces, respondía con una mirada de furiosa incredulidad, como si mi capacidad para expresar una realidad diferente a la suya le provocara un súbito dolor físico. Yo soñaba recurrentemente que estaba en una cárcel y que mi madre era mi carcelera, y que me obligaba a sentarme delante de ella a observar lo que estaba comiendo, mientras yo me moría de hambre.

En la universidad, iba a la deriva. Estaba empezando a vivir la vida de mi madre, tenía relaciones semejantes a la suya con mi padre y estaba cursando la carrera de Magisterio, igual que ella. Cada vez me sentía más perdida, deprimida y vacía, y me costaba más ocultarlo. Mi propio dolor empezó a salir a la luz, pero carecía del modelo de alguien que cuida de sí misma. A los diecinueve, me quedé embarazada por sorpresa; tuve que hacer un alto en el camino y replantearme quién era y quién quería ser.

Recuerdo un día en que estaba en una tienda de naturopatía y productos ecológicos, me dirigí al tablón de anuncios y me puse a mirar los folletos y tarjetas comerciales, buscando silenciosamente información sobre terapeutas en la zona. Me fijé en una tarjeta que tenía un símbolo de la diosa. Llamé al número que aparecía en ella y fui a mi primera sesión de terapia una semana después de haber abortado. Me embarqué en lo que se convertirían en más de veintidós años de terapia profunda, intensiva, exhaustiva y relacional de traumas del desarrollo. Esta terapia ha proseguido regularmente durante todos estos años, hasta el día de hoy, y sigue siendo lo que me mantiene a flote en mi viaje.

A diferencia de la terapia convencional centrada en aliviar los síntomas a corto plazo, de corta duración, preocupada por obtener resultados rápidos *y cuya técnica se basa en un modelo descendente,*[*] *mi terapeuta, Nicole, me ofrecía una terapia intensiva del trauma, basada en un proceso relacional sumamente reparador, que me ha ayudado a cambiar en profundidad mi maltrecho panorama interno, a sanar aspectos de mi niña interior y a desarrollar la facultad de convertirme en mi propia madre. La esencia de mi trabajo con Nicole ha sido la creación de un vínculo de apego primario correctivo, seguro y sanador, basándose en varias teorías y prácticas de muchas otras escuelas de psicoterapia.*

Ha sido una terapia de colaboración, en la que Nicole ha dado muestras de un gran respeto por mi individualidad y de una profunda sintonía, empatía y consideración hacia mí, incluso en los momentos de transferencia[**] *hostil, que surgían de la proyección inconsciente hacia ella de mi herida materna. Resumiendo, puesto que, sistemáticamente, recibía justo lo contrario que había experimentado en mi familia durante tantos años, pude volver a trabajar en mi herida materna con tal profundidad que me ha llevado a tener la capacidad de ayudar a otras mujeres en sus viajes de sanación.*

Después del aborto, me tomé un semestre de descanso y decidí cambiar de carrera, en vez de Magisterio opté por Psicología. Presenté una solicitud para una facultad de posgrado, volví a casa de mis padres y seguí ganándome la vida trabajando de camarera. Durante todo ese tiempo, afronté intencionadamente mi relación con mis padres de una forma comedida y civilizada. Cuando conseguí mi máster en Psicología y fui aceptada en un programa para el doctorado, me había enamorado de David, un compañero de trabajo y conocido mío desde hacía mucho tiempo, cuya cuñada estaba buscando

---

[*] N. de la T.: En terapia implica que se está utilizando un enfoque que se basa más en la lógica y el pensamiento, quedando las emociones y los sentimientos en segundo lugar. Es decir, para resolver el trauma, se utilizan las zonas del cerebro dedicadas al pensamiento, al habla y a las emociones corrientes (neocórtex, lóbulos frontales y prefrontales). (Fuente: Why a bottom-up approach to trauma therapy is so powerful, Brickel&Associates, LLC)

[**] N. de la T.: Función psíquica mediante la cual un sujeto transfiere inconscientemente y revive, en sus vínculos nuevos, sus antiguos sentimientos, afectos, expectativas o deseos infantiles reprimidos. Es decir que proyecta en el terapeuta su relación con la persona que le ha ocasionado el trauma.

inquilinos para su apartamento de Manhattan. Decidí no sacarme el doctorado y marcharme a vivir a Nueva York con David; al final, encontré un trabajo como escritora/correctora en una facultad de medicina de la Liga de la Hiedra. Nunca olvidaré esa mañana gris del mes de septiembre, el viaje en el remolque U-Haul, mientras David conducía por la carretera interestatal I-95, en dirección sur, hacia el barrio neoyorquino de la Cocina del Infierno —actualmente, Clinton—, ni la tarjeta de felicitación de mi madre, que ponía: «Te amo más que a nadie». Al momento metí la tarjeta en mi bolso, respiré profundo y me sentí feliz por dirigirme a mi propia casa. A partir de entonces, manejaba mi relación con mi madre calculando la distancia para mantener un nivel básico de armonía superficial. Incluso después de haber transcurrido años de terapia, no fue hasta que dispuse de tiempo y estuve distanciada físicamente de ella cuando empecé a darme cuenta de la magnitud de la influencia que había tenido sobre mí. Fue también por esa época cuando descubrí un profundo reservorio de rabia y de enorme sufrimiento por cómo me había tratado mi madre y cómo había fracasado mi padre en protegerme.*

Al explorar conscientemente mis niveles más profundos de sufrimiento dentro de una relación terapéutica correctiva, muy armoniosa y profesional, lenta y casi imperceptiblemente empecé a construir mi nueva identidad; sentía que se iba formando un suelo firme en mi interior. Poco a poco, sesión tras sesión, año tras año, iba experimentando la dicha y el alivio de ser libre. Fue un lento, arduo y liberador proceso.

Las dificultades y los retos entre madres e hijas van en aumento y se están generalizando, pero no se habla abiertamente sobre

---

* N. de la T.: *Ivy League* en el original. Hace referencia a una liga deportiva que se lleva a cabo entre ocho universidades del noreste de Estados Unidos. Además de ser centros privados de excelencia académica y costosísimos, son las universidades más antiguas del país.

ello. Reconocer las dinámicas dolorosas con nuestras madres y hablar sobre ellas suele ser tabú. Este mutismo sobre la realidad de la relación madre-hija forma parte de lo que hace que la herida materna siga abierta, ocultándose en la sombra, reinfectándose y fuera del alcance de la vista. Recientemente, las mujeres estamos empezando a romper nuestro silencio para compartir nuestra verdad, sanar e interrumpir este ciclo para las generaciones futuras, un paso esencial para la sanación y el empoderamiento de la mujer en su totalidad. Veamos ahora la definición exacta de herida materna y cómo se manifiesta en nuestras vidas. La herida materna es una condición social que se origina en el patriarcado y se manifiesta en cuatro niveles: personal, cultural, espiritual y planetario.

La herida materna personal: es un conjunto de creencias y de patrones limitadores que hemos aceptado y que tienen su origen en las primeras dinámicas relacionales con nuestra madre, lo cual provoca problemas en muchas áreas de nuestra vida de adultas y afecta a nuestra visión de nosotras mismas, de las demás mujeres y de nuestro potencial.

La herida materna cultural: es la devaluación sistemática de la mujer en la mayoría de los aspectos de las culturas patriarcales, cuyo origen está en la colonización, que ha llegado a dominar la mayor parte de este planeta y a crear el desequilibrio funcional en el mundo.

La herida materna espiritual: es el sentimiento de estar desconectada y alienada de un poder superior y de la propia vida.

La herida materna planetaria: es el daño que le hemos ocasionado a la Tierra (por ejemplo, la deforestación, la extinción masiva de especies, la crisis climática, etc.) y que amenaza a la vida en el planeta.

Todo empieza en el plano personal. Cuando sanamos este aspecto de la herida materna, mejora nuestra conexión con nosotras mismas, entre nosotras y con la Tierra.

Sanamos la herida materna desde nuestro papel de hijas

No todas las mujeres son madres, pero *todas* somos hijas. Sanar la herida materna no implica enfrentar a madres e hijas, sino conseguir que las mujeres descubramos nuestro poder colectivamente. Lo mejor que una madre puede hacer por su hija es comprometerse a sanar su propia herida materna. A través de este proceso curativo, ampliará su capacidad de sentir empatía hacia ella misma y, de este modo, también ampliará su empatía y disponibilidad emocional por su hija. Entonces, su relación excluyente de «tú o yo» («Solo una de nosotras puede ser adorable y totalmente poderosa») puede convertirse en otra con espacio de sobra para que madre e hija sean igualmente amadas y poderosas. Hay sitio para ambas, tanto para la pertenencia como para ser seres individuales. Este proceso rompe la maraña o «fusión» que fomenta la cultura patriarcal en la relación madre-hija y nos abre la puerta a nuevas posibilidades y formas de expresar una conexión auténtica.

No es necesario tener relación con tu madre para sanar tu herida materna. Puesto que la herida materna está *dentro* de nosotras, podemos sanarla aunque no esté nuestra madre, haya fallecido o se niegue a relacionarse con nosotras de una forma sana. A algunas mujeres, sanar la herida materna las acercará a sus madres, y a otras, las alejará todavía más. Al principio, no hay forma de que puedas saber lo que sucederá. Pero sea como fuere, lo que vas a conseguir es la sanación y el poder personal de la hija. Para esto hace falta tener fe en que pase lo que pase, desarrollarás una conexión más saludable y sólida contigo misma, que es un factor esencial para prosperar.

El precio de evitar la herida materna

La herida materna nos separa de nosotras mismas, de las demás mujeres y de nuestro verdadero poder personal. Se ha permitido que nuestro trauma colectivo se enquistara durante generaciones, sin que nadie hiciera nada para remediarlo, y por eso ha distorsionado la relación madre-hija y la ha convertido en una guerra de poder en la que no puede haber ganadoras. Sencillamente, el precio de evitar la herida materna es demasiado alto. Garantiza que ese sufrimiento que nos ocasiona y que nos negamos a reconocer siga transmitiéndose a generaciones futuras.

El precio en nuestra vida personal implica vivir indefinidamente:

- Con un vago y persistente sentido de que «no soy normal».
- Sin actualizar nunca nuestro potencial por el miedo al fracaso o la desaprobación.
- Con límites frágiles y un difuso sentido del yo.
- Incapaces de sentirnos dignas o capaces de crear lo que realmente deseamos.
- Inseguras para encontrar espacio y expresar nuestra verdad.
- Adaptando nuestra vida para no «hacer zozobrar la barca».
- Autosaboteándonos cuando estamos a punto de conseguir algo grande.
- Esperando inconscientemente el permiso o la aprobación de nuestra madre antes de reivindicar nuestra propia vida.

El precio para la sociedad y para el mundo es que generaciones enteras de mujeres sigan rebajándose para no ofender, que estén destinadas a autoculpabilizarse y a echar a perder la oportunidad de desarrollar todo su potencial. De modo que el mundo se pierde la genialidad, el poder, el amor y los dones de innumerables mujeres. Esto es una tragedia que no podemos seguir permitiendo.

El coste que tiene esto para el planeta lo resume Eckhart Tolle a la perfección: «La contaminación del planeta no es más que un reflejo externo de una contaminación psíquica interna: millones de personas inconscientes no se responsabilizan de su espacio interior».

Lo que conseguimos sanando la herida materna

Hasta que no lleguemos a la raíz de nuestro sufrimiento interno, que son los patrones fundamentales que adquirimos en los primeros días de existencia, y pasemos un duelo por las situaciones que hicieron que los asimiláramos, el desarrollo personal o el trabajo espiritual que realizamos, en el mejor de los casos, no puede traspasar el nivel superficial. Muchos de los temas superficiales que siguen reproduciéndose en nuestra vida cotidiana, incluidos nuestros conflictos en las relaciones, en nuestra carrera y nuestra salud, giran en torno al mismo eje: el sufrimiento relacionado con nuestra madre y los conceptos respecto a nosotras mismas que surgieron a raíz de esa relación primordial. Creo que sanar la herida materna es lo más importante que puede hacer una mujer debido al increíble potencial que reside en esa sanación y a la magnitud de la transformación que podemos experimentar a través de ella. Ninguna otra relación tiene el poder de limitarnos o liberarnos como la que mantenemos con nuestra madre.

Entre los beneficios de sanar esta relación se incluyen:

- Ser más hábiles y rápidas gestionando nuestras emociones; contemplarlas como una fuente de sabiduría e información.
- Establecer límites saludables que favorezcan la autorrealización.
- Desarrollar una «madre interior» fiable que nos aporte amor, respaldo y consuelo incondicionales.
- Saber que somos competentes; sentir que todo es posible y estar abiertas a los milagros y a todas las cosas buenas.
- Estar constantemente en contacto con nuestra diosa interior y nuestra capacidad para incluirla en todo lo que hacemos.
- Sentir una profunda compasión por nosotras mismas y los demás.
- No tomarnos demasiado en serio a nosotras mismas y no necesitar aprobación externa para sentirnos bien.
- Confiar en que la vida nos traerá lo que necesitamos en cada momento.
- Sentirnos a salvo en nuestra propia piel y sentir la libertad de ser nosotras mismas.
- Vernos a nosotras mismas y a nuestra madre tal como somos; no tomarnos sus limitaciones como algo personal.
- Estar agradecidas por lo que *pudo* darnos… y sentir compasión y aceptación por lo que *no* pudo darnos.

Ira, vergüenza y culpabilidad

La herida materna existe porque las madres no tienen un lugar seguro para procesar su ira por los sacrificios que la sociedad exige de ellas. Laurie Penny, en un artículo publicado en la revista *Teen Vogue,* titulado «Most Women You Know Are Angry. And That's All Right» [La mayoría de las mujeres que conoces están furiosas. Y eso está bien], escribe:

La ira femenina es tabú, y con razón, porque si alguna vez habláramos abiertamente sobre ello, el suficiente número de mujeres como para que no nos pudieran ignorar, tendrían que cambiar algunas cosas. ¿Cuántas veces los hombres que han ostentado el poder —Donald Trump incluido— han intentado reprimirnos y desvalorizar a las mujeres que los critican, dando a entender que sus opiniones no son más que el fruto de la mezcla de hormonas sucias y asquerosas, que nada tienen que ver con la razón o la realidad? Los chistes nunca son solo chistes. Son una estrategia de control. El patriarcado tiene tanto miedo de la ira femenina que, al final, nosotras también aprendemos a temerla.

Muchas hijas adultas temen inconscientemente el rechazo por no hacer los mismos sacrificios que las generaciones anteriores, y este miedo, con frecuencia, se transmite inconscientemente a nuestros propios hijos. Una hija es una diana potencial para la rabia de una madre, porque todavía no ha tenido que renunciar a su persona para ser madre. La joven hija tal vez le recuerde a la madre su potencial no vivido. Y si la hija se siente lo bastante segura para rechazar los mandatos patriarcales a los que tuvo que someterse su madre, es fácil que desencadene su rabia reprimida.

Sanar la herida materna no implica culpabilizar a tu madre

Culpabilizar a la madre es evitar la responsabilidad, y sanar la herida materna es una forma de asumir la responsabilidad personal.

Culpabilizar a la madre se caracteriza por:

- Resignación y victimismo.
- Rehuir tu propio poder y responsabilidad.

- Proyectar la ira no procesada en los demás.
- Reprimir el sufrimiento subyacente que te ocasiona tu infancia.

Sanar la herida materna implica:

- Analizar la relación madre-hija con la intención de adquirir claridad y perspicacia para promover un cambio positivo en nuestra vida.
- Transformar las creencias limitadoras que hemos heredado con la intención de adoptar otras nuevas que favorezcan plenamente nuestra autorrealización.
- Asumir la responsabilidad por el camino que hemos elegido, sacando a la luz los patrones que antes eran inconscientes y tomando nuevas decisiones que reflejen nuestros verdaderos deseos.

Se habla mucho últimamente sobre feminismo y ser una mujer consciente y despierta. Pero lo cierto es que no podemos ostentar nuestro verdadero poder si todavía no nos hemos dirigido internamente a esas partes de nuestra feminidad que se han sentido excluidas y exiliadas. Nuestro primer contacto y el más formativo con el poder femenino fue con nuestra madre. Hasta que no tengamos el valor necesario para romper el tabú y enfrentarnos al dolor que padecemos por esa primera relación, las imágenes del poder femenino no serán más que otro cuento de hadas, la fantasía de una madre al rescate que no acaba de llegar. Esperar una salvadora, en cierto modo, hace que sigamos siendo inmaduras. Hemos de separar la madre humana de la madre arquetípica para ser verdaderas portadoras del poder femenino consciente. Hemos de deconstruir en nuestro interior las mentiras, distorsiones y falsas estructuras patriarcales, antes de poder construir verdaderamente unos nuevos cimientos internos que nos permitan albergar esta energía. Mientras no lo hagamos, permaneceremos estancadas en una especie de limbo, donde nuestro poder personal durará poco y la única explicación que parecerá tener sentido será culpabilizarnos.

El patriarcado como la causa de la herida materna

El patriarcado es la causa de la herida materna. Las culturas predominantemente masculinas condicionan a las mujeres para que se consideren «menos que», indignas o no merecedoras. Hemos asumido este sentimiento de inferioridad y lo hemos transmitido a innumerables generaciones de mujeres.

Los principios corrosivos del patriarcado que provocan la herida materna incluyen:

- Dar prioridad a los hombres sobre las mujeres.
- Dominar, ostentar el poder sobre las mujeres.
- Considerar normal la represión de los sentimientos.
- Considerar la expresión de los sentimientos como algo inherentemente malo o una debilidad.
- Avergonzarse de tener necesidades.
- Avergonzarse por descansar o bajar el ritmo.
- Necesidad de producir para sentirse valorada.
- Violación de los propios límites.
- Sensación de escasez de dinero, tiempo, amor, energía.
- Sentimientos de aislamiento y desconexión.
- Cosificación; no ver a las personas como tales sino como objetos.
- Exigir obediencia y conformidad.
- Considerar la violencia como una forma de poder.

- Admirar la falta de empatía.
- Considerar romántica y erótica la dinámica de dominación y sumisión.
- Menospreciar todo lo que se considere femenino.
- Cuando se habla de ser humano, hacerlo en masculino por defecto.
- Aceptar la creencia racista de que lo «blanco es lo correcto».
- Creer que la heterosexualidad es la norma y lo ideal.

La maternidad y la herida materna

Desde el punto de vista histórico, las culturas patriarcales no solo han tratado la maternidad como un deber para la mujer, sino que la han convertido en algo opresivo, obligando a las madres a cumplir unas normas inadmisibles, como exigirles que:

- Renuncien a sus ambiciones personales para cuidar de su familia.
- Dejarse la piel para ayudar a su familia y educar a los hijos.
- Ser las cuidadoras principales del hogar.
- Servir constantemente a los demás y satisfacer sus necesidades, antes que velar por las suyas propias.
- Hacerlo siempre todo como si nada; tener hijos bien educados y estar atractivas; tener ganas de sexo, éxito en su carrera y un matrimonio estable.

Los mensajes tácitos de nuestra sociedad a las madres incluyen:

- «Si la maternidad te cuesta, es culpa tuya».
- «Avergüénzate si no eres una *superwoman*».

- «Hay "madres por naturaleza" a las que la maternidad les resulta fácil. Si no eres una de ellas, es que algo falla en ti».

A raíz de estas creencias limitadoras y exigencias sobrehumanas, las mujeres renunciamos a nuestros sueños, reprimimos nuestros deseos y necesidades, a fin de cumplir el ideal de lo que significa ser mujer. Esta es una presión asfixiante para la mayoría de las mujeres, que provoca rabia, depresión, ansiedad y sufrimiento emocional general, que de no ser tratada, como suele suceder en las culturas patriarcales, se transmite inconscientemente de madres a hijas mediante formas sutiles o incluso agresivas, como el abandono emocional (las madres son incapaces de estar presentes emocionalmente cuando están estresadas), la manipulación (vergüenza, culpa y deber) o el rechazo. Las niñas interpretan estos momentos de abandono, manipulación o rechazo maternos como: «No soy normal», «Soy la responsable del sufrimiento de mi madre» o «Puedo hacer feliz a mi madre siendo una buena chica». Esto es lógico si tenemos en cuenta la limitación del desarrollo cognitivo en nuestra infancia, donde nos vemos como la causa de todas las cosas. Estas creencias inconscientes y falsas, que constituyen la propia esencia de la herida materna, pueden afectar negativamente a todos los aspectos de nuestra vida, si no hacemos nada para evitarlo.

Las madres de nuestra sociedad, que tantos sacrificios han hecho por sus hijos, pueden experimentar un verdadero rechazo cuando ven que sus hijas superan los sueños que una vez ellas también compartieron. Esto puede despertarles el sentimiento de que sus hijas están en deuda con ellas, de que tienen derecho a algo o de que estas han de valorarlas, lo cual puede dar pie a una sutil, pero poderosa, manipulación. Esta dinámica puede provocar que la siguiente generación de hijas sigan sintiéndose inferiores, para que sus madres puedan seguir sintiéndose valoradas y reafirmadas en su identidad de «madre», identidad por la que muchas han hecho verdaderos sacrificios, pero por la que han recibido muy poco reconocimiento y ayuda a cambio.

Las madres pueden proyectar inconsciente y encubiertamente su rabia profunda hacia su descendencia. Sin embargo, esa rabia no va dirigida realmente contra sus hijos, sino contra la cultura patriarcal que exige a las mujeres sacrificio y renuncia para ejercer su función de madre. Para una hija que necesita a su madre, sacrificarse de alguna manera para aliviar su dolor suele ser una decisión inconsciente que toma en una fase muy temprana de su existencia y que no descubre que es la causa de sus problemas internos hasta mucho después, cuando ya es adulta.

Una gran parte de todo esto sucede sin que nos percatemos de ello, debido a los múltiples tabúes y estereotipos sobre la maternidad que tenemos en nuestra cultura, que nos dicen que:

- Las madres siempre han de ser protectoras y amables.
- Nunca se enfadan o guardan resentimiento a sus hijas.
- Se supone que madres e hijas han de ser las mejores amigas.

Aunque los estereotipos generacionales hayan cambiado a lo largo de las décadas, el mensaje subyacente de crítica incesante ha seguido siendo el mismo: en la década de 1950, las madres estaban demasiado pendientes de su aspecto; las de los años setenta, eran demasiado descuidadas; las de los ochenta, demasiado ambiciosas; en los noventa, todo giraba en torno a ver quién era más participativa; en el 2000, se estilaba ser madre tigre.* El estereotipo de

---

* N. de la T.: El concepto procede del libro de Amy Chua «Madre Tigre, hijos leones». Las madres tigre son madres altamente exigentes, con elevadas expectativas, y que basan la educación de sus hijos en conseguir la perfección.

que «las madres siempre han de ser amables» niega a las mujeres su condición humana. Puesto que no se les permite ser seres humanos completos, la sociedad se siente con derecho a no concederles todo el respeto, ayuda y recursos que se merecen.

Lo cierto es que las madres son humanas y todas tienen momentos en que no son agradables. También es cierto que hay madres que son desagradables la mayor parte del tiempo, porque padecen una adicción, enfermedad mental o algún otro tipo de problema. Hemos de estar dispuestas a enfrentarnos a estas realidades incómodas, porque de lo contrario la herida materna permanecerá en la sombra y se seguirá transmitiendo de una generación a otra.

Por supuesto que la mayoría de las madres desean lo mejor para sus hijas.

Pero si una madre no se ha enfrentado a su propio sufrimiento o ha superado el haber tenido que hacer tantos sacrificios, la ayuda que le proporcione a su hija podría estar contaminada con mensajes sutiles de vergüenza, culpabilidad u obligación. Estos mensajes se pueden filtrar hasta en la más benigna de las situaciones, generalmente en forma de alguna crítica o redirigiendo el mérito hacia la madre. Normalmente, no se trata del contenido de la frase, sino de la energía con la que se transmite, porque puede encerrar resentimiento.

Las culturas patriarcales no solo distorsionan la relación madre-hija con esta dinámica de poder, sino que le ocasionan un dilema a la hija. Si una hija asume las creencias inconscientes de su madre (alguna forma de «no soy lo bastante buena»), obtendrá su aprobación, pero también se habrá traicionado a sí misma y a su potencial. No obstante, si la hija no adopta sus creencias inconscientes como limitaciones propias, sino que se reafirma en su poder y su potencial, debe saber que puede que su madre se lo tome como un rechazo personal.

La hija no quiere arriesgarse a perder el amor y la aprobación de su madre, de modo que aceptar estas creencias internas limitadoras es una forma de mostrarle su lealtad y garantizarse su supervivencia emocional. Para la hija puede ser peligroso realizar todo su potencial, porque eso podría conllevar algún tipo de rechazo por parte de la madre. La hija puede sentir inconscientemente que la realización de todo su poder personal podría despertar la tristeza o la rabia de su madre, que tuvo que sacrificar algunos aspectos de sí misma en su propia vida. La compasión por su madre, el deseo de complacerla y el miedo al conflicto podrían hacer que la hija se autoconvenciera de que es más seguro rebajarse y no intentar ser más que su progenitora. De ahí que, en las culturas patriarcales, las hijas se vean obligadas a elegir entre su empoderamiento o ser amadas.

La herida materna nos afecta a todas

La herida materna abarca un amplio espectro que va desde las relaciones saludables y solidarias entre madre e hija en un extremo hasta las abusivas y traumáticas en el otro. Hay muchos factores que pueden influir en qué parte del espectro nos encontramos, como hasta qué punto la madre ha intentado sanar su propia herida materna y si hubo violencia doméstica, adicciones o problemas económicos en la familia.

Una hija que tenga un vínculo de afecto saludable con su propia madre tal vez no experimente demasiado la herida materna en el plano personal, pero todavía tendrá que lidiar con la cultural. Puesto que las culturas patriarcales rebajan a las mujeres y todo lo femenino, esta herida materna cultural le afectará en cómo ve su propio cuerpo, su potencial y sus relaciones. Sin embargo, gozar de una relación sólida, sana y afable con nuestra madre, en la que nos sintamos valoradas y admiradas por nuestra identidad individual y separada, sin que por ello nos distanciemos de ella, nos protege o minimiza algunos de los virulentos efectos de las nociones patriarcales culturales sobre las mujeres.

El autor y psicólogo Mario Martínez ha dicho que las madres cumplen la importante función de «editoras culturales», al definir los límites de lo posible, a través de sus propias creencias y conductas, las cuales nosotras, como hijas, adoptamos inconscientemente y las hacemos nuestras a una edad muy temprana. Los mensajes limitadores que heredamos de nuestra madre se han fusionado profundamente con nuestra necesidad humana de amor, seguridad y pertenencia. Liberarnos de las creencias que no nos dejan avanzar puede ser como liberarnos de nuestra propia «madre». Nuestra misión es aprender a separar esas creencias heredadas de nuestra necesidad de amor, seguridad y pertenencia, a fin de deshacernos definitivamente de ellas. Puesto que proceden de la persona a la que nosotras, como hijas, hemos de vincularnos para sobrevivir, los mensajes de depreciación que nos son transmitidos a través de nuestras madres son más perjudiciales que cualquier combinación de mensajes culturales.

La gravedad de nuestra herida materna depende principalmente de la crudeza con la que fue herida nuestra madre por su propia madre. En el mejor de los casos, las madres proyectan sentimientos de inferioridad y vulnerabilidad inintencionadamente, con la finalidad inocente de proteger a sus hijas de posibles rechazos o vergüenza («No destaques demasiado, no seas demasiado visible o poderosa. Si lo eres, puedes acabar sola o siendo rechazada»). En el peor de los casos, las madres que tienen profundas Heridas Maternas propias utilizarán a sus hijas como chivo expiatorio, proyectando en ellas su propio dolor heredado y perpetrando abusos o tratándolas con desatención con total impunidad.

Inconsciente, no reconocido y tabú

La mente inconsciente es la responsable de protegernos de nuestro dolor no procesado. John Bargh, en su libro *¿Por qué hacemos lo que hacemos?: el poder del inconsciente*, escribe: «Una vez que hemos adquirido el marco adecuado para comprender la interacción entre el funcionamiento consciente e inconsciente de la mente, se abren nuevas oportunidades para nosotros. Podemos aprender a curar heridas, cambiar hábitos, superar prejuicios, reconstruir relaciones y desenterrar facultades latentes [...] tras décadas de investigación y muchos experimentos se ha demostrado que el inconsciente no es un muro infranqueable, sino una puerta que se puede abrir». Mi línea favorita de esta sección del libro es la que señala la principal ramificación de tales hallazgos: «Basta con que pienses en cuánto control puedes recuperar reconociendo y teniendo en cuenta estas influencias [inconscientes], en lugar de fingir que no existen (permitiendo de ese modo que te controlen)».

Uno de los principales mensajes culturales que recibimos es que los sentimientos son signos de debilidad por naturaleza que hemos de reprimir. Algunas emociones son consideradas directamente «negativas» y se les cuelgan etiquetas peyorativas como *frágil, repelente, inapropiada* y *mala*. En un momento u otro, todas hemos experimentado sentimientos negativos hacia nuestra madre, cuando no satisfizo nuestras necesidades o fue incapaz de hacerlo. A pesar del hecho de que hay muchos estudios de la psicología del desarrollo humano que consideran normales, naturales y previsibles estos sentimientos, a las niñas les avergüenza reconocer sus sentimientos negativos respecto a su madre; así, estas emociones se convierten en dinámicas dolorosas que afectan al concepto que tienen de sí mismas y a su capacidad para medrar en el mundo.

Nancy Friday, en su clásico *Mi madre, yo misma: las relaciones madre-hija,* sobre la relación entre madres e hijas, observa cómo nuestra tendencia a polarizar a la madre en una idealización («Las madres han de ser veneradas») o una denigración («Ha de ser culpa suya») es «uno de los mecanismos de defensa más primitivos» en el plano individual. Como hijas, no queremos aliarnos con una cultura patriarcal que perjudica a nuestra madre, así que eludimos la oportunidad de analizar esa relación con el fin de adquirir una visión más profunda y poder sanarla. Se nos ha enseñado a pensar que esta ignorancia voluntaria es beneficiosa y protectora para ella y para nosotras. Tal como escribe Friday: «Esperaremos el regreso [de la buena madre] durante años, siempre convencidas de que la mujer que tenemos delante, que nos hace sentirnos culpables, inadecuadas y furiosas, no es madre».

Mediante el mandato cultural de que veamos siempre a todas las madres como seres adorables, podríamos evitar inconscientemente cualquier reflexión respecto a nuestra madre, por temor de que nos acusen de culpabilizarla.

Si no reconocemos toda la repercusión que ha tenido el sufrimiento de nuestra madre en nuestra vida, en cierto modo, seguiremos siendo niñas.

Para desarrollar todo nuestro poder personal hemos de revisar la relación con nuestra madre y tener el valor de separar nuestras creencias, valores y pensamientos individuales de los suyos. Esto nos exige que sintamos el dolor de ser testigos del sufrimiento que ha soportado ella y que procesemos nuestro propio dolor derivado de ese hecho. No es fácil, pero supone el nacimiento de la verdadera libertad. Al aceptar el dolor, este puede ser transformado en autoconocimiento e integridad, y aumentar nuestra confianza en nosotras mismas.

Al sanar la herida materna, la distorsionada dinámica de poder entre mujeres empieza a resolverse, porque ya no nos pedimos mutuamente que no evolucionemos para no tener que sentir nuestro propio sufrimiento. El dolor de vivir en un patriarcado deja de ser un tema de conversación tabú. No hemos de fingir ni ocultarnos detrás de falsas máscaras que disimulan nuestro sufrimiento bajo la fachada de que lo estamos controlando todo sin esfuerzo. El dolor se puede considerar legítimo, ser aceptado, procesado e integrado, y en última instancia, transformado en sabiduría y poder.

A medida que las mujeres vayamos procesando el sufrimiento que nos ocasiona la herida materna, podremos ir creando lugares más seguros para que otras mujeres puedan expresar su verdadero dolor y recibir esa tan necesaria ayuda. Madres e hijas pueden comunicarse entre ellas sin temor a que sus verdaderos sentimientos acaben con su relación. Ya no es necesario ocultar ese sufrimiento en nuestro interior, donde se manifiesta como manipulación, competitividad y autodesprecio. Podemos sentir plenamente nuestro sufrimiento, para luego convertirlo en amor, que se manifestará como apoyo mutuo incondicional y autoaceptación profunda, y nos dará libertad para ser atrevidamente auténticas, creativas y estar plenamente satisfechas.

A medida que vamos sanando nuestra herida materna, empezamos a darnos cuenta del extraordinario impacto que tiene el bienestar de una madre en la vida de su hija, especialmente en la primera infancia, cuando madre e hija todavía son una unidad. Nuestra madre constituye la base sobre la cual edificamos nuestra identidad: nuestras creencias empiezan siendo las suyas, nuestros hábitos empiezan siendo los de ella. Algunos de estos aspectos son tan inconscientes y básicos que son casi imperceptibles.

Nos preocupamos de la herida materna porque supone una parte esencial de nuestra autorrealización e implica decir sí a ser las mujeres poderosas y fuertes que estamos destinadas a ser. Sanar la herida materna es, en última instancia, reconocer y honrar las bases que nos proporcionó nuestra madre en la vida, a fin de que podamos concentrarnos plenamente en crear esa vida exclusiva que tanto deseamos y que sabemos que somos capaces de crear.

Cuando nos comprometemos con este proceso de sanación, empezamos a eliminar lentamente la densa niebla de la proyección que nos bloquea y podemos apreciarnos, amarnos y vernos a nosotras mismas con mayor claridad. Ya no acarreamos el sufrimiento de nuestra madre ni nos infravaloramos debido a ese sufrimiento. Podemos resurgir seguras de nosotras mismas en nuestra propia vida con la energía y la vitalidad necesarias para crear lo que deseamos, no con vergüenza o con sentimiento de culpa, sino con pasión, poder, felicidad y amor.

La herida materna es un velo que nos desconecta y separa de nosotras mismas, las unas de las otras y de la propia vida. En nuestros primeros días, la experiencia de nuestra madre significaba la propia vida. Para un bebé, la madre es el alimento, la madre es la respiración, la madre es el mundo y la madre es el Yo. Nuestra experiencia de nosotras mismas y del mundo se filtraba a través del cuerpo y de la mente de esa persona que era nuestra madre. Sanar la herida materna es el proceso de aclarar la dinámica que predominaba en la relación con nuestra madre y que influyó en nuestro primer desarrollo y sigue influyendo en las decisiones que tomamos como adultas. Asimismo, implica procesar las emociones difíciles que acompañan a esa dinámica, con el fin de sanarnos y descubrirnos a nosotras mismas. Al final, alcanzaremos un estado de introspección, sabiduría, aceptación y gratitud.

Para cualquier ser humano, la primera herida del corazón se produjo en la sede de la madre, de lo femenino. Mediante el proceso de sanar esa herida, nuestro corazón se libera del estado de conveniencia de estar a la defensiva y con miedo, para alcanzar un nuevo nivel de amor y poder, que nos conecta con el corazón divino de la propia vida. A partir de ese momento, nos conectamos con el corazón colectivo arquetípico que habita en todos los seres y nos convertimos en portadoras y transmisoras de la verdadera compasión y amor que necesita el mundo en estos momentos. De este modo, sanar la herida materna es, en realidad, una oportunidad para ser iniciadas en nuestro verdadero poder femenino. Esta es la razón por la que es tan importante para nosotras sanar esa herida: nuestra sanación personal y reconexión con el corazón de la vida mediante lo femenino afecta al conjunto y favorece nuestra evolución colectiva.

Preguntas para reflexionar

1. En el contexto de los principios del patriarcado descritos en la página 38, ¿de qué forma has observado que han influido en tu vida en este momento? ¿Cómo lo has estado afrontando?

2. Nuestra cultura, como extensión de la devaluación de las mujeres que ha hecho el patriarcado, tiene una relación disfuncional con las madres, o las considera siempre adorables o tienen la culpa de todo. ¿Cómo afrontó esto tu madre? ¿Cómo afectó esta distorsión cultural a tu relación con tu madre? ¿En qué grado has sentido que tenías que acarrear o digerir el sufrimiento de tu madre como parte del papel de ser una buena hija?

Capítulo 2

¿CÓMO SE MANIFIESTA LA HERIDA MATERNA?

Cuando era niña, me convertí en una experta en el papel de la «chica buena», la gran conseguidora y la mediadora en las disputas familiares. Era la confidente de mi madre y su mejor amiga, alguien a quien podía confiar sus problemas con mi padre, con el trabajo, los conflictos con sus amistades y el cotilleo respecto a otros miembros de la familia. Me sentía importante interpretando este papel, pero también vacía y superficial por dentro, y tardé mucho tiempo en darme cuenta de qué modo.

Recuerdo que un día estaba sentada con mi madre y mis tías, y una de ellas me dijo: «Vaya, no me había dado cuenta de que estabas aquí, eres tan buena». Por fuera, era invisible y solidaria; por dentro, era miedosa y siempre estaba alerta, intentando detectar el menor signo de conflicto. Aprendí que ser buena chica significaba dejar de existir para los adultos que estaban a mi alrededor.

En la adolescencia, cuando empecé a ampliar mis fronteras más allá de mi familia, descubrí una comunidad muy vital de amigas, que me apoyó como nunca lo habían hecho en mi casa y me dio la oportunidad de rebelarme de manera segura. Con mis amigas, me sentía valorada por mi presencia, no por ser invisible. Pero seguía interpretando el papel de la «chica buena»; para ello me aseguraba de ser siempre la que más se adaptaba a las circunstancias y la que estaba disponible para quien pudiera necesitarme.

A los diecinueve años, me quedé embarazada por accidente. Eso fue una encrucijada para mí, porque me di cuenta de que no podía dar a luz a nadie hasta que me diera a luz a mí misma. Tuve un aborto y me puse a hacer terapia. Me propuse descubrir quién era yo y qué es lo que quería de la vida.

Por aquel tiempo, me tomé un año sabático de la universidad, me puse a trabajar de camarera y alquilé un apartamento. En las primeras sesiones de terapia, hablé de lo maravillosa que era mi familia y sobre cuánto admiraba a mi madre. Pero lo hice sin dejar de llorar. No podía entender por qué me consideraba un absoluto desastre. Lo único que sabía era que me sentía totalmente vacía. Entonces, me decanté por la espiritualidad y las religiones orientales, una técnica de evitación que, posteriormente, me enteré de que se le llama «bypass espiritual», es decir, intentar utilizar inconscientemente los conceptos espirituales para eludir enfrentarse a los traumas de la infancia.

Durante la terapia, trabajé para dilucidar a qué me iba a dedicar profesionalmente, para resolver mis problemas con la comida y mi imagen corporal, así como para aprender a gestionar mis fracasos sentimentales. Pero ni siquiera me aproximé a mi relación con mi madre. Evité tocar ese tema, porque me daba demasiado miedo, me intimidaba demasiado. No quería ser una hija desagradecida. No quería que se hundiera el barco de mi familia, pues seguía sintiéndome responsable de nuestro frágil equilibrio. Al fin y al cabo, pensaba que había salvado a mi madre de la depresión y protegido a mi padre de las emociones de mi madre y a mi hermano de la violencia de nuestro padre. Creía que me necesitaban. Pero no me daba cuenta de que, desde pequeña, había estado expuesta a toda la toxicidad que había estado sintiendo y que esta ya formaba parte de mí, solo estaba a la espera de salir a la luz. Al final, conseguiría atraparme.

Después de analizarlo todo, menos mi relación con mi madre, me di cuenta de que casi todas las cosas estaban relacionadas con lo mismo. Los problemas que había tenido con las relaciones, con mi aspecto físico y con mi carrera siempre giraban en torno a los mismos temas, creencias y patrones que se habían originado a raíz de esa relación básica con mi madre, que parecía estar relacionada con este horrible sentimiento de fondo, con la sensación de que yo tenía algún problema grave.

Me desenvolvía tan bien que no me consideraba la superviviente de un trauma. Pero, poco a poco, con el paso del tiempo, me di cuenta de que padecía un trauma complejo en el desarrollo. Tardé años en ser consciente de la magnitud y la profundidad de mi trauma, de hasta qué extremo había fracturado mi identidad y me había dejado síntomas sumamente dolorosos y generalizados en todos los aspectos de mi ser. Entre ellos se encontraban la ansiedad generalizada, momentos de terror, pavor, culpa, falta de seguridad en mí misma, vergüenza, afán de perfeccionismo y falta de autoestima. También me restaba importancia ante los demás por temor al rechazo por si parecía demasiado poderosa y tenía una vaga sensación de amenaza y peligro en mi entorno, sentimientos disociativos de estar en una niebla mental y pesadillas de invasión y persecución. Todo esto había permanecido oculto bajo la fachada de la «buena chica» e iría saliendo a la luz en el proceso de sanación.

Al final, auné fuerzas suficientes como para afrontar más directamente mi relación con mi madre, porque vi que evitar hacerlo era precisamente lo que me bloqueaba. En el fondo, sabía que posponer esta indagación significaba posponer la vida que realmente quería.

*La relación madre-hija podría considerarse la primera
de las relaciones violadas por el patriarcado.*
Adrienne Rich

Negación, martirio y derecho

En nuestra cultura, se ha explotado la capacidad que tenemos las mujeres para la empatía, se ha distorsionado en forma de culpabilidad, obligación, protección emocional, codependencia y autorrecriminación. Estas distorsiones pueden paralizarnos cuando sentimos el deseo de expresar nuestro verdadero poder en nuestras vidas.

Para las que tenemos madres incapaces de reivindicar su propio poder, el mero hecho de intentarlo nosotras puede parecernos aterrador. Amarnos a nosotras mismas nos resulta extraño. Es una habilidad que nos toca aprender sin tener demasiados modelos que imitar. Una dinámica bastante común en muchas hijas adultas es la necesidad imperiosa de rescatar, arreglar y sanar a sus madres. Esto se complica por el hecho de que muchas madres mayores suelen confesar sus problemas emocionales a sus hijas, sintiéndose con el derecho a recibir una ayuda considerable y con carácter intensivo.

El dolor de una madre puede presentarse de varias formas:

- Un matrimonio infeliz.
- Adicciones.
- Enfermedades mentales.
- Los dramas que pueden estar teniendo lugar en sus propias relaciones.
- Enfermedades, problemas de salud o discapacidades.
- Soledad y miedo a envejecer.
- Problemas económicos.

Existen buenas formas de ayudar a nuestra madre sin terminar hechas polvo emocionalmente. Y también hay otras formas en que nuestra madre puede pedirnos ayuda que no son apropiadas y que pueden transgredir nuestros límites y condenarnos a un ciclo de culpa, agotamiento e inseguridad. Tal vez acatemos peticiones o aceptemos conductas inadecuadas por amor o compasión, pero esto no es sostenible si nuestro bienestar básico se deteriora constantemente.

A fin de expresar y encarnar nuestro poder, hemos de cortar los hilos de la maraña disfuncional que compartimos con nuestra madre.

Esta maraña disfuncional entre madres e hijas puede presentarse de muchas formas:

- La madre utiliza a la hija para que la consuele y como vertedero de sus emociones no procesadas.
- La hija necesita la aprobación de la madre en todos los aspectos de su vida, para sentirse bien consigo misma y con sus decisiones.
- La madre encuentra consuelo teniendo una hija «mascota» que siempre está de acuerdo con ella y se adapta a sus puntos de vista y sus creencias, y la rechaza si intenta independizarse.
- La madre usa a la hija como instrumento narcisista para acaparar la atención y las alabanzas hacia ella misma.
- La hija se siente sobrepasada por las necesidades de la madre; gasta una extraordinaria cantidad de energía preocupándose por sus problemas y por cómo resolverlos.
- La madre siente que ha de hablar con su hija durante horas o varias veces al día para conservar su estabilidad emocional.
- La madre se cree con derecho a inmiscuirse o a controlar los aspectos principales de la vida de su hija, desde temas físicos hasta detalles e información personales.
- La madre critica a la hija por temor a no ser una buena madre y ve su expresión natural de las emociones negativas

como una amenaza a su control y un signo de que está fallando como madre.

Las madres que hacen estas cosas suelen hacerlas de una manera totalmente inconsciente e involuntaria; es su forma de aliviar su propio dolor y evitar sus retos personales no resueltos. Sin embargo, las que usan a sus hijas de este modo también están explotando la empatía de estas al estilo patriarcal.

Para poder hallar el equilibrio y curarnos de la explotación de nuestra empatía, las hijas hemos de negarnos a sentirnos culpables por nuestro deseo de querer ser poderosas e independientes y por tener capacidad para conseguirlo, aunque marcar unos límites claros y saludables en la relación implique el rechazo de nuestra madre.

Es importante que las madres reconozcan y acepten las formas en que inconscientemente están menospreciando a sus hijas debido a sus propios conflictos por resolver. Es importante que las madres reconozcan su actitud patriarcal. Si no están dispuestas a hacerlo, las hijas han de mantenerse firmes y reivindicar su derecho a ser dueñas de sí mismas y de su vida.

Podemos ser buenas hijas y marcar unos límites sanos a nuestras madres. Pero no podemos confiar solo en la opinión que ella tiene de nosotras para tener suficiente seguridad para hacerlo. Hemos de sentirnos poderosas y seguras respecto a los límites que establezcamos en la relación.

Las hijas no son responsables de la estabilidad emocional de sus madres. Cuando seamos capaces de afrontar el hecho de que como hijas no podemos hacer nada para ayudar a nuestra madre, podremos pasar el duelo necesario para seguir avanzando, conectar con nuestro poder y ser felices, gozar de la abundancia... sin sentirnos culpables.

Es una tragedia que algunas madres manipulen activamente a sus hijas, por sus sentimientos inconscientes de carencia y miedo al abandono. Como lo es que algunas hijas pierdan la oportunidad de conectar con su poderosa yoidad debido a un sentimiento de culpa paralizante respecto a sus madres.

La niña con carencias que habita en el interior de una madre tal vez también esté buscando el alimento emocional que jamás recibió de su madre. Esta es una de las formas en que se transmite la herida materna. La hija no puede ayudar a la madre a través de su autosacrificio y codependencia respecto a ella. Eso solo perpetúa el bloqueo y la negación. Y va en detrimento de la hija, afecta directamente a su capacidad para tener la suficiente seguridad en sí misma como para aceptar a su propio yo individual.

Nuestra cultura idealiza el autosacrificio, basándose en restos de viejas creencias generacionales que proclaman:

- El martirio es admirable.
- Servir y atender a los demás es innato en las mujeres.
- Las mujeres *no* deben decir lo que piensan, ser obstinadas o asertivas.
- Las mujeres que rechazan los cumplidos y tienden a infravalorarse son encomiables y merecen todo el respeto.

La compulsión de sanar a la madre

Si reflexionamos sobre este tema, tal vez descubramos que en nuestro interior albergamos la creencia infantil e inconsciente de que si podemos sanar o salvar a nuestra madre, esta se convertirá en la madre que siempre hemos necesitado —fuerte, que nos ama incondicionalmente, feliz, protectora— y que, por fin, recibiremos la tan anhelada atención materna. Pero esto no es posible. Eso es imposible porque nuestra infancia ya ha pasado, y jamás podremos volver atrás y obtener lo que necesitábamos entonces. Atrevernos a experimentar el dolor que nos ocasiona esto es la clave para nuestra liberación.

Existe una relación directa entre nuestro deseo infantil de salvar a nuestra madre de su dolor y nuestro miedo a reclamar con fuerza el derecho a tener nuestra propia vida.

Cada relación madre-hija es diferente. Cada hija adulta que esté en esta situación ha de reflexionar y tener claro qué es lo que está o no está dispuesta a aceptar en su relación con su madre, y comunicárselo respetuosamente. Es una elección personal, y puede que necesitemos tiempo para descubrir dónde están nuestros límites. En última instancia, lo primordial es que la hija sea leal y sincera consigo misma. La ironía es que esto es lo que cualquier madre cuerda desearía para su hija: ser buena consigo misma y hacer lo que sea mejor para ella.

Pero cuando una madre tiene traumas por resolver y necesidades que no se satisficieron durante su desarrollo, su deseo de verlas cumplidas puede superar su capacidad para ver las cosas con claridad y amar a su hija adulta como la persona soberana, ajena e independiente que es, con derecho a decir no sin sentirse culpable.

Vergüenza, culpa y aislamiento

- «Parece que no soy capaz de avanzar en mi carrera. No sé por qué sigo saboteando mi éxito».
- «Me siento culpable cuando hago cosas para mí. Estoy atrapada en un bucle de culpa y resentimiento».
- «¡Me di cuenta de que básicamente estaba casada con mi madre!».

- «Mi vida profesional está por las nubes, pero mis relaciones son caóticas».
- «Me siento desbordada por mis hijos. Tengo la sensación de que no hago nada bien».

Puesto que la herida materna afecta a nuestro sentido del yo básico, se manifiesta en todas las áreas de nuestra vida de adultas, en algunas con más intensidad que en otras. La herida materna se manifiesta en nuestro matrimonio, maternidad, vida profesional y relación con nuestro cuerpo; aunque no es visible, limita nuestra identidad, reduce nuestras posibilidades y nos estanca, corremos sin movernos del sitio. Quizás notemos que se repiten los mismos temas, una y otra vez, bajo diferentes aspectos. La herida materna, al igual que una valla invisible, nos ata inconscientemente a ciertos patrones, bucles de pensamiento y conductas. Es posible que atribuyamos erróneamente nuestras dificultades a otras causas superficiales, sin darnos cuenta de que, en lo más profundo de nuestro ser, hay una única causa subyacente. El sufrimiento que nos ocasiona ese estancamiento suele ser lo que promueve la motivación y la energía necesarias para hallar la causa más profunda y realizar el cambio.

Algunas de las manifestaciones de la herida materna incluyen:

- Sentirse inferior.
- Compararse con otras.
- Ser competitiva y tener celos de otras mujeres.
- Dilemas («Ser inteligente, pero no demasiado. Sexi, pero sin pasarse»).
- Trabajar en exceso, quemarte, agotamiento.
- Sentir que no eres normal.

- Tener la sensación de no ser «real», sentirte obligada a hacer ver que estás bien.
- Sensación de estar bloqueada, paralizada, de ser incapaz de hacer cambios.
- Soledad, depresión y desconexión.
- Sentir la necesidad de dominar a otros.
- Rigidez y perfeccionismo.
- Evitar relaciones duraderas.
- Tendencia al sobreesfuerzo y a la sobreprotección.
- Codependencia y «fusión» con otros.
- Inflexibilidad, falta de compasión hacia ti misma.
- Miedo a estar sola.
- Incapaz de marcar límites.
- Exceso de responsabilidad y hacer el trabajo emocional de otros.
- Adicciones, depresión, trastornos alimentarios y otros.

Para muchas hijas silenciar su sufrimiento supone una forma de lealtad a su madre.

Sí, tu madre seguramente lo hizo lo mejor que supo. Sí, probablemente haya sufrido mucho y habrá tenido que enfrentarse a muchas dificultades. Y tus sentimientos también cuentan. Son igualmente importantes. Se trata de transformar una situación excluyente de «esto o» en una incluyente de «ambas/y». La compasión que sentimos por nuestra madre jamás debería eclipsar a la que sentimos por nosotras mismas.

Es muy habitual que las mujeres nos resistamos a iniciar el proceso de sanar la herida materna, especialmente, si la relación con nuestra madre está cargada de tensión dolorosa. No obstante, cuanta más resistencia sintamos a hacer este trabajo, más necesario será que lo hagamos. Las dolorosas manifestaciones de la herida materna pueden sernos de gran ayuda para conectar con nuestro trauma y transformarlo.

Es justamente cuando las mujeres se permiten sentir toda su rabia e indignación, en nombre de esas niñas que fueron una vez, cuando su poder, autenticidad, claridad y confianza empiezan a emerger con toda su fuerza. La empatía que encuentran en el lugar donde residen esas emociones promueve una profunda ternura hacia sí mismas, que se manifiesta como un feroz rechazo a dejar que se vuelva a lastimar a su niña interior.

«Tengo mucho miedo de volverme como mi madre».

El miedo a volvernos como nuestras madres es el temor sano a no vivir nuestra propia vida. Es el miedo legítimo a ser engullidas por las aguas bravas de los mitos familiares y culturales, que consigue que vivamos por debajo del nivel que nos pide nuestra alma. Es el miedo a que nuestra vida se nos escape de las manos, mientras agotamos nuestras energías con patrones de obligación, atención emocional y conformidad. Es un signo de la decadencia del potencial femenino que, de algún modo, percibimos en la vida desperdiciada de nuestras madres, en la amargura y descontento que oculta sus sonrisas forzadas y la agresividad encubierta que aflora en los momentos más insospechados. Vemos las señales de alerta en sus vidas. Y no queremos repetir sus errores y seguir transmitiendo sus heridas. Es importante que seamos conscientes de las razones, que recapacitemos sobre por qué nos sentimos de ese modo y sobre las experiencias que hemos tenido hasta llegar a este punto.

La creación de nuestro falso yo en la infancia

Muchas niñas, a fin de sobrevivir en un entorno emocional hostil dentro de su familia, aprenden a ocultar su individualidad para calmar a sus madres. Lindsay C. Gibson, en su libro *Hijos adultos de* *padres emocionalmente inmaduros,*[*] explica: «Los padres emocionalmente inseguros e inmaduros contemplan la individualidad de sus hijos como una amenaza, porque despierta sus miedos a un posible rechazo o abandono [...]. Por consiguiente, estos en su intento de evitar que los padres se pongan nerviosos, suelen reprimir sus verdaderos pensamientos, sentimientos o deseos, que saben que alterarían el sentimiento de seguridad de sus progenitores». Algunas de las dolorosas creencias que aprenden estas niñas son: piensa siempre primero en lo que otras personas quieren que hagas. No pidas ayuda. No te antepongas a otros. No está bien querer algo para ti. Inconscientemente, la niña puede empezar a ver su propia existencia (con sus necesidades y sentimientos propios) como una forma de deslealtad hacia su madre. Esto le ocasiona un dilema, una batalla constante entre la lealtad hacia su madre y el hecho de su propia existencia independiente.

No hay sitio para una mujer «verdadera»: la situación familiar acapara toda la tensión.

El equilibrio en las familias disfuncionales suele ser tan frágil que no puede soportar la tensión natural que surge a raíz de que sus miembros ejerzan su individualidad. En este tipo de familias, lo que une a sus componentes es la maraña y la codependencia, en lugar de la confianza y la conexión genuina. La tensión familiar puede deberse a diversas causas, como adicciones, problemas económicos, violencia doméstica o temas de salud mental, por citar algunas. La falta de límites claros en el seno de la familia y los problemas conyugales son un terreno abonado para que las hijas sufran una «parentificación», desempeñando el papel de madre con sus progenitores. Las niñas pueden interpretar que la tensión ocasionada por sus propias necesidades es el problema; de este modo, aceptan

------

[*] Editorial Sirio, 2016.

la creencia de que, en el fondo, son malas, no son normales, tienen defectos y han de mejorar. Así se produce la creación de un «falso yo» para agradar a los padres. La niña no tiene capacidad para darse cuenta de que esa tensión dolorosa a la que está respondiendo, en realidad, nada tiene que ver con ella, sino que es el resultado de su entorno, concretamente de sus padres y de la forma en que viven sus vidas, es decir, de factores totalmente ajenos a su control.

La tragedia de las buenas chicas y la parentificación de las hijas

Todo el mundo sabe que las niñas pequeñas dependen totalmente de su madre para recibir ayuda física, mental y emocional. Por este motivo, la vía entre la niña y su madre ha de ser de un solo sentido, y la madre será quien proporcione un flujo de apoyo constante a la hija. No obstante, una de las múltiples facetas de la herida materna es la dinámica común, en la que la madre depende inadecuadamente de la hija para que sea esta la que le aporte estabilidad mental y emocional. Esta inversión de papeles es sumamente nociva para la hija y tiene consecuencias a largo plazo en su autoestima, confianza en sí misma y sentido de valía.

A fin de cumplir con estas exigencias, la joven hija reprime sus propias necesidades del desarrollo para acomodarse a las necesidades emocionales de su madre. En vez de seguir el ejemplo de la madre, es ella quien debe darlo. En lugar de utilizar a la madre como una base segura desde la cual poder iniciar su indagación, se espera que sea ella la base.

La hija es vulnerable y depende de su madre para su supervivencia, así que no tiene mucho donde elegir: o cumple y satisface sus necesidades o se rebela contra ella en la medida de sus posibilidades.

Cuando a una hija se la obliga a ejercer funciones de adulta, como el de cónyuge sustituto, mejor amiga o terapeuta, está siendo explotada. Cuando a una hija se le pide que sea el puntal de su madre, no puede confiar en que la madre satisfaga las necesidades propias de su edad.

La parentificación de las hijas puede responder a esta dinámica de varias formas:

- «Si soy muy buena, muy buena, muy buena [complaciente, callada, sin necesidades], mi madre por fin me verá y cuidará de mí».
- «Si sigo siendo fuerte y protejo a mi madre, ella me verá».
- «Si le doy a mi madre lo que desea, dejará de maltratarme».

De adultas, puede que proyectemos esta dinámica en otras personas de nuestro entorno. Por ejemplo, en nuestras relaciones: «Si sigo intentando ser lo bastante buena para él, se comprometerá conmigo». En el ámbito profesional: «Si sigo trabajando los fines de semana, acumularé méritos suficientes para conseguir un ascenso».

Estas madres inician una competición con sus hijas por quién ha de recibir los cuidados.

El mensaje es que no hay suficiente atención o amor en tu entorno. Las niñas crecen pensando que el amor, la aprobación y la confirmación son **muy escasas**, y que hemos de ganarnos a pulso estas valiosas joyas. Cuando se convierten en mujeres, atraen situaciones que reproducen este patrón una y otra vez. (Muchas de estas dinámicas y efectos también son válidos para los hombres).

La parentificación roba la infancia de la hija. Esta *no* recibe apoyo para que pueda reafirmarse en sí misma como *persona*; más bien, solo recibe la aprobación cuando realiza una *función* (liberar a su madre del dolor).

Las madres pueden esperar que sus hijas escuchen sus problemas, las consuelen y las cuiden para calmar sus miedos y preocupaciones de adultas. Se espera que la hija saque a la madre de sus problemas o que arregle sus desaguisados, ya sean físicos o emocionales. Es probable que se recurra a ella para solucionar problemas o para que ejerza de mediadora.

Esta madre transmite a su hija que ella, como madre, es débil, que se siente sobrepasada y que es incapaz de gestionar su vida. Le transmite que sus necesidades durante su etapa de desarrollo son «demasiado» para ella como madre, así que la niña se culpa hasta de su propia existencia. Capta el mensaje de que no tiene derecho a tener necesidades, a ser escuchada o valorada por sí misma.

El rol de la «buena chica» va acompañado de muchos sobornos tentadores. Por ejemplo, la hija solo recibirá halagos o será valorada cuando actúe como la guerrera, la salvadora o la consoladora de su madre. De este modo, se acostumbra a desempeñar este rol, y esto le hace sentir que tiene algún control sobre un entorno que, de otro modo, sería impredecible. Las hijas parentificadas pueden aferrarse a este rol y a sus recompensas, incluso de adultas.

Para algunas, expresar sus propias necesidades puede suponer un rechazo o un maltrato por parte de la madre.

A medida que la hija va creciendo, puede albergar el temor de que la madre se «venga abajo» con demasiada facilidad; por ello, puede ocultar su propia verdad por temor a cómo le pueda afectar a su madre. La madre puede fomentar esto desempeñando el papel de víctima y provocando que la hija se considere a sí misma la ofensora, si se atreve a expresar su propia realidad individual, lo cual inducirá a la hija a creer inconscientemente: «Me he pasado de la raya. Mi verdadero yo hiere a los demás».

Aunque estas hijas tal vez acarreen la proyección de la «buena madre» para con su madre, también puede que acarreen la proyección de la madre negativa. Por ejemplo, esto puede suceder cuando ya es adulta y está preparada para separarse emocionalmente de su madre. Esta última, inconscientemente, puede interpretar esta separación como volver a vivir lo que ella sintió con su propia madre y reaccionar con una pataleta infantil, enfurruñamiento pasivo o crítica hostil.

Las madres que explotan a sus hijas de esta manera suelen ser las mismas que les dicen: «¡No me culpes!» o «¡No seas tan desagradecida!», si la hija expresa insatisfacción o quiere hablar de su relación. Las hijas a las que las necesidades invasivas de su madre les ha robado su infancia acostumbran a sufrir los ataques de su progenitora, por atreverse a proponer hablar sobre la dinámica de su relación.

Estas madres tal vez no estén dispuestas a reconocer su responsabilidad por el dolor de su hija, porque *les* resulta demasiado doloroso. Y suelen negar cómo les ha afectado la relación con su propia madre. Pueden usar el «no culpes a tu madre» para que la hija se avergüence y no cuente la verdad sobre el dolor que ha soportado.

Si queremos reivindicar nuestro poder femenino, hemos de estar dispuestas a reconocer de qué formas nuestra madre es la responsable de nuestro sufrimiento en la infancia y de qué manera, como mujeres *adultas*, somos totalmente responsables de sanar estas heridas internas.

En parte, ser poderosa implica ser capaz de hacer sufrir, intencionadamente o no. Tanto si las madres son conscientes del daño que han hecho como si lo ignoran por completo, lo cierto es que, como las adultas de la relación, son las únicas responsables. Las hijas han de aceptar la legitimidad de su dolor. De no hacerlo, jamás podrán sanar del todo. Afrontar la magnitud del sufrimiento que has experimentado de pequeña es doloroso e incómodo, pero es una parte necesaria del proceso de liberación. Mientras las hijas no reconozcan estos patrones, seguirán saboteándose a sí mismas y limitarán su capacidad para medrar y florecer en el mundo.

El patriarcado ha anulado hasta tal extremo a las mujeres que, cuando son madres, sedientas y famélicas de validación, aprobación y reconocimiento, suelen recurrir a sus jóvenes hijas. Es una sed que la hija jamás podrá apagar. No obstante, hemos visto que generación tras generación, las hijas inocentes se han entregado a su madre, se han sacrificado voluntariamente en el altar del sufrimiento y la carencia maternos, con la esperanza de que algún día, por fin, serán «lo bastante buenas» para ella, con la ilusión infantil de que «alimentando a la madre», al final, se podrán alimentar ellas como hijas. Ese alimento emocional no llega nunca. Ese alimento que has estado deseando solo se puede conseguir cuando te comprometes con el proceso de sanación de la herida materna y de tomar las riendas de tu vida y de tu valía.

Hemos de dejar de sacrificarnos por nuestra madre, porque, en última instancia, nuestros sacrificios no la ayudan. Lo que sí la ayudará será la transformación que se producirá cuando trascienda su propio dolor, pero antes deberá lidiar con él ella sola.

Si nos negamos a reconocer las diferentes formas en que nuestra madre ha sido la responsable de nuestro sufrimiento en la infancia, de adultas, seguiremos viviendo creyendo que el problema está en nosotras, que somos malas o tenemos algún tipo de deficiencia. Esto se debe a que es más fácil sentir vergüenza que afrontar el sufrimiento de darnos cuenta de hasta qué extremo nos ha abandonado o explotado nuestra madre. Por consiguiente, la vergüenza puede servir para amortiguar el dolor que ocasiona la verdad.

Nuestra niña interior prefiere sentir vergüenza y odiarse a sí misma, porque ello la ayuda a mantener la utopía de la «buena madre».

Nos aferramos a la vergüenza porque nos sirve para aferrarnos a nuestra madre. De esta manera, avergonzarnos de nosotras mismas es una forma de sentirnos atendidas. Por esta razón, la vergüenza es una de las principales manifestaciones de la herida materna.

Hemos de tener el valor de liberarnos del sufrimiento que nuestra madre nos ha pedido que llevemos en su nombre. Solo nos liberaremos de ese sufrimiento cuando seamos capaces de trasladar la responsabilidad donde realmente se encuentra: a la adulta de la situación, la madre, no la hija. En nuestra infancia, no éramos responsables de las decisiones y conductas de los adultos de nuestro entorno. Una vez que hayamos aceptado esto realmente, podremos asumir la plena responsabilidad, trabajar este tema y reconocer cómo nos ha afectado en nuestra vida; esto nos permitirá tomar nuevas decisiones como personas adultas, que se ajusten a nuestro verdadero yo.

Muchas mujeres intentan saltarse este paso e ir directamente al perdón y a la empatía, y esto puede provocar que no se muevan del sitio. Si no sabes en qué punto te encuentras, no experimentarás un verdadero avance. El perdón no es algo que simplemente «haces». El verdadero perdón es el resultado de un proceso de transformación, en el que se reconoce, procesa y acepta el sufrimiento para transformarlo en autoconocimiento. Entonces, el perdón ya no implica tanto a la otra persona, sino que se trata de un proceso que incluye nuestra propia integridad. Cada vez que nos sentimos forzadas a perdonar, ya sea por nosotras mismas o por otra persona, no hemos de ceder a la presión, sino tomarnos el tiempo que necesitemos para sanarnos.

En nuestra infancia, muchas sentimos el terror de ver que «no había nadie al timón» en nuestra familia. Por varias razones, tal vez recibiéramos el mensaje tácito de que los adultos, en cierto modo, «estaban ausentes» y que nos habíamos quedado solas. Nuestro sistema nervioso respondió luchando, huyendo o paralizándose, creando las primeras pautas para afrontar el estrés y el cambio.

Las mujeres que crecieron con el patrón de la «buena chica» tienen la sensación de haber sido utilizadas, de tener que fingir, y se sienten vacías por dentro. La buena niña cree algo así como: «Un día mamá o papá se sentirán bien y me darán lo que necesito». El problema es que ese día nunca llega. Estas niñas son educadas para convertirse en adultas que sufrirán mucho estrés y estarán en estado de máxima alerta cuando tengan que enfrentarse a situaciones cotidianas, como decepcionar a alguien, recibir cumplidos, poner límites y cuidar de sí mismas.

Se nos enseña que la supervivencia implica servir al patriarca. Muchas «buenas chicas» o «hijas parentificadas» han visto cómo sus madres consentían conductas masculinas tóxicas, ya fuera encarnándolas en ellas mismas, tolerándolas en los hombres de su familia o ambas cosas. Puede que hayamos aprendido a asimilar ideas nocivas como «podría perder su aprobación si no cedo» o «para agradar, he de rebajarme». Tal vez hayamos visto que nuestra madre ha dependido de las migajas de aprobación de hombres ignorantes. Puede que hayamos observado que otras mujeres mayores toleraban la ineptitud y el maltrato en silencio. Quizás hayamos soportado la invasión de nuestra madre o su abandono debido a sus propias carencias.

Como «buenas chicas» en rehabilitación, es importante que veamos nuestra complicidad inconsciente en haber sido utilizadas y reivindicar con fuerza nuestra soberanía.

La «niña utilizada» que hay en nuestro interior anhela ser amada por ella misma, no solo cuando lleva la máscara de «buena chica» puesta y hace gala de los principios patriarcales (productiva, perfecta, a la altura de las expectativas, que hace sentir bien a los demás, sacrificada, reprimida, etc.). La niña utilizada quiere que la ames cuando te decepciona, cuando está de mal humor, cuando es inoportuna, desordenada, incoherente, cuando no tiene nada que dar, cuando cambia de opinión, etc. La verdadera pregunta es: ¿estamos dispuestas a amarnos a *nosotras mismas* en estos momentos? Cuanto más capaces seamos de amarnos a nosotras mismas, más podremos sentirnos merecedoras del amor de los demás.

Preguntas para reflexionar

1. «¿De qué modo te transmitió y difundió tu madre sus creencias, ya fuera abiertamente con palabras o de manera encubierta, a través de sus elecciones, decisiones o acciones?».
2. «¿Cuáles eran las creencias de tu madre respecto a las áreas más importantes de la vida, como el dinero, los hombres, la sexualidad, el potencial profesional, su propio cuerpo, el matrimonio, las amistades femeninas, su propia madre, las normas familiares, etc.?».
3. «¿De qué modo afloraban sus creencias en tu vida? ¿Has aceptado inconscientemente, de algún modo, sus creencias como tuyas?».
4. «¿De qué formas puedes actuar más en línea con tus propias creencias sin complicarte demasiado? ¿Tienes algún temor sobre cómo afectaría a tu relación con tu madre tus verdaderas creencias y decisiones?».

Preguntas para que reflexionen las madres respecto a respetarse a sí mismas y despejar el camino para sus hijas

1. «¿Qué necesité de mi madre que no obtuve? ¿De qué modo podría estar proyectando inconscientemente estas necesidades en mi hija o en otras personas?».

2. «¿Obtengo la atención y protección maternal que necesito en mi vida diaria? Si no es así, ¿cómo puedo hacer que se satisfagan esas necesidades (amigos, experiencias, medios, ayuda profesional)?».

3. «¿Estoy descuidando las necesidades emocionales de mi hija? ¿Me incomodan sus necesidades emocionales? Si es así, ¿cuáles? ¿Qué me están indicando?».

4. «¿Le estoy pidiendo a mi hija que, de alguna manera, me haga de madre? En caso afirmativo, ¿cuáles son algunas de las formas en que puedo conseguir el apoyo que necesito por otra vía, para no sobrecargar a mi hija?».

5. «¿Siento rabia o resentimiento por ser madre? Si es así, ¿de qué formas saludables y seguras puedo procesar y trabajar esos sentimientos?».

6. «¿Tengo celos o me siento amenazada por mi hija? Si es así, ¿por qué? ¿Cómo se manifiesta esto en mi forma de relacionarme cada día con ella? ¿Cómo puedo hallar una forma segura y sana de procesarlo?».

7. «¿Qué limitaciones tuve que aceptar sobre mí misma cuando tenía la edad de mi hija? ¿Cómo me afectó eso en mi vida? ¿Cómo puedo ayudarla para que no acepte esas mismas limitaciones?».

8. «¿Cómo puedo demostrarle que me valoro a mí misma?».

9. «¿Qué siento cuando pienso en que mi hija tenga más oportunidades de las que yo tuve?».

10. «¿De qué modos puede que yo también esté transmitiendo esa creencia en las limitaciones? ¿Cómo puedo cambiar eso?».

Capítulo 3

LA DINÁMICA DE PODER DE LA HERIDA MATERNA

Cuando era niña idealizaba a mi madre. Tardé décadas en cuestionarme su argumento de que éramos las mejores amigas; pero hasta que no lo hice no pude darme cuenta de que esta fantasía de nuestra gran amistad solo había sido posible porque había interpretado diligentemente el papel que se me había asignado: el de la «buena chica», la confidente y la mediadora de la familia. Lo de «mejores amigas» había funcionado porque me había ausentado emocionalmente de mí misma y me había encargado de cuidar de ella. Mi instinto me había conducido a ocultar mis verdaderos sentimientos y necesidades, cualquier signo de que era una niña. En esencia, fingía ser una adulta. Había momentos en que el dolor de mi madre se filtraba hacia fuera atravesando su gélida fachada, ya fuera abierta o encubiertamente, y me dejaba perpleja, anonadada y desesperada. En esos momentos, enseguida me culpabilizaba de esa falta de conexión, creía que se debía a algo que yo había hecho. Vivía en un estado de alerta máxima, con la determinación de no volver a cometer el mismo error. Por ejemplo, cada vez que expresaba espontáneamente mi seguridad personal, o una opinión o actitud totalmente opuesta a la de mi madre, sentía en mis entrañas que ella empezaba a alejarse de mí, a lanzarme miradas de celos, a emitir un gruñido arrogante o un suspiro de desaprobación, y cuando notaba eso, era sumamente doloroso. Inconscientemente, había aprendido a equiparar los sentimientos de libertad y alegría con el castigo y el abandono.

No obstante, había otras veces en que la dominancia que sentía por parte de mi madre era más abierta, y en esos momentos, notaba claramente quién mandaba allí, quién decía lo que había que hacer y a quién no se podía sobrepasar en modo alguno. Recuerdo que cuando tendría unos siete años, un día, estaba sentada en el asiento trasero del coche y en un momento de dejar volar mi fantasía dije: «Mamá, ¡algún día seré rica!». Cuando el semáforo se puso rojo, mi madre se giró y me miró como si quisiera fulminarme con la mirada; tenía el rostro desencajado y parecía fuera de sí. En lo que a mí me pareció un tono amargo y cortante, me dijo: «Eso es lo que yo también me imaginaba, Bethany». El mensaje que recibí fue: «No te atrevas a pensar que podrás conseguirlo, no te atrevas a pensar que eres mejor que yo y que triunfarás en lo que no he podido triunfar». Esa breve interacción dejó una profunda huella en mi joven mente.

Si expresaba mis opiniones abiertamente con sinceridad y sensibilidad, mi madre a veces me decía: «¡Te crees que eres superior!», y yo tenía la sensación de que era como si ella no pudiera sentir mi independencia sin sentirse atacada personalmente. Como su mejor amiga, esos momentos eran insoportablemente dolorosos, así que fui dejando de compartir mis opiniones hasta que acabé convirtiéndome en un espejo perfecto donde pudiera reflejarse. Aunque no tenía la menor idea, estaba en pleno proceso de escisión entre la buena chica que ella quería que fuese y la persona real que había enterrado en las profundidades de mi ser.

También había veces en que, posteriormente, llegaba a la conclusión de que parecía como si proyectara su dolor en mí. En aquel entonces, no tenía ni idea de lo que era el concepto de la proyección, solo sabía que mi madre me hacía daño, y que la única razón por la que hacía eso era porque me lo *merecía. Una noche, cuando estaba en la pubertad, le hablé a mi madre de Laurie, una despreciable compañera de clase, que siempre se metía con otras niñas y las acosaba. En busca de la aprobación de mi madre, le pregunté: «Mamá, ¿Laurie es más guapa que yo?». Hizo una pausa, frunció los labios y dijo: «Sí, es más guapa que tú». Me dejó anonadada, porque hasta ese momento de la conversación, había sido extrañamente amable, pero, de pronto, percibí que su mensaje se había vuelto frío, tajante y despiadado. Después de que me dijera eso, sentí asco y me encerré en mi habitación; estaba confundida, me sentía rechazada y sola. Percibí que era peligroso ser vulnerable con ella y comencé a cerrarme todavía más.*

Todas las madres e hijas experimentan algún grado de tensión debido a la influencia del patriarcado sobre su relación. Hasta cierto punto, el tema del poder siempre está en juego debido a esta atmósfera cultural. Para las hijas adultas de madres con un estilo de crianza o una personalidad más autoritarios, conseguir que su comunicación y su relación se basen en la mutualidad[*] puede ser casi misión imposible. Una relación «armoniosa» con una madre autoritaria, casi siempre, conlleva cierta pérdida del yo. Esto se debe a que este estilo carece, en esencia, del sentido de cooperación y crecimiento mutuo. Este tipo de madres considera la mutualidad como una derrota y una pérdida de poder. Para acabarlo de arreglar, esta madre puede adoptar inesperadamente un tono autoritario cuando algo la hace saltar, y, a veces, cuando se encuentra de mejor humor, actúa con una mutualidad también impredecible. El resultado es un «refuerzo intermitente», la forma de refuerzo más

---

* N. de la T.: Término de psicología que implica compartir sentimiento, acción o relación entre dos o más partes, con el fin de obtener mutuos beneficios. Según el DRAE, significa «cualidad de mutual, que implica mutuo, recíproco».

poderosa, en la que la madre, unas veces, muestra empatía y afecto, y otras, cuando algo le molesta, se vuelve controladora, hostil o tajante. Esta dinámica siempre cambiante mantiene a la hija en una montaña rusa emocional y propicia su inestabilidad interior.

Patricia Evans, en su icónico libro *El abuso verbal en las relaciones*, menciona los dos tipos de poder que imperan en el mundo. Durante miles de años, el mundo ha funcionado bajo el concepto patriarcal de ostentar el «poder sobre», es decir, la dominación de otras personas. Evans lo describe en el contexto de las relaciones verbalmente abusivas, en las que los hombres son los controladores, pero esta dinámica de poder también está presente en la relación entre madres e hijas, y puede explicar muchas de las dinámicas dolorosas entre ellas. Cuando sientes que estáis hablando idiomas diferentes, que jamás resolvéis nada y que dudas habitualmente de tus propias percepciones, aclarar la dinámica del poder que está en juego puede ayudarnos a comprender muchas cosas.

Evans lo denomina poder sobre la «Realidad 1», que se caracteriza por la desigualdad, la competitividad, la manipulación, la hostilidad, el control y la negación. En este tipo de realidad, el sentimiento de seguridad se produce cuando uno está «por encima» de otro. Existe una desconfianza inherente en la mutualidad y la vulnerabilidad. Con frecuencia, las personas que proceden de esta realidad experimentaron una herida profunda en su infancia, se vieron obligadas a desconectarse de sus propios sentimientos y los proyectaron sobre los demás. La mutualidad es una amenaza para su seguridad e identidad. Automáticamente, experimentan la igualdad con otro ser humano como inferioridad. Las personas que viven en esta realidad no experimentan su poder personal, porque están demasiado desconectadas de sus propios sentimientos, así que evitan los sentimientos de impotencia concentrándose en controlar y dominar a los demás. Ejercer el poder sobre alguien es un intento de crear poder personal, ese que viene de dentro. Ser vulnerables o pedir lo que quieren les da demasiado miedo porque incluye la posibilidad de ser rechazadas y tener que sentir los correspondientes sentimientos de decepción y humillación. Toman todas sus decisiones basándose en la necesidad involuntaria de evitar afrontar sus sentimientos y las partes vulnerables de sí mismas, que tuvieron que abandonar para sobrevivir a su infancia. Viven en un estado de negación profunda de sus sentimientos y pueden distorsionar y confundir la realidad, volviendo locas a las personas que las rodean, sin darse cuenta de lo que están haciendo. Esta realidad hace prácticamente imposible la existencia de una relación y comunicación saludables.

El poder personal, al que Evans denomina «Realidad 2», se caracteriza por surgir desde la igualdad, la colaboración, la reciprocidad, la buena voluntad, la proximidad y la aprobación. En esta realidad, el poder personal procede de estar conectada con tus propios sentimientos y de tener cierto grado de conexión con la propia vida. Se da por hecho que las dos personas están intentando crecer, ayudarse y mejorar la vida de la otra. La Realidad 2 es una realidad compartida con los demás. Una persona sola no puede crear este tipo de relación de ayuda mutua con otra. Han de ser dos. Muchas veces las mujeres nos sentimos frustradas cuando hacemos todo lo que podemos para conectar con nuestra madre y no lo conseguimos. Lo cierto es que no podemos crear este tipo de relación mutua con nuestra madre, si esta vive principalmente en la Realidad 1.

Evans explica que el factor más importante para que las personas desarrollen la Realidad 1 o la Realidad 2 es que *en su infancia hubiera un testigo adulto compasivo*, alguien estable y afable, que estuviera presente emocionalmente y pudiera reconfortarlas en los momentos de aflicción emocional. El hecho de tener un adulto compasivo en los momentos difíciles ayuda a que la niña pueda seguir conectada consigo misma y desarrollar confianza en que puede soportar emociones conflictivas. Esto la prepara para que cuando sea adulta pueda desarrollar su poder personal. Las niñas que no tuvieron ese testigo compasivo y que experimentaron emociones traumáticas con poca o ninguna ayuda es probable que ocultaran sus sentimientos dolorosos en su subconsciente, a fin de poder sobrevivir, y que fueran reemplazados por la actitud de ejercer el poder sobre alguien que, en cierto modo, es un mecanismo de defensa. Por consiguiente, al no tener acceso a su poder personal, es más probable que terminen en la Realidad 1, la orientación de dominancia y de ejercer poder sobre el mundo.

La suposición letal

Uno de los factores que favorecen la perpetuación de la herida materna es la suposición cultural de que todas las madres se preocupan, colaboran, son amables, de buena fe y aprueban, es decir, la Realidad 2. No obstante, nuestra madre es un ser humano que probablemente haya sufrido su dosis de traumas, ya sean provocados por su propia familia como por ser mujer en una sociedad patriarcal. Y a menos que tuviera un testigo compasivo de su sufrimiento en la infancia, que la ayudara a acceder a sus sentimientos para que pudiera conectar con su poder personal, es posible que esté actuando desde la Realidad 1, es decir, la manipulación, el dominio, las proyecciones, las distorsiones, los abusos y el control. Cuando una madre está desconectada de sus propios sentimientos, es posible que vea a su hija como una extensión de sí misma y que piense que es la culpable de sus propios sentimientos negativos, en vez de reconocer que la causa es el sufrimiento que ha reprimido en lo más profundo de su subconsciente. Por consiguiente, podría llegar a aislarla y maltratarla, repitiendo el mismo abuso que ella misma experimentó, siempre negando lo que está haciendo o siendo inconsciente de ello.

Pataletas maternas y «madrepulación»

La opresión patriarcal de las mujeres irá menguando paulatinamente, a medida que estas se responsabilicen de su propio sufrimiento y que las jóvenes se nieguen a seguir cargando con heridas que no son suyas. Esto permitirá a esas jóvenes avanzar con seguridad hacia donde las conduzcan sus sueños sin avergonzarse o sentirse culpables.

A medida que tu vida vaya cambiando de acuerdo con tus nuevas creencias expandidas, tu familia tal vez se quede perpleja, sienta que la dejas de lado o que la has traicionado. Cambiar un contexto excluyente de «esto o aquello» por uno incluyente de «ambos/y» implica que hemos de aceptar el riesgo de la alienación, a favor de ser auténticas y marcar nuestros límites. La forma en que las madres manifiestan su propio sufrimiento cuando se produce alguna circunstancia que lo active puede oscilar desde una respuesta crítica insolidaria menor hasta un episodio explosivo (como tener un arranque de genio, enfurruñarse o callarse por celos, dedicarte las mejores lindezas del diccionario o sacar a relucir todos los errores que has cometido para avergonzarte y que vuelvas a ser su muleta emocional).

Yo lo llamo «pataletas maternas», porque estos son los momentos en que la niña interior herida, que hay dentro de la madre, empieza a proyectar su sufrimiento no procesado en la respuesta de la hija, es decir, de no cumplir con el mandato tácito de no suponer una amenaza para ella. La pataleta materna se produce cuando la hija deja de ser servil, deferente o sumisa con su madre y se aventura a cambiar la dinámica de la relación atreviéndose a ser más auténtica con ella. (Esto se puede manifestar cuando la hija le marca sus límites, le dice la verdad, reduce el contacto, toma decisiones auténticas que no necesariamente están en la misma línea que las creencias de su madre, etc.).

Las historias siguientes de hijas adultas son casos reales de pataletas de madre. Es un popurrí de ejemplos que he escuchado de mis alumnas y clientas de mi curso *online* y de los talleres y retiros que he dirigido. He cambiado todos los nombres. Estos ejemplos ilustran cómo actúan las madres que no han sabido gestionar sus propias Heridas Maternas, cuando se produce una situación detonante y proyectan de una manera lamentable esas heridas en sus hijas. El detonante no es un problema en sí mismo, es normal que a veces nuestros hijos acaben con nuestra paciencia. El problema viene cuando la madre no se responsabiliza de corregir esa respuesta y, en su lugar, proyecta sus propias heridas en la hija.

Shawna: «Mi madre revisó todos mis diarios que tenía guardados en la buhardilla de casa, después de que le dijera que necesitaba un par de semanas de aislamiento, porque estaba ocupada con un proyecto importante de mi trabajo. Me mandó un correo diciéndome que no podía entender por qué la abandonaba y que no sabía qué más hacer para que hablara con ella. Empezó a criticar cosas que yo había escrito en mis diarios y me dijo que estaba preocupada por mí. Sé que se sentía a gusto cruzando los límites que le marcaba, pero jamás imaginé que llegaría tan lejos».

Talia: «Mi madre compró regalos a los invitados a la cena del ensayo de mi boda, aunque le había dicho específicamente que no lo hiciera, hasta que tuviera tiempo de echarles un vistazo por Internet. Me dijo gritando con todas sus fuerzas: "¡Los regalos son de mi parte, así que tenía todo el derecho a elegirlos!"».

A. J.: «Cuanto mejor me va en mi profesión, más ganas tiene mi madre de hablar conmigo por teléfono de temas intrascendentes. Recuerdo que una vez estaba muy ocupada preparándome para mis exámenes de Derecho y, esa semana, me obligó a hablar con ella por teléfono durante tres horas, casi cada noche, para que la aconsejara sobre las vacaciones en México que estaba planificando. Años más tarde, me di cuenta de que, en cierto modo, intentó distraerme para que no aprobara y llegara a ser más que ella. El día de mi graduación, tuvimos que llevarla a urgencias porque decía que tenía dolor en el pecho. Me perdí mi graduación, ya que la pasé sentada en una sala de espera junto a mis hermanos. Al final, no le pasaba nada».

Tanesha: «Mi madre se distancia de mí cada vez que comparto con ella alguna cosa positiva que estoy haciendo. Enseguida, cambia de tema, como si no soportara mi actitud positiva. A veces, incluso empieza a hablar de que a los hijos o hijas de sus amigas les sucede algo parecido, como diciendo que yo no soy nada a su lado. Es muy doloroso, aunque estoy segura de que es algo totalmente inconsciente por su parte».

Olivia: «Cada vez que veo a mi madre tiene que hacerme algún comentario desagradable sobre mi aspecto: "¿Todavía vas a Weight Watchers?", "¿Te has planchado esa blusa?" o "Llevas el pelo hecho un asco. Toma, péinate con mi peine". Estos comentarios infantiles hacen que me sienta como si tuviera cinco años. Lo irónico de este caso es que mi madre era alcohólica y yo la ayudaba a arreglarse para ir a trabajar, le planchaba la ropa, le daba el lápiz de labios y los calcetines. Es una negación total de mi experiencia de ser yo quien la apoyaba. De algún modo, mi presencia debería recordarle cuánto me ha fallado. Ni siquiera estoy segura de si realmente se acuerda. Me pregunto si sería capaz de cuidar de mí. Evitar su propio sufrimiento parece ser lo único que realmente le importa en la vida».

Jordyn: «Cuando mi padre dejó a mi madre, yo era adolescente; fue como si siempre hubiéramos sido las mejores amigas. Se quejaba de su vida y de lo sola que estaba. Me decía que era la única persona en el mundo que la entendía. Vivía con ella cuando iba a la universidad, y si quería llevar a algún amigo a casa, se ponía pasiva-agresiva conmigo. Hacía cosas como manchar con lejía "accidentalmente" alguna de mis prendas favoritas. O mi móvil desaparecía durante horas y, de pronto, ella lo encontraba. Una vez, que estaba verdaderamente interesada por un chico, manipuló el motor de mi coche para que no me arrancara cuando me marchara. Al hacerme mayor, pensé que hacía esas cosas porque me quería. Ahora me doy cuenta de que lo hacía porque, en cierto modo, sentía que yo le pertenecía».

Finn: «Toda mi familia era fiel al mantra de "no molestes a tu madre". Ella se ponía sumamente nerviosa y tenía poca paciencia con los niños. También le preocupaba mucho lo que "pudieran pensar los vecinos". Recuerdo que, los fines de semana, me pasaba horas haciendo gimnasia en el jardín de delante de casa, con la esperanza de que se fijara en mí, mientras estaba en la cocina. Otras veces, veía cómo lo dejaba todo para pasarse horas charlando con las amigas a las que siempre criticaba. Yo estaba allí sentada escuchando sus conversaciones, sedienta de su atención emocional. Si se me ocurría manifestar mi tristeza o enfado, me respondía con un sarcástico "¿y ahora qué te pasa?". Siento que me he pasado la mayor parte de mi niñez mirando de pie desde la ventana esperando a que ella entrara en casa. Cuando estaba presente, no había ninguna conexión. Creo que para ella mis necesidades emocionales eran una gran carga».

Brooke: «Mi madre siempre sentía la necesidad de ser más guapa que yo. Cuando alguien me hacía un cumplido en su presencia, se acercaba pausadamente a la persona para captar su atención. Unas veces, era tan sutil que nadie lo notaba, pero otras era vergonzosamente evidente para todo el mundo que estaba compitiendo contra mí. Jamás olvidaré el numerito que montó en mi boda; varias personas estaban comentando mi vestido y, de pronto, irrumpió en la conversación y le pidió a alguien en voz alta que la ayudara a abrocharse la pulsera. Consiguió que todos los invitados se fijaran en ella, mirándola con incredulidad, mientras se puso a contar una historia banal e irrelevante. Desde mi adolescencia, le ha dado pánico que me convirtiera en el centro de atención».

Destiny: «A mi madre le encanta poner a mi marido de su parte y que luego nos peleemos. En todas las reuniones familiares, encuentra la forma de flirtear con él, de un modo casi imperceptible, y él siempre cae. Antes de que me dé cuenta, ya se han compinchado. Mi marido ha tardado mucho tiempo en darse cuenta de que lo estaba manipulando. Pero ahora está aprendiendo a reaccionar a tiempo, y por más que mi madre intente aislarme y hacerme sentir que no soy lo bastante buena, no puede separarnos. Cualquier cosa puede ser motivo de crítica, porque me había salido la comida muy salada, porque la lavadora hacía demasiado ruido o porque todavía no me había comprado un coche nuevo. Siempre encuentra alguna excusa para criticarme e induce a los demás a que se cuestionen mis decisiones. Me vuelve loca».

Elizabeth: «Mi madre me envía correos breves y, aparentemente, benevolentes. Pero hay un tono de desaprobación que me saca de quicio. El mensaje de fondo es que ella es mejor madre que yo y que no sirvo para esto. "¿A qué hora salen los niños del colegio? ¿Has revisado su calendario escolar?". Cuando respondo a su pregunta, siempre viene otra aclaratoria, como si no confiara en mí: "¿Tienen CUATRO días de fiesta?". Estoy harta de tener que dar explicaciones hasta por las cosas más sencillas. Me agota».

Mich: «Mi madre me humilla delante de mis hijos y les permite hacer cosas que no quiero. Una vez le dijo a mi hija que estaba preocupada por mi salud mental. Es como si quisiera aliarse con sus nietas para rebajarme. Mis hijas me dijeron que ya no querían estar a solas con la abuela. Ahora lo entiendo. Pero yo pensaba que si no las dejaba estar con ella las estaba privando de la presencia de su abuela; por el contrario, las estaba poniendo en peligro al dejar que las cuidara. Esperaba que ser abuela suavizaría sus tendencias narcisistas, pero estaba equivocada».

Claire: «Mi padre y mi madre eran científicos. Nuestra casa siempre estaba llena de activistas, escritoras y académicos. Me acostaba tarde escuchándolos hablar. Mi madre estaba tan entusiasmada y abstraída en la "causa" que muchas veces se olvidaba de darme de comer o de bañarme. Como hija única, aprendí a asumirlo y a hacerlo todo por mí misma desde muy joven. Durante mi vida de adulta he tenido siempre problemas de depresión. Cada vez que nos vemos, albergo la esperanza de que haya algo que nos conecte. Pero siempre termina preguntándome: "¿Por qué no puedes cooperar?", "¿Qué te pasa?" y "No sé por qué no puedes tener una vida normal, como todos los hijos de mis amistades". Después de cada visita necesito descansar varios días».

Abbie: «Mi madre ejerció como madre soltera desde que yo tenía dos años. Estuvo a punto de padecer una crisis nerviosa ocho años después, y yo era su principal soporte emocional. Mi hermano menor ha tenido problemas con las drogas y siempre está cambiando de trabajo. Como yo era el "ángel" de mi "madre", fui una buena estudiante y conseguí un doctorado. Cada vez que me llama, que es varias veces a la semana, se pone a la defensiva respecto a mi hermano. Él se ha ido a vivir con ella hace poco. Es como si estuvieran compinchados contra mí, aunque lo único que deseo es conectar con ella. Me he esforzado mucho por tener éxito, para ser visible ante sus ojos y que se sienta orgullosa de mí, pero se siente intimidada. Siempre intenta alejarme o, a la inversa, hace que me acerque a ella para herirme o humillarme de alguna manera. Solo quiero que me quiera».

Dawn: «Le dije a mi madre que no me gustaba el tono que usa cuando habla con mi hijo. Era muy crítica y desagradable cuando cometía un error ortográfico en sus deberes. Al principio se disculpó. Pero al día siguiente, me envió un correo para decirme que ya no podía seguir ayudándome a pagar mis créditos universitarios. Eso fue dos semanas después de que le pidiera que, por favor, me diera las claves de acceso a mis préstamos universitarios, puesto que quería hacerme cargo de ellos, y de que me respondiera que no, porque quería hacer eso por mí. Fue como si necesitara encontrar la manera de "vengarse" por haberle puesto un límite».

Cuando tu madre tiene una pataleta, no te está viendo como lo que eres (su hija), sino que a quien ve es a *su propia madre rechazándola*. Esta es la razón por la que la interacción, aunque parezca inofensiva, puede encerrar un tono agresivo; estás siendo testigo de la energía regresiva de la niña enfadada que tu madre todavía ha de integrar y sanar dentro de sí. Si entiendes esto, tal vez te ayudará a no tomarte la conducta de tu madre como algo personal. En realidad, no tiene nada que ver contigo.

Es normal que intentes ignorar o evitar, por todos los medios, que tu madre se enfade; nadie quiere ser testigo de estas desagradables y dolorosas interacciones o estar sujeto a ellas. Y tu niña interior está aterrorizada por esta situación, puesto que probablemente reproduzca dinámicas dolorosas de tu infancia. De lo que se trata es de apoyar a esa niña interior y tener bien claro que aunque de pequeña no te sintieras a salvo emocionalmente (el rechazo de la madre significa la muerte), ahora eres una adulta capaz de ayudarla en esta experiencia. Sobrevivirás a la rabieta, y estar preparada emocionalmente para las consecuencias de que tu madre se enfade te liberará. Cuando nos negamos a dar versiones de nosotras mismas que alivian el dolor de nuestra madre, nos estamos haciendo un favor a nosotras y a ella; ceder a su manipulación solo prolonga su sufrimiento y pospone su sanación.

Cómo reconocer la «madrepulación»

A diferencia de la dinámica más abierta de las rabietas, que suelen ser más explosivas y acarrear conflictos, tenemos la dinámica más encubierta que es lo que denomino «madrepulación». La madrepulación es una forma de manipulación sutil por parte de la madre, que puede pasar inadvertida con facilidad, porque las críticas o la hostilidad se disfrazan con un lenguaje o conducta que parece «maternal» (es decir, enriquecedor, que muestra preocupación, adoración o apoyo). La madrepulación no es fácil de reconocer y, con frecuencia, el primer síntoma de la hija es el miedo, la desesperación o la rabia que no se puede adjudicar a nada en concreto, lo cual provoca que se culpe a sí misma, por considerar que ha tenido una respuesta exagerada a la interacción con su madre. Una situación puede aparentar una cosa superficialmente —cordial, inofensiva, benevolente—, pero la energía y el tono de fondo es muy distinto: duro, hostil, agresivo. Como sucede con cualquier tipo de acoso, la mejor forma de reconocer la madrepulación es observar cómo *se siente* tu cuerpo durante la interacción. Has de indagar más a fondo cuando aparentemente todo está bien, pero estás peor después de haberte relacionado con tu madre. Es muy probable que haya habido manipulación de por medio.

Tu respuesta a una pataleta o madrepulación será específica de la dinámica particular entre tu madre y tú. El reto es no caer en el victimismo, en el papel de infractora o de salvadora, sino ser fiel a tu verdad. Para algunas personas, eso supone decir lo que piensan, mientras que para otras, significa permanecer en silencio. Reflexionar sobre cuál sería la respuesta más poderosa y apropiada para una pataleta o madrepulación es un potente proceso de descubrimiento en sí mismo.

Sentimiento de estar en deuda

Una de las creencias más habituales y problemáticas que tenemos las hijas es: «Mi madre me dio la vida. A ella le debo_______________». No hay nada de malo en amar y respetar sinceramente a tu madre y en valorar todo lo que ha hecho por ti, por supuesto. No obstante, el sentimiento de estar en «deuda» con ella es muy diferente y es un espejismo doloroso que puede costarnos muy caro. Muchas mujeres usan este razonamiento para reprimir lo que desean, como excusa para sentirse culpables, tolerar un trato abusivo o no hacer nada.

Los niños y niñas no «deben» nada a sus madres; sin embargo, esta ilusión del endeudamiento ha paralizado a generaciones de mujeres. Una vez vi un vídeo en Facebook dirigido a las madres que se sienten estresadas, faltas de sueño y no reconocidas. La frase final era: «Mira a tu hijo a los ojos y date cuenta de que importas». Cada una de las frases exponía cómo ensalza el niño a la madre, dando a entender que esto debería bastarnos para soportar cualquier cosa. El vídeo se basaba en que a la madre le bastaba con mirar los ojos de su hijo para sentir que su esfuerzo valía la pena. Me resultó extraño que no mencionara el apoyo de los amigos, de la pareja o de la comunidad para que las mujeres pudiéramos superar estas etapas difíciles de la maternidad. No hacía alusión alguna a preocuparse de sí mismas. No ayudaba a que las mujeres se vieran como personas capaces e importantes. Sencillamente, decía a las madres que miraran en una dirección para encontrar apreciación y sentido: a los ojos de su hijo.

A simple vista, puede parecer un vídeo bastante inofensivo, con la intención de honrar el incesante trabajo de las madres. Tenía miles de *likes*. Pero a mí me pareció inquietante por muchas razones. Para las madres, es una forma de perpetuar la ilusión de que la aprobación de nuestros hijos debería bastarnos para soportar el monstruosamente interminable, ingrato y aislante trabajo de la maternidad en el mundo moderno. Y esto predispone a la hija a tener que soportar la carga emocional de los esfuerzos que hizo su madre y aprender a asumir la responsabilidad de cuidadora emocional. La predispone a sentir que se ha de convertir en una versión de su madre para protegerla de su sufrimiento. Esa creencia es como un veneno que puede deteriorar el concepto que la hija tiene de sí misma y su capacidad para entablar relaciones duraderas y saludables con los demás.

Por desgracia, una de las manifestaciones más comunes de la herida materna es una relación de compleja codependencia entre madre e hija. Retratos como el del vídeo que he mencionado refuerzan esta nociva y compleja dependencia como «amor de madre» normal. Una hija no tiene que ser la salvadora de su madre, su espejo, su terapeuta o la única razón de su existencia. La responsabilidad de la madre, como adulta, es conseguir el apoyo que necesita de otros adultos, incluidos terapeutas, cónyuge, pareja, comunidad, instituciones, etc.

El bienestar de la madre no es responsabilidad de la hija. Una madre que espera un trabajo emocional por parte de su hija la convierte en rehén de su propio dolor. Con frecuencia, si este patrón empieza en la infancia, seguirá hasta que la hija se convierte en adulta, y le creará indecisión, sentimiento de culpa, rabia reprimida, síndrome de la impostora y relaciones problemáticas, entre otros síntomas. Nuestra cultura, con su hostilidad hacia las mujeres —con la reducción del acceso a los servicios de control de la natalidad, la brecha salarial, la falta de buenas bajas maternales y la violencia de género contra las mujeres, al igual que con otras barreras sistémicas, como el racismo institucional— aísla a la madre y coacciona a la hija para asumir la carga emocional de proporcionarle aprobación, ante la ausencia de apoyo del cónyuge, de otros adultos, de las instituciones y de la sociedad en general. Ese es un vacío que una hija jamás podrá llenar. A las hijas se les pide que recojan el testigo de la falta de respeto y de ayuda emocional que sufren las madres en esta sociedad. Esta les dice a las madres que sus hijos deberían ser suficiente recompensa en sí mismos y las avergüenza cuando no son plenamente felices.

El sufrimiento de nuestra madre nos es transmitido desde dos fuentes principales:

- El grado de trauma o abusos heredado que experimentó en su familia, que puede transmitir inconscientemente, hasta cierto punto.
- La herida materna cultural: el sufrimiento de ser mujer en esta cultura y cómo se traspasa ese dolor de generación en generación.

La culminación de muchos factores puede hacer que la niña se sienta en «deuda» con su madre:

- La lealtad natural que sienten todas las hijas hacia sus madres.
- Ver que tu madre está sufriendo y que nadie la ayuda, a la vez que sabes que ella es esencial para tu supervivencia.
- La madre que refuerza la idea de que la hija es responsable del bienestar de la madre.
- La creencia de la madre de que su hija está en deuda con ella debido a su propia historia personal (ella tal vez sintió lo mismo con su madre).
- La falta de ayuda por parte del cónyuge o pareja, la familia, los amigos, etc.

En el pasado, y todavía para algunas personas de hoy en día, ser padre o madre implicaba proporcionar alimento, techo, ropa y educación a los hijos e hijas. Las necesidades emocionales se consideraban de menor importancia que las físicas. Los niños y niñas, al igual que objetos o mascotas, eran «para ser vistos, no escuchados». Temas como las adicciones, las enfermedades mentales, los problemas económicos y los abusos, simplemente, eran tabú. La gente creía que si fingía que estos problemas no existían, si los mantenían en secreto, todo iría bien. Nos estamos empezando a dar cuenta de que eso no es cierto. Los problemas no desaparecen solo por negar su existencia o intentar olvidarlos. Están presentes en nuestra lucha cotidiana.

El desarrollo natural de un hijo incluye crecer y tener su propia vida independiente.

Para una hija que está profundamente vinculada a la madre, sus intentos de individuación* pueden suponer un brutal campo de batalla donde ha de luchar por ser ella misma. Es imprescindible que la hija reciba ayuda para poner fin a la lógica patriarcal distorsionada, que afirma que querer ser independiente te convierte en una mala persona que perjudica a su madre, que la separación equivale a la agresión o que tus límites suponen un ataque. Hemos de combatir estas distorsiones y recibir ayuda de diversas fuentes para activar nuevos patrones más saludables. Como «hija parentificada» todavía en proceso de rehabilitación, no tardé en aprender la dolorosa creencia de que «cuando cuido de mí misma descuido a mi madre».

Aprender lo siguiente ha supuesto un largo viaje:

- Diferenciar el sentimiento de derecho sobre mí de mi madre del cuidar de mí misma.
- Defender mi espacio personal sin temor al abandono.
- Atraer a una pareja romántica que sea capaz de ofrecerme reciprocidad.
- Expresar claramente mi negativa a las personas que parecen esperar una complicidad silenciosa en mi claudicación, aunque sea sutil.
- No volver a equiparar empoderamiento con soledad.

Este trabajo requiere tiempo, ir paso a paso, crear confianza con la niña interior y ayudarla a aprender el nuevo paradigma de que no es peligroso ser real, tener necesidades, decir «no», tener

---

* N. de la T.: En la psicología analítica junguiana es el «proceso que engendra un individuo psicológico», es decir, el proceso mediante el cual una persona toma conciencia de sí misma, como un ser separado, aparte de sus padres y de otras personas, y empieza a vivir como un ser humano en el mundo.

emociones, celebrarte a ti misma y ser vista. Esto implica recurrir a la ayuda profesional (como algún tipo de psicoterapia relacional), marcar límites, practicar el autocuidado radical y permitirte sentir el duelo. Muchas hemos visto los esfuerzos de nuestras madres, sus sacrificios y todas las opresiones que han tenido que soportar. Las niñas son leales a sus madres por naturaleza, porque las necesitan para sobrevivir. Pero no puede haber verdadero respeto cuando se pretende forzarlo o hacer que se base en una obligación, en la vergüenza o en la deuda emocional. «Estar en deuda» no tiene nada que ver con el respeto, sino con el control.

Las madres pueden imaginar que sus hijas están «en deuda» con ellas, si ellas como madres:

- Se sienten vacías o no valoradas en otras áreas de su vida.
- Carecen de una percepción más profunda de su propia infancia.
- Han sufrido abusos, negligencias o traumas en el pasado y han hecho poca o ninguna terapia.
- Dan muestras de posibles enfermedades mentales.
- Creen que las madres tienen el poder absoluto sobre sus hijas.
- Tienen un estilo de crianza autoritario.

Las madres que están a favor de todo esto, normalmente, no son conscientes de lo que están haciendo. Es importante para las hijas recibir apoyo y marcar unos límites saludables con su madre. La asombrosa cantidad de amor y esfuerzo físico y emocional que ofrece una madre merece su debido respeto, admiración y lugar sagrado en nuestra sociedad. Pero continuará estando devaluado y siendo relativamente invisible mientras las madres sigan interpretando la dañina dinámica de esperar que sus hijas sean sus espejos, sus salvadoras y su razón para vivir. Y la maternidad seguirá siendo menospreciada, siempre y cuando la sociedad devalúe a las mujeres e induzca a las hijas a tomar el relevo de sus madres. Hemos de ser conscientes de las múltiples formas en que el patriarcado exprime a nuestras madres y de cómo esa explotación es transmitida a sus hijas, cuya consecuencia es que todas estemos afectadas, en mayor o menor medida.

Se han hecho muchas *concesiones* bajo la convicción de «estoy en deuda con mi madre». Maltratos emocionales y físicos, negligencias, silencio forzoso y otros traumas. Mucho se ha *reprimido* bajo el lamento de «estoy en deuda con mi madre. Mujeres, a las que les enseñaron que ser ellas mismas hería a sus seres queridos, han dejado pasar verdaderos deseos, potencial, sueños, inspiración, abundancia, riqueza y muchas otras cosas. Madres con carencias emocionales que siguen fomentando esta dinámica roban la fuerza vital de sus hijas y se alimentan con ella como si fuera suya.

A continuación hay algunos ejemplos de mensajes tácitos de las madres con una mentalidad patriarcal (que se debe a su sentimiento de impotencia y a la falta de control sobre su propia vida):

- «Cuando te sientes plena, grande y auténtica estás siendo desagradecida».
- «Cuando sufres me estás honrando porque así te das cuenta de cuánto he sufrido al traerte a este mundo».
- «Soy tu madre y me has de respetar aunque te denigre o te maltrate».
- «Cuando alcanzas tus metas haces que me sienta inferior».

Pronto, empieza la asociación entre estar a salvo y no suponer una amenaza.

Para muchas mujeres, una de las cosas más difíciles es permitir que su madre aprenda sus propias lecciones dolorosas y tenga su propio proceso de sanación. Me refiero a dejar de fingir en su presencia para complacerla y ser tú misma cuando estás con ella, aunque no le guste. Implica permitir que tu madre exprese su desaprobación sobre tu autenticidad sin que ello te desoriente y sin que suponga un enfrentamiento con ella.

No eres una «mala hija» por dejar que tu madre aprenda sus propias lecciones y afronte sus retos, sin que tengas que ir corriendo a resolverlos.

En el mejor de los casos, dejar que tu madre afronte sus propias lecciones y problemas dolorosos puede incrementar el sufrimiento necesario para propiciar una auténtica sanación interior, pero solo si la madre está abierta y dispuesta a crecer. Por desgracia, algunas madres no están dispuestas, en modo alguno, a hacer el trabajo duro de sanar sus heridas y prefieren responsabilizar a sus hijas de ellas.

Como hija, si tu madre tiene el patrón de reaccionar con hostilidad cuando muestras tu identidad separada, tu individualidad, autenticidad y poder, podría ser porque al ser tú misma has estimulado las simientes del potencial que jamás llegó a florecer en ella. Tal vez experimente tu verdadero, vital y genuino yo como un doloroso espejo que refleja las formas en que se vio obligada a renunciar a sí misma para sobrevivir en su propia familia. Puede desencadenarle una profunda tristeza por la pérdida de su identidad. Si ella es incapaz o no está dispuesta a sentir todo el sufrimiento y a procesarlo, puede que reaccione con rabia, manipulación, competitividad, celos o abandono.

Por más que *hagas* no podrás compensar la carencia de tu madre.

Su sufrimiento no menguará por el hecho de que tú seas infeliz y te menosprecies. Andar pisando huevos y «no hacer zozobrar la barca» pueden ser estrategias a corto plazo para conservar la «paz», pero, a la larga, estarás entregándole tu fuerza vital a la herida materna. Es una forma de renunciar a tu poder. No le debes nada a tu madre. Tu infelicidad e insatisfacción nunca podrán compensar sus heridas abiertas y sus esfuerzos. Ella es la única que podrá actuar como corresponda para cambiar su situación.

Cuando cuidamos emocionalmente de nuestra madre autosaboteándonos, en realidad, estamos impidiendo su sanación, porque nos hacemos cómplices de sus fantasías. Y paramos indefinidamente nuestra vida a la espera de su aprobación, que no llegará jamás.

La experiencia que rompe este patrón es darnos cuenta de que podemos sobrevivir al rechazo de nuestra madre. Para una mente adulta intelectual esto puede parecer una obviedad, pero para tu niña interior o para las áreas emocionales y primitivas del cerebro, el rechazo de la madre sigue siendo muy peligroso y arriesgado. Esta es la razón por la que llegamos tan lejos y luego, ¡BUM!, inconscientemente nos sentimos inseguras y recurrimos a los viejos patrones de culpa, la responsabilidad emocional, encogernos ante los demás, disculparnos por nuestra existencia y ser adictas a la aprobación y el reconocimiento externos.

Sentirte inferior y estar estancada no es agradable, pero, para nuestra niña interior, es SEGURO.

Para evitar el autosabotaje, hemos de romper el cliché de que ser nosotras mismas, en cierto modo, equivale a perder a la madre, como sentir su abandono o rechazo. Y hemos de crear un *nuevo* vínculo entre ser nosotras mismas y estar a salvo, ser amadas y apreciadas.

La separación emocional entre la madre y la hija es necesaria para que ambas puedan florecer como personas y entablar una conexión auténtica y provechosa entre ellas.

Cualquier obligación es forzada y no es libre. No se basa en una verdadera conexión. Es una transacción. Existe todo un mundo nuevo detrás de la ilusión del «endeudamiento», donde tu vida te pertenece y se aceptan tus necesidades y sentimientos, en lugar de hacer que te avergüences de ellos. Tu vida te pertenece. No estás en deuda con tu madre. Una de las tácticas del patriarcado para oprimir a las mujeres ha sido disuadirnos de que desarrollemos nuestra capacidad de tener seguridad en nuestra individualidad. No me refiero a una individualidad fría, defensiva, sino a ser única, completa y fiel a ti misma.

Nuestra identidad individual es una fuente de poder que tenemos que cultivar y hemos de ayudarnos unas a otras para desarrollarlo. No tiene por qué ser excluyente o implicar desconexión. Cuanto más sentimos el derecho al amor y a la ayuda, más fuertes nos volvemos y más cambio positivo podemos aportar todas juntas.

Ha llegado la hora de reclamar el impulso sagrado de ser individuales. El tabú que ha instaurado la herida materna ha paralizado durante mucho tiempo el proceso de sanación de las mujeres, tanto en el ámbito personal como colectivo. Es importante que veamos la verdad, aunque nos resulte incómoda, de que sanar la herida materna *no* es responsabilizar a la madre. Forma parte del proceso esencial de convertirnos en mujeres maduras y conscientes. De hecho, sanar la herida materna (y dejar de transmitirla a la siguiente generación) es la máxima expresión de la madurez y la responsabilidad personal.

Cuando la compasión por tu madre no te deja evolucionar

El impacto que tienen las ideas patriarcales de una madre sobre el desarrollo personal y el proceso de individuación de una hija es especialmente destructivo. La negación de una madre de su propio sufrimiento es lo que hace que la herida materna no se cierre. Las hijas tienden más a ver a la madre como una víctima de sus sueños no realizados, de la falta de oportunidades o de haber sufrido el menosprecio de los hombres que los hijos varones. Puesto que la hija se compadece de la situación de la madre, es más fácil que adopte su dolor como propio, creando una serie de vínculos tóxicos que le impiden directamente evolucionar en su vida. Cuanto más inconscientes e intensas son las heridas abiertas de la madre, más amenazada se sentirá por la individualidad y separación de la hija. Por consiguiente, el vínculo madre-hija se puede forjar en un entorno de sufrimiento que las esclavizará a ambas.

Cuanto más espacio se concede a sí misma y más se ama una mujer, más tendrá que ofrecer a su hija. Una madre no puede proporcionar a su hija el apoyo, amor, orientación y poder que ella misma no tiene. Si una mujer carece de ese modelo saludable de amarse a sí misma que ha de ofrecerle su madre, tendrá que buscarlo en otra parte.

El vínculo patriarcal es el que les hace creer que han de tener éxito, pero sin pasarse; que han de ser atractivas, pero no demasiado; que han de ser fuertes, pero no mucho; inteligentes, pero con mesura, etc. Una madre puede fomentar esto involuntariamente por su necesidad subconsciente de evitar que su hija suponga una amenaza para ella. Si la hija no tiene poder, está por debajo de ella y es un poco insegura, la madre elimina el riesgo de que aquella desencadene el dolor que no ha reconocido en su interior y que prefiere ignorar. Para las madres que no están dispuestas a hacer su trabajo interior, esta es una forma inconsciente de autodefensa emocional a expensas de la hija.

Para una madre con una herida profunda e inconsciente, una hija sumisa es el antídoto perfecto para su trauma, porque le permite mantener la ilusión de que tiene poder, sin tener que realizar el duro trabajo que exige el crecimiento personal y la sanación. Si la hija es fuerte, está floreciendo, es feliz y se siente realizada, la madre herida, probablemente, deberá enfrentarse a la tarea de confrontar su propio sufrimiento.

Aunque una madre aparente calma y amabilidad en su interior, tal vez le aceche un sentimiento de pobreza emocional que se manifieste principalmente en su relación con su hija, que lo más probable es que cargue con la proyección de las heridas que la madre no ha querido aceptar.

En ambos casos, el mensaje tácito para la hija es: «Tu empoderamiento es inaceptable». Es inaceptable porque le recuerda sus pérdidas no reconocidas o la rabia reprimida que, tal vez, sienta hacia el patriarcado en su familia y en su cultura. La madre quizás experimente el poder personal de la hija como una traición, un rechazo personal o un desprecio. Tal vez, sin darse cuenta, la presione para atenuar su voz, minimizar su sufrimiento, restringir sus ambiciones o que se conforme con menos, como debió de ser presionada ella de joven.

Una hija fuerte supone un estímulo para que las heridas abiertas de la madre salgan a la luz y pueda sanarlas. La madre herida podría confundir el dolor que siente en presencia de su hija con que esta sea la responsable de ese dolor, y no se dé cuenta de que ese sufrimiento siempre ha estado presente y le pertenece a ella en exclusiva: a la madre. Bajo esta perspectiva, la hija le está haciendo un favor a la madre. Su luz pone al descubierto las sombras de la madre y le muestra el siguiente paso en su sanación. Si la madre tiene una buena actitud, verá este regalo más fácilmente. Pero si no es consciente, si su herida es profunda y está bloqueada, lo más probable es que lo vea como una justificación para emprenderla contra su hija (abierta o encubiertamente).

Estos son algunos ejemplos de los juegos de poder patriarcales de las madres:

- La hija es utilizada como vertedero emocional.
- La madre es una irresponsable, pero utiliza a la hija como instrumento narcisista para llamar la atención.
- A la madre no le interesa su hija, si esta no está de acuerdo con sus opiniones. O estás conmigo o estás contra mí.
- Pataletas: hostilidad abierta, acoso, ataques de ira, desplantes, violencia física.
- Madrepulación: frialdad, competitividad, celos, acorralar a la hija contra otros miembros de la familia, amenazas o menosprecios encubiertos, críticas disfrazadas de comentarios supuestamente inocentes, humor sarcástico, etc.

(Nota: Todas estas dinámicas también se aplican a los hijos varones. Y pueden ser signos de enfermedad mental de la madre).

Observarás que todas las dinámicas antes mencionadas tienen que ver con una cosa: obtener el poder y el control. La madre que ha entregado su poder intentará recuperarlo de otros modos. Esto nos sucede a todas. Cuando entregamos nuestro poder, se produce un vacío y nos vemos impulsadas a llenarlo de algún modo, generalmente procesándolo o proyectándolo. Para una madre, el blanco más sencillo sobre el que proyectar es su hija. De este modo, se convierte en una relación vampírica: la hija se debilita, mientras la madre se siente fuerte. No obstante, esto no les beneficia a ninguna de las dos.

El patriarcado impide que se produzca una de las funciones humanas principales, que es sentir la autenticidad de todos nuestros sentimientos. En cierto modo, tanto a hombres como a mujeres (niños y niñas) les hacen avergonzarse de sus sentimientos, ya sea a través de la violencia, los abusos o las negligencias, en su entorno familiar o en su cultura en general. Esa vergüenza se debe a la creencia patriarcal de que los sentimientos son un signo de debilidad y han de ser reprimidos.

La tarea de la sanación es metabolizar y procesar plenamente nuestro propio sufrimiento. En este proceso de reconocer nuestras heridas, sentir nuestro dolor y respetar el duelo hasta el final, la energía de la herida materna se transforma en sabiduría, amor y poder. Para madres e hijas, esto significa que es necesario que exista una distancia emocional saludable, donde cada una pueda comprometerse con su propio proceso de sanación y experimentar su poder personal y su libertad. Ambas necesitan ayuda y recursos para realizar su viaje con seguridad.

A medida que vamos metabolizando lo que realmente hemos soportado de pequeñas, iremos siendo capaces de desvincular el trato que recibimos de nuestra madre de nuestra propia valía como seres humanos. Empezaremos a ver a nuestra madre como un ente separado, con su propio camino, viaje y lecciones que aprender. Y podremos dejar de suponer que su disfunción, dolor o limitaciones tienen algo que ver con *nosotras*. Este proceso de desvinculación es esencial para la verdadera individuación y autorrealización, para dar a luz a nuestro verdadero yo y encarnarlo en nuestra vida. Es un acto de valentía, fortaleza y resistencia.

El patriarcado se basa en conseguir el poder a cualquier precio. Una de las maneras en que ha acumulado poder ha sido a través de ideas rígidas sobre el bien y el mal. Pero lo cierto es que no existen el bien y el mal, sino un sinfín de preferencias y consecuencias. Al ir disolviendo la carga de polarizar conceptos como el bien y el mal, lo correcto y lo incorrecto, empiezan a surgir infinidad de posibilidades y las personas pueden tomar decisiones auténticas y correctas para ellas, sin temor ni vergüenza.

Por todas partes, vemos instituciones patriarcales que están fracasando y desapareciendo desde dentro: religiones, gobiernos, medios, etc. La familia también es una institución patriarcal, y del mismo modo irá sintiendo, cada vez más, la presión de cambiar y adaptarse a la nueva conciencia emergente. En la faceta de dominación patriarcal, una familia disfuncional puede verse amenazada por el individualismo de sus miembros. Por consiguiente, las madres patriarcales pueden sentirse amenazadas por la individualidad de su hija y sabotearla inconscientemente. A medida que vaya apareciendo un nuevo modelo familiar, intuyo que las familias serán más flexibles y aceptarán mejor el individualismo. Tal vez el concepto de lo que ahora todavía entendemos por «familia» cambiará y se expandirá. Las personas que se consideran familia quizás no tengan ningún lazo de sangre, sino una conexión profunda que las impulsa a apoyarse mutuamente en su viaje de descubrimiento y vivencia de su verdad. Este cambio cultural empieza con aquellas personas que eligen realizar el trabajo de sanación y recuperación.

Para las madres, el viaje de sanación de su propia herida materna es justamente lo que libera a sus hijas de este doloroso legado.

Si queremos ser mujeres íntegras y poderosas no podemos ser leales al patriarca que hay en nuestra madre. Hemos de decir no. No podemos entregar nuestro poder para alimentar el sufrimiento de nuestra madre; a la larga, esto será un gran regalo para ella y para el mundo. Ha llegado nuestro momento de honrarnos a nosotras mismas. Es el momento de que las mujeres sanemos la herida materna. Hemos de entregarnos a la ardua y sagrada labor de centrarnos en nuestra sanación, a fin de poder sentirnos realizadas y convertirnos en un modelo, en este nuevo nivel de integridad, para nuestras hijas y las mujeres del futuro.

En el capítulo siguiente, analizaremos con detalle los elementos personales y culturales subyacentes que perpetúan la herida materna.

Preguntas para reflexionar

1. ¿Cómo se desarrolla en tu vida la dinámica de poder? ¿En tus relaciones interpersonales, comunidades y organizaciones?
2. ¿De qué modos se manifiesta en tu vida el «vínculo patriarcal» y en la vida de las mujeres que te rodean? (El vínculo patriarcal es el sentimiento de querer tener éxito, pero no demasiado; ser guapa, pero no demasiado, etc.).
3. Si reflexionas sobre tu infancia, ¿cómo afrontaba tu familia las emociones difíciles? ¿Cómo se gestionaban o evitaban? ¿Cómo te afectan ahora esos mecanismos de afrontamiento?
4. Al reflexionar sobre la relación con tu madre, ¿cuál ha sido la dinámica de poder entre ambas? ¿Te suena cualquiera de estas dinámicas (madrempatía, madrepulación, pataletas maternas)?

Capítulo 4

¿POR QUÉ NO SE CIERRA LA HERIDA MATERNA Y POR QUÉ PERSISTE?

Sentía una fuerte resistencia a replantearme mi relación con mi madre. ¿Cómo podía poner en duda a mi familia? Me habían dado un techo, llevado de vacaciones, pagado mis clases de piano y de costura. Me compraban regalos de Navidad y la canasta de Pascua. Desde fuera, todo parecía perfecto, éramos una familia normal, incluso afortunada. Pero mis síntomas revelaban una historia totalmente distinta. Empecé a padecer ataques de ansiedad regularmente. Había cosas que hacían que me hundiera durante días.*

Al final, me cansé de fingir ser quien no era, la buena chica, la cuidadora fiel. Quería ser yo misma, ser REAL. Este anhelo siguió creciendo. Estudié la espiritualidad femenina. Descubrí el feminismo. La idealización de mi madre empezó a agrietarse. Anhelaba su sabiduría, que me diera ánimos de alguna manera, mientras luchaba por darle un sentido y dirección a mi vida. Sentía que viajaba sin timón. Pero, curiosamente, mi madre parecía estar

---

* N. de la T.: En Estados Unidos es tradición regalar a los niños una canasta llena de huevos de Pascua, juguetes, chucherías y un conejito de Pascua.

más silenciosa o distante. Sabía que ella también había sufrido un trauma importante, pero nunca hablaba de ello. Seguía cuidando de su anciana madre, a la vez que no dejaba de quejarse de ella, y podía notar la tensión que ello le provocaba. Su mantra parecía ser «aguanta y no te detengas». Nunca muestres debilidad. Mientras yo libraba mis luchas internas a los veinte años, sentía sus no disimulados celos y desprecio hacia mí, pero no quería acabar de reconocerlo, ni siquiera en lo más profundo de mi ser. Necesitaba creer que quería lo mejor para mí, que estaba conmigo, que algún día me devolvería el apoyo que le había ofrecido durante todos esos años. Al fin y al cabo, era mi madre.

La herida materna sigue abierta por una compleja red de factores, incluidos los personales (en nuestro interior, debido a nuestra propia historia), culturales (el ambiente en el que nos hemos criado), espirituales (sentirnos desconectadas de la vida en general), planetarios (desarraigadas de un sentido de estar en un lugar seguro en nuestro entorno), y la combinación de los cuatro anteriores. Cuando entendemos estos factores y su interacción, somos más capaces de ver la acción de la herida materna en nuestra vida cotidiana y estamos más preparadas para transformarla; de este modo, le restamos el poder que tiene sobre nosotras de influir en nuestras decisiones y en nuestras conductas. A medida que vamos ganando claridad, somos menos susceptibles a la culpabilidad, la vergüenza y el aislamiento, sentimientos que pueden hacer que se enquiste nuestro dolor. Nos volvemos más poderosas y creativas, tenemos más inspiración y energía para ser agentes del cambio cultural y allanar el camino para generaciones futuras.

Puesto que la herida materna es un producto del patriarcado, empezaré por ahí y explicaré las principales fuerzas culturales que inducen a las dinámicas y manifestaciones personales de la herida materna.

La negación, la «dureza» y el desprecio por los sentimientos

En generaciones anteriores, parece ser que imperaba la creencia colectiva en un lugar «lejano». Su lógica era la siguiente: si no hablamos de las emociones y de nuestros verdaderos sentimientos, desaparecen, dejan de existir y de influir sobre nosotras. Por ejemplo, si tenemos una riña y nunca más volvemos a hablar de ella, creemos que el conflicto ya no existe.

Los psicólogos del desarrollo hablan de la etapa de la «permanencia del objeto», en la que el niño aprende que los objetos siguen existiendo aunque no los vea. Por ejemplo, si el cuidador esconde un animal de peluche debajo de la manta, llega una etapa del desarrollo en que el niño sabe que el peluche sigue estando allí aunque no pueda verlo. Al igual que la permanencia del objeto, este tipo de negación parece una etapa fallida del desarrollo cultural de la «permanencia de la *emoción*». La permanencia de la emoción significa responsabilizarnos de nuestras emociones y del inevitable impacto que tienen sobre otras personas. En cierto modo, no es de extrañar que exista este miedo tan generalizado a las emociones fuertes, porque hemos tenido muy pocos modelos de lo que significa procesar las emociones fuertes de una forma saludable. Estamos emocionalmente atrofiadas en el ámbito colectivo.

Proyectamos lo que no somos capaces de aceptar.

Actualmente, jóvenes y mayores están abriendo los ojos al hecho de que no existe un lugar «lejano» y que el dolor reprimido no deja de existir solo porque pretendamos ignorarlo o esconderlo debajo de la alfombra. De hecho, no solo sigue existiendo, sino que se convierte en una fuerza virulenta e inconsciente, que influye negativamente en nuestra conducta y que tiene consecuencias tóxicas para nuestros allegados. El sufrimiento reprimido es sufrimiento transmitido. Cualquier cosa que no queramos procesar respecto a nuestro sufrimiento influirá en nosotras, nos limitará en nuestras decisiones, reducirá nuestra energía vital, generará amargura, resentimiento y desdicha. Por consiguiente, la «dureza» o la negación no son sentimientos nobles. En realidad, denotan debilidad. Esta tendencia está cambiando, y en la actualidad, tener el valor de pedir ayuda para *procesar nuestro sufrimiento* y cosechar las correspondientes reflexiones que cambiarán nuestra conducta y despejarán el camino para otras mujeres se empieza a considerar la opción noble que se debe seguir.

La vergüenza es la principal ejecutora cultural del patriarcado. Es la emoción primaria de los oprimidos y la emoción que el opresor desea inculcar, porque paraliza a su víctima. La vergüenza nos facilita el control. Nos hace obedientes. La civilización occidental considera que expresar las emociones, especialmente las «negativas» es un acto vergonzoso y de debilidad. Esta visión nos paraliza individual y colectivamente.

En otros tiempos, se creía que fingir tenía su recompensa. Ahora, muchas personas se están dando cuenta de que esa recompensa nunca llega. Las siguientes generaciones de padres dijeron: «No quiero fastidiarla con mis hijos como mis padres lo hicieron conmigo», pensando que bastaba con decirlo para evitar que ocurriera. Pero no basta con saber que no quieres transmitir el sufrimiento generacional. Hacen falta muchos años de trabajo interior para detener los ciclos de sufrimiento intergeneracional. Sin embargo, no hay nada más importante o satisfactorio que este viaje. Podemos ayudarnos mutuamente y proporcionarnos el valor, la fuerza y las herramientas necesarios para cruzar a la otra orilla. La permanencia de la emoción es reconocer la realidad de que nuestras emociones afectarán a nuestras relaciones y circunstancias tanto si nos gusta como si no.

La mentira de la inferioridad femenina

Nuestra vida gira en torno a una mentira de proporciones desmesuradas. Esta mentira es tan ubicua que se ha vuelto prácticamente invisible. Se trata de la mentira de que la mujer es inferior al hombre *por naturaleza*, lo que implica que lo femenino es innatamente defectuoso. Esta es la mentira que contamina la relación madrehija y que perjudica a todas las mujeres. Este perjuicio solo puede proseguir mientras sigamos siendo inconscientes de los miles de manifestaciones que presenta el mal de la herida materna. En este momento de la historia, hemos de ser lo más conscientes posible de esas manifestaciones para que podamos superarlas.

La mentira patriarcal de la inferioridad femenina crea un conflicto a la hija, que se encuentra entre su deseo natural de vivir con todo su potencial y la realidad de las carencias que ha sufrido su madre a manos de las instituciones patriarcales, incluidas la familia, la iglesia, la escuela, los medios de comunicación y el estado. El vínculo madre-hija puede albergar una tensión de fondo fomentada por la escasez inherente de poder personal que tienen en la sociedad y por la compleja relación que mantienen entre ellas debido a esta condición. En cierto modo, su vínculo se verá afectado por cómo afronte cada una la mentira de su inferioridad.

La creencia en el «defecto femenino» hace que las mujeres estén siempre intentando mejorar, trabajando constantemente para alcanzar un estatus imposible de cómo debería ser una «mujer deseable». La madre suele ser la primera en inculcar estas normas a la hija, muchas veces con la buena intención de garantizar su seguridad en un mundo hostil para las mujeres. El problema está en el hecho de que esas normas, en realidad, perjudican a la hija, igual que perjudicaron a la madre, y a la madre de la madre.

Cada ser humano llega al mundo con el saludable derecho de vivir la vida a su manera.

Cuando una hija intenta infringir las normas de la madre y vivir a su manera, puede sentir que la está traicionando. Sin embargo, ese afán de ir más allá de los ideales de la madre es un impulso saludable y vital. La individuación y vivir como un yo real, no bajo el falso yo que nos exige el patriarcado, es un impulso natural. Reprimir ese impulso implicará que la hija viva en un estado de inmadurez emocional, desconfiando siempre un poco de sí misma y no llegando nunca a vivir su propia vida.

«Si yo lo he soportado, tú también tendrás que hacerlo. ¿Por qué tendría que facilitarte las cosas?»

Esta es una actitud que podemos ver en las familias, los equipos y las organizaciones de todo tipo. Así es como suele manifestarse: una generación o las personas de un cierto nivel dentro de una organización soportan algún tipo de sufrimiento. La experiencia de dicho grupo genera resentimiento, un sentimiento legítimo de injusticia y de ira no resuelta. Pero como no se han responsabilizado, no han hecho el esfuerzo o procesado con éxito el dolor que vivieron, ese resentimiento se enquista y se canaliza en el placer de ver cómo los demás pasan por lo mismo. En lugar de facilitar el camino a los que vienen detrás, al observar que otros sufren el mismo dolor sienten que se ha hecho justicia. La verdadera fuente del dolor es el no reconocimiento o afrontamiento. Esto es una tragedia, porque lo único que se consigue es proteger al opresor y que los oprimidos se sigan oprimiendo entre ellos. Con el tiempo, para algunas personas, la habilidad para soportar el dolor y la disfunción se convierte en parte de su identidad, y cuando las nuevas generaciones intentan iniciar una transformación o cambio, en el ámbito personal, de una organización o de una tradición, algunos de la vieja generación perciben ese deseo de cambio como una amenaza a su identidad y lo sabotean, lo desacreditan o luchan en contra de él activamente. Esto suele impedir la comunicación y conexión que ambas partes anhelan.

La idealización de las madres que avergüenza a las hijas e hijos

Todos los seres humanos tenemos la capacidad de sentir emociones; sin embargo, se nos avergüenza por sentir las consideradas «negativas», sentimientos como la ira, la tristeza, los celos, la decepción, la rabia, el anhelo, etc. Además, todos los seres humanos tenemos la facultad de sentir estas emociones negativas respecto a nuestra madre; este sentimiento es el peor de los tabúes.

Todos los tópicos que cito a continuación nos inducen a la ilusión de que cuando denigramos a la hija por tener sentimientos normales estamos ensalzando a la madre:

- «No culpes a tu madre».
- «Tu madre te dio la vida».
- «¡Cómo te atreves a dudar de tu madre!».
- «Tu madre intenta hacer lo mejor para ti».
- «Madre no hay más que una».

El estereotipo de las mujeres como «peones emocionales»

El patriarcado no solo hace que las emociones parezcan frívolas, que son un signo de debilidad y vergonzosas, sino que proyecta todo el ámbito emocional hacia las mujeres. El proceso de individuación conlleva que la hija deje de asumir una responsabilidad excesiva (trabajo emocional) en nombre de la madre, ya sea como su chivo expiatorio, su confidente emocional, su solucionadora de problemas, su «mascota», su blanco para su rabia o su entretenimiento. También implica que ha de dejar de esperar que la madre haga cosas para las que simplemente no está capacitada, como alegrarse por ella, verla tal como es, reconocer sus diferencias con amor, etc. Normalmente, hay mucho sufrimiento que procesar a través de esto.

Es imprescindible cierto grado de distanciamiento emocional de tu madre para que puedas sentir que eres tú quien controla tu vida.

Por desgracia, nuestra cultura descalifica a las hijas que cuestionan su relación con su madre y las acusa de «echarle la culpa de todo». Aunque la desaprobación inmediata parece proteger el «rango alto» de la madre en nuestra cultura, en realidad está explotando su habilidad para transmitir las dañinas normas patriarcales, a la vez que la mantiene en la ignorancia de la magnitud de su verdadero dolor. Reflexionar conscientemente sobre esta relación es la base para desarrollar la verdadera responsabilidad de adulta; no obstante, todavía hay muchas mujeres que opinan lo contrario.

Todo lo que a la madre le queda por vivir puede suponer una auténtica carga para la hija, tanto si es consciente de ello como si no. Algunos de los factores importantes son el grado de conflicto que tuvo la madre con la abuela, hasta qué extremo asumió la mentira de su propia inferioridad y cualquier otro trauma que tenga en su vida. En otras palabras, sea lo que fuere que una madre se niegue a afrontar en su propia vida supondrá algún tipo de conflicto en su relación con su hija; además, también puede suponer una dificultad añadida en la propia vida de la hija.

Las madres pueden sentir celos de sus hijas y ponerlas en una situación difícil. La hija puede pensar que es responsable de las carencias de la madre. Como me dijo una mujer: «Siempre he sentido que yo era mala cuando me pasaban cosas buenas espontáneamente. La pregunta que hizo que asociara sentirme bien con sentirme culpable y que nunca me planteé fue: «¿Cómo crees que se sentiría mamá por esto?».

La diferenciación saludable de tu madre implica dejar de vivir a la sombra de su disfunción como si esta fuera la tuya.

Otra mujer me explicó: «Sentía la desoladora impotencia de no ser capaz de hacerle entender a mi madre que no pretendo ser cruel con ella cuando soy feliz. Por más que lo intenté, jamás pudo verlo de ese modo. Poco a poco, fui aprendiendo que dudar de mí misma era una forma de serle leal. No tener demasiado éxito, no ser demasiado ambiciosa, era una forma de amarla. Si ella notaba que cruzaba la línea, incluso que me *acercaba* a ella, en un estado de satisfacción o autoconfianza contenida, sentía que se alejaba energéticamente de mí. Empezaba a mofarse, a criticarme o a castigarme, principalmente de maneras sutiles y bajo mano. No creo que fuera consciente de nada de todo esto. La única vez que no accedí a rebajarme por ella, me dejó totalmente de lado. Más tarde, me di cuenta de que se alimentaba de reprimir mi potencial, su vida dependía de ello, una vida que de no ser por eso, carecía de reconocimiento alguno».

Se genera una dinámica de escasez: sentir que no hay suficiente amor, espacio o poder entre ambas. La comparación, la competitividad y los celos son manifestaciones de este telón de fondo de escasez.

Para las hijas de madres celosas, puede ser como tener que elegir entre el amor de la madre o su propio potencial. Puesto que la niña depende de su madre, tendrá que elegirla a ella y renunciar a sí misma. Si esta dinámica no se revisa y corrige, le ocasionará un sentimiento contagioso de privación y resentimiento que bien podría transmitir a su propia hija. Y esta es una de las formas en que la herida se perpetúa de una generación a otra.

Cada vez estoy más convencida de que el mundo podrá sanar, gracias a la capacidad que tenemos las mujeres de sentir toda la magnitud de nuestros sentimientos.

La paradoja está en que sentir nuestros verdaderos sentimientos implica negarnos a sentir los sentimientos de los demás en su nombre. Es decir, implica controlar nuestro afán de asumir la responsabilidad de otros, que no están dispuestos a *realizar su propio trabajo interior.*

De nosotras depende identificar las formas en que nos responsabilizamos emocionalmente de otros y evitar hacerlo.

El papel de la mujer en la historia no solo ha consistido en cocinar, limpiar y cuidar de los hijos, sino que también ha incluido la gestión emocional de las relaciones: arreglar los malentendidos emocionales, iniciar conversaciones incómodas, sentir la carga de los silencios, vivir con cosas por decir, enterrar necesidades jamás expresadas, ser la pantalla de proyección del sufrimiento no reconocido, aguantar en silencio desprecios agresivos-pasivos, etc. El problema es que a los hombres les han enseñado a menospreciar el trabajo emocional y a considerarlo como algo exclusivamente de mujeres, cuando, en realidad, ambas partes deberían asumir la misma responsabilidad por la inteligencia emocional y dotes de comunicación.

Las mujeres, a lo largo de la historia, han sido las «limpiadoras» de la cultura, el cubo de la basura de las emociones no deseadas, que se esperaba que sintieran en nombre de otros, para luego culpabilizarlas por expresar las emociones que otros se han negado a sentir. Ha llegado el momento de abandonar este rol. Nos estamos atascando con material que nos impide conectar con nuestro poder y nuestra claridad. Y protegemos a las personas de sus dolorosas verdades: justamente de esas que las harían libres.

Ha llegado el día de desmantelar la falsa ética patriarcal que mantiene a las mujeres ancladas en el rol de peones emocionales.

En el caso de las mujeres, el patriarcado confunde el trabajo emocional con una falsa ética. Esta falsa ética es la culpable de que continuemos ejerciendo sobre nosotras mismas la opresión que tan asumida tenemos. Se nos ha hecho creer de diversas formas que el trabajo emocional es una cualidad innata de las mujeres, y que si no lo hacemos, es porque no somos una «buena persona» o una «mujer deseable». Incluso hartarnos de esta dinámica puede llevarnos a desconfiar de nosotras mismas. Tenemos la tendencia de avergonzarnos cuando nos acercamos a nuestro umbral de carga emocional ajena.

No eres «mala persona» cuando te niegas a llevar la carga emocional de los demás.

Hemos aprendido a sentirnos orgullosas de nuestra habilidad para soportar la injusta responsabilidad de los aspectos emocionales de nuestras relaciones. La predisposición a soportar esta carga radica en un sentimiento de escasez: en el concepto de que las migas que recibimos son lo máximo que podemos obtener. En muchos aspectos, la sanación de la herida materna se basa en transformar la escasez en abundancia.

Muchas veces, nuestra mayor resistencia es a abandonar el trabajo emocional que realizamos para nuestra madre.

Una de las conversaciones más descorazonadoras que tengo con otras mujeres es cuando me cuentan que están totalmente agotadas, porque se sienten responsables de la felicidad de su madre. Y cuando se plantean dejar de ejercer ese rol, dudan de su valor como personas y se sienten «mal» por el mero hecho de reconocer su extenuación. Interpretar este papel te machaca hasta la médula. Nada de lo que hagas por tu madre será suficiente, porque lo que ella busca solo lo puede conseguir en su interior. Es un callejón sin salida. Niégate a aceptar la culpa. Tu instinto de soltar esta carga es correcto. En primer lugar, esa carga nunca fue tuya.

Nuestra madre suele entrenarnos para soportarla, ya sea resolviendo nosotras sus conflictos emocionales u observando cómo carga ella con el trabajo emocional de otros.

Recientemente, he hablado con una clienta que resumió su relación con su madre de este modo: «La protejo de sí misma y, al final, soy yo la que paga las consecuencias». Escucho variaciones sobre este tema continuamente. Muchas de las que hemos tenido madres emocionalmente ausentes nos hemos decantado por el otro extremo, nos hemos convertido en cuidadoras emocionales, dando a los demás lo que nosotras necesitábamos desesperadamente recibir de nuestra madre.

Algunas de las formas en que tal vez estés protegiendo a tu madre de sí misma:

- Mostrarle una máscara, es decir, expresar solo las emociones que ella prefiere.
- No decirle nada cuando su conducta es insultante, peyorativa o manipuladora.
- Permitirle que nos use como vertedero donde vomitar su negatividad tóxica.
- Aguantar sus proyecciones en silencio.
- Amoldarnos a soportar sus inseguridades sin suponer una amenaza para ella.

- No marcarle límites en sus «pataletas», cuando reivindicas tu individualidad.

Estas son las maneras en que esto te hiere:

- Refuerza la idea de que tu función es la de vertedero emocional.
- Promueve sentimientos de vergüenza por tener tus propias y legítimas opiniones, pensamientos y observaciones.
- Te mantiene esclava de patrones inconscientes que reflejan tus miedos y creencias de la infancia.
- Tu forma de ceder ante tu madre se manifestará en otros contextos y relaciones (carrera, crianza, relaciones románticas, etc.).

Sanar la herida materna es imprescindible para desintoxicarte del papel de peón emocional. Disuelve la maraña disfuncional con la madre y crea la separación emocional necesaria para que podamos sentir nuestro poder como mujeres. Esta separación emocional se manifiesta marcando unos límites razonables que respeten nuestra soberanía personal.

Las mujeres del futuro no desempeñarán la función de «sentir» por los demás.

Cuando le devolvemos a nuestra madre la responsabilidad de procesar su dolor, creamos un espacio para que ambas podamos responsabilizarnos de *nuestro* propio dolor. *Lo uno es inseparable de lo otro.* Cargar con el sufrimiento de tu madre y responsabilizarte de su felicidad, al principio, puede parecer un acto altruista y bondadoso, pero hemos de verlo como lo que realmente es: evitar tu propio poder.

Has de saber que todo aquello de lo que te privas en nombre de tu madre es una «marca» que quedará grabada para que otra persona te compense por ello en el futuro; puede que sea tu pareja, tu hija o una amiga. Ese desequilibrio intentará encontrar una compensación. No transmitas la deuda de tu linaje materno a la siguiente generación. Reclama tu vida ahora. Libérate a ti misma y a las generaciones venideras.

Ninguna relación merece que te pierdas a ti misma, incluida la que tienes con tu madre. Si tu madre (o cualquier otra persona) no quiere relacionarse contigo, a menos que interpretes el papel de cuidadora o de vertedero emocional, es que no te ama, te utiliza. Aceptar esto es muy duro; pero hemos de hacerlo si realmente queremos reivindicar nuestro derecho a vivir nuestra propia vida.

No basta con expresar lo que hemos callado, sino que también hemos de guardar silencio en los momentos en que nuestras palabras fueron las responsables de nuestra pérdida de poder. Hemos de ser capaces de soportar ese silencio y de mordernos la lengua, en las situaciones en que solíamos llenar el espacio vacío de quienes se negaban a realizar su trabajo interior, a hablar por sí mismas y a procesar su propio dolor.

Es uno de los grandes servicios que podemos ofrecer a los demás en nuestra vida, aunque despotriquen en nuestra contra.

Cuando nos negamos a hacer el trabajo emocional de otros y dejamos de pedir a los demás que hagan nuestro trabajo emocional, estamos corrigiendo un antiguo desequilibrio. Este desequilibrio es el responsable de gran parte del sufrimiento humano.

Te invito a que te consideres pionera en corregir un desequilibrio que las mujeres llevamos siglos soportando. Adopta la visión de futuro y acepta el honor de ser una poderosa pieza en el puzle colectivo de una nueva era de poder femenino. Estás ayudando a construir un nuevo linaje de madres, no solo para el tuyo personal, sino para todas las mujeres. No subestimes la manera en que las pequeñas acciones que realizas todos los días en tu honor contribuyen a abrir nuevas formas de ser para todas.

Nuestro maquillaje fisiológico

Nuestro sistema fisiológico está diseñado para garantizar nuestra supervivencia, a cualquier precio. *Nuestro sistema prefiere lo que conoce.* Está programado para ver el cambio y las nuevas formas de hacer las cosas como una amenaza. No está pensado para que prosperemos, solo para que sobrevivamos. Esto significa que las propias adaptaciones y mecanismos de defensa que desarrollamos para sobrevivir a los entornos disfuncionales de nuestra infancia, posteriormente, acaban convirtiéndose en obstáculos para nuestra salud y realización personal como adultas. Nuestro cerebro está programado con tres respuestas principales al peligro: lucha, huida y paralización. Si no hemos procesado o trabajado nuestros traumas, las situaciones cotidianas que tienen similares características a las de nuestra infancia pueden provocarnos retrospecciones emocionales. Estas retrospecciones emocionales o «detonantes» suponen grandes oportunidades para reconciliarnos con nuestro pasado y tomar decisiones diferentes a las que pudimos tomar de pequeñas, nos abren a nuevas posibilidades para el futuro. Pero sin ese grado de conciencia, creemos que el detonante (la respuesta emocional desproporcionada) procede de la situación superficial, que no es más que la punta del descomunal iceberg de nuestro pasado. Entramos en un círculo vicioso con los mismos problemas y temas sin hallar ninguna respuesta, estamos desconcertadas respecto a su origen, vamos a todos los talleres, leemos todos los libros y probamos todos los métodos de sanación posibles, pero solo obtenemos resultados superficiales y de poca duración.

La «niña interior», un concepto introducido en la década de 1970, es una energía viva que llevamos dentro y que se quedó atrapada en un grado de desarrollo muy prematuro, cuando tuvo lugar el trauma original. Las retrospecciones emocionales o los detonantes proceden, en parte, de nuestra niña interior. Afortunadamente, podemos crear un vínculo con este aspecto infantil que mora en nosotras y trabajar los traumas de apego prematuros que hemos vivido, para convertirnos en adultas más sanas y liberadas. Podemos aprender a transferir el apego primario hacia nuestra madre a nosotras mismas y satisfacer nuestras necesidades interiores.

La conversación sobre la niña interior suscita la importante pregunta de cómo hemos de cuidarla, porque si la cuidamos de la misma manera que nos cuidaron, perpetuaremos el trauma dentro de nosotras. Esta es la razón por la que el trabajo de «cuidar a nuestra niña interior» es crucial para cerrar la herida materna. (Hablaré más sobre este tema más adelante).

Priorizar la «tradición» a pesar del sufrimiento que pueda ocasionar

Cada cultura valora cosas diferentes y tiene sus propias tradiciones. En lo que respecta a la herida materna, la pregunta es: ¿en qué medida hemos de «tolerar» las tradiciones culturales que oprimen a las mujeres, por muy «valiosas» que sean para nuestra cultura? Es cierto que las viejas generaciones, tal vez, *no* consideren nocivas ciertas tradiciones; al fin y al cabo, las han soportado. Pero cada nueva generación, en su juventud, ve las tradiciones con nuevos ojos, y si es lo suficientemente consciente, tiene la oportunidad de cambiar su cultura para mejor, de hacer que sea más liberal con las mujeres y las respalde más. Son las propias personas que pertenecen a una cultura las que pueden cambiarla desde dentro, siendo valientes, estando dispuestas a cuestionar el estatus y a ofrecer una nueva visión sobre cómo se ha de tratar a las mujeres y qué lugar han de ocupar en la sociedad.

Esta es una pregunta válida para todas las culturas: ¿cómo se trata a las mujeres, de qué forma se perpetúa este trato y por qué? No existe una respuesta correcta o incorrecta contundente; todo depende de la experiencia de las mujeres en cada cultura. ¿Hemos de anularnos a nosotras mismas para pertenecer a una sociedad, sobrevivir o recibir aprobación? ¿Cuál es el precio? ¿En qué situaciones confundimos la tradición o la lealtad con el abuso?

Las formas más insidiosas de patriarcado las recibimos a través de nuestra madre.

La mayoría aprendemos el pensamiento patriarcal en nuestra familia: es nuestra madre quien nos lo transmite inconscientemente, con frecuencia con la intención de protegernos. Los mensajes implícitos son algo así como «no hundas el barco. Antepón los demás a ti misma. No digas nada. Sé complaciente con los demás». No obstante, estas son las creencias que hemos de superar para cerrar la herida materna y conseguir el avance de la cultura. Aunque estas creencias puedan habernos ayudado a sobrevivir o a alejarnos del peligro en un mundo hostil y machista, también han reducido nuestro potencial y habilidad para realizarnos como mujeres adultas. Esto puede ser especialmente perjudicial para las hijas y para su potencial de florecer como mujeres poderosas, porque la forma en que una madre trata a su hija será integrada en la percepción que esta tendrá de sí misma. Los mensajes patriarcales que reciben las hijas de sus madres son más insidiosos y nocivos que ninguna otra combinación de mensajes culturales. ¿Por qué? Porque proceden de la persona en que la hija ha de confiar para sobrevivir.

El patrón patriarcal que caracteriza todas las dinámicas disfuncionales entre madres e hijas es la exigencia de obediencia a cambio de amor.

Las dinámicas entre madres e hijas que provocan sufrimiento comparten un aspecto. Tanto si se trata de una madre negligente como si es justamente lo opuesto, es decir, que es invasiva, se transmite el mismo mensaje patriarcal: para ser aceptada has de ser obediente. Se podría decir que este es el mensaje esencial del patriarcado tanto para hombres *como* para mujeres: si no obedeces no recibirás amor. Este mensaje emana de todas las esferas de la sociedad y las invade: educación, religión, gobiernos y medios de comunicación.

Para disfrutar de todo nuestro poder personal, realizarnos y sentirnos satisfechas, nosotras, como mujeres, hemos de ser desleales a las normas patriarcales que alberga nuestra madre y, por consiguiente, también nosotras.

El «techo materno»: tal vez sintamos que hemos de devolverle su sacrificio evitando estar plenamente en contacto con nuestro poder personal, porque nuestra madre no tuvo esa oportunidad.

Las hijas que se encuentran en esa situación suelen albergar estas convicciones:

- «He de "rebajarme" para que me amen».
- «Si me permito mis lujos, estoy privando a otros de ellos».
- «Si me consideran poderosa, nadie me querrá».

Como hijas, hemos de negarnos a ser el alimento de las «madres famélicas». No podemos dejar que se alimenten de nuestros sueños, a través de una competición encubierta y de la culpa. Este no es el verdadero alimento que están buscando, pero en su dolor, puede que les parezca que no hay otra salida. Hemos de dejar que las madres emprendan su propio viaje de sanación, pues al llorar sus heridas recibirán el regalo de su propia transformación.

Nuestras madres solo pueden alimentarse liberándose de su propio dolor.

Por doloroso que sea, nuestras madres han de pasar el duelo por todas sus privaciones, en vez de cargar a sus hijas con la obligación de compensar sus pérdidas. Las madres han de afrontar sus sentimientos difíciles a su debido tiempo, pero no responsabilizar a sus hijas de ellos.

Es muy normal que las mujeres más mayores busquen consuelo en otras mujeres, incluso en sus hijas. Pero existe una línea entre compartir sinceramente cómo te va y descargar tus heridas en la mujer más joven, especialmente en una niña. Habrá momentos en que una madre recurrirá inconscientemente a su hija en busca de la atención y los cuidados que ella no recibió de su propia madre. Esto sucede porque la mujer más mayor no es consciente de que puede desarrollar su propia «madre interior» y recurrir a ella para que la ayude. Para no heredar la herida materna, las mujeres jóvenes han de sentir su poder personal y establecer unos límites claros cuando otras mujeres de mayor edad intenten utilizarlas para descargar sus penas en ellas.

Las madres pueden frenar inconscientemente a sus hijas debido a sus propias heridas abiertas, traumatizándolas sin querer. No podemos seguir equiparando nuestra lealtad como hijas con tener que cargar con el sufrimiento no procesado de nuestras antecesoras.

Nuestras privaciones como hijas no benefician a nadie, solo mantienen abierta la herida materna y hacen que se transmita de una generación a otra. Cuando nos ofrecemos como alimento para la «madre hambrienta», recibimos su sufrimiento y nosotras también nos volvemos famélicas.

Hemos de reconocer nuestro derecho a ser nosotras mismas y a vivir nuestra grandeza a nuestra manera.

Hemos de estar dispuestas a examinar y a revisar las relaciones que se benefician de nuestra inferioridad. Hemos de reconocer lo absurdo que es esperar recibir un consuelo genuino de quienes se sienten amenazadas por nuestro potencial, aunque esas personas sean mujeres que amamos. Las mujeres que rebajan a otras, consciente o inconscientemente, es porque ellas mismas están heridas. Podemos enseñarles que existe otro camino.

Podemos darnos mutuo ejemplo de que es posible ser poderosas y ser amadas.

Hemos de cambiar el contexto excluyente por otro incluyente. Hemos de arriesgarnos a ser auténticas y a marcar límites. Seremos pioneras, abriremos un nuevo camino sin demasiados modelos ni líderes. Hemos de dar un paso hacia delante, prepararnos para este reto y buscar otras mujeres para apoyarnos mutuamente e instaurar un nuevo paradigma que defienda nuestra grandeza conjunta.

Uno de los conceptos más importantes que podemos encarnar es: «No te debo una versión de mí misma que te distraiga de tu responsabilidad de enfrentarte a tu propio dolor».

Hablo de la herida materna con muchas mujeres de todo el mundo, y me comentan la inquietante conducta patriarcal de sus madres: intolerancia hacia otros puntos de vista, condena de la independencia, exigir «estás conmigo o estás contra mí», burlarse y ser crueles cuando sus hijas expresan sus sentimientos, etc. Suele tratarse de mujeres que han sido profundamente heridas por el patriarcado y que se sienten amenazadas por las mujeres que no lo aceptan.

Disrupción: de la atenuación a la individuación femenina

La familia es un sistema y, como todos los sistemas, busca el equilibrio para conservar su estatus. Muchas veces, las hijas se preguntan por qué no encajan en sus familias o por qué no funcionan sus relaciones. Pueden convertirse en el chivo expiatorio o en la oveja negra. Normalmente, la persona más cuerda del sistema es la primera en reconocer que algo no va bien, que no funciona. A medida que las hijas adultas van cerrando sus heridas, están más atentas y son más conscientes de la dinámica de una familia tóxica, se convierten en una amenaza para el estatus del sistema familiar, de ese cómodo equilibrio que, en cierto modo, obedece las tóxicas y misóginas normas y directrices heteropatriarcales. Si ponemos estas normas culturales y familiares en tela de juicio, tal vez seamos condenadas al ostracismo, nos difamen o ataquen, pero no porque tengamos la culpa de algo, sino porque alteramos su equilibrio tóxico, que es un paso necesario para que cualquier sistema ascienda a un grado superior. Como mujeres que están sanando su herida materna, nos hemos convertido en disruptoras, en pioneras que viven en un nuevo mundo que está en proceso de llegar a ser. Cuando nos negamos a rebajarnos, a silenciar nuestras voces, a renunciar a nuestros sueños o a truncar nuestras ambiciones, también estamos reivindicando nuestro poder personal y ampliando el potencial para toda la humanidad.

Preguntas para reflexionar

1. Cuándo eras pequeña, ¿te viste alguna vez obligada a consolar, proteger o cuidar de tu madre? Si es así, ¿bajo qué circunstancia y con qué frecuencia? ¿Cómo te afectó eso de niña y cómo te afecta ahora de adulta?

2. ¿Cómo se definía la lealtad en tu familia, explícita e implícitamente?

3. Como hija, ¿con qué frecuencia te viste obligada a esconder o disfrazar tus verdaderos sentimientos? ¿Qué visión de ti misma adoptaste a raíz de ello?

Capítulo 5

LA BRECHA MATERNA

Puesto que sentía que las necesidades emocionales de mi madre ocupaban una enorme cantidad de espacio en casa y en nuestra relación, me procuraba mi seguridad calmándola primero a ella, con la esperanza de que, algún día, me devolviera el apoyo y la seguridad que tanto anhelaba. Mi seguridad se basaba en renunciar a mí misma y fusionarme con ella en el mayor grado posible, soportando sus frustraciones, aceptando sus opiniones, calmando sus miedos, animándola en sus esperanzas, respaldándola y procurando ver siempre el lado bueno de las cosas, todo ello ocultando mis propias necesidades y problemas. Mi madre me halagaba cuando era un buen espejo, una testigo atenta, una confidente, pero cuando manifestaba mis necesidades o sentimientos, muchas veces se burlaba de mí o me relegaba. Cuando me pasaba algo que no era capaz de ocultar bien, lo cual no era muy habitual y solo me sucedía cuando estaba librando una auténtica lucha interior, siempre respondía con un profundo y trabajoso suspiro, y me preguntaba: «¿¡Qué te pasa!?», en un tono arisco y molesto. Eso yo lo interpretaba como que no tenía razón para estar mal o que no tenía derecho a sentir lo que estaba sintiendo. Con lágrimas en los ojos, le respondía: «Nada». Procuraba no volver a bajar la guardia delante de ella y me iba a mi habitación sola. Al final, renuncié a recurrir a mi madre. Cuando dejé la universidad un tiempo y me dediqué a servir mesas, alquilé mi propio apartamento en un pueblo cercano. Fue un sueño hecho realidad, un pisito asequible, en una tercera planta, con dos habitaciones, una de ellas la usaba para meditar y escribir. Recuerdo que mi madre se enfadó mucho conmigo cuando le dije que me quería marchar de casa, pero sabía que necesitaba distanciarme de ella por el bien de mi salud mental.

Ese distanciamiento de mi madre fue un gran alivio. Pero, al mismo tiempo, empezaron a surgir síntomas más pronunciados de mi «brecha materna». Era la primera vez que vivía sola, y, de pronto, me di cuenta de que era incapaz de prepararme la comida. Hasta entonces, siempre había comido en el campus o cocinado con mis amigas. Sin embargo, ahora, que vivía sola, me resultaba imposible tener fuerza de voluntad para responsabilizarme de mi alimentación. Tenía un bloqueo emocional que no me veía capaz de abordar. Salía a comer, encargaba que me trajeran la comida a casa o comía en el restaurante donde trabajaba; muchas veces lo único que había ingerido hasta las 16:00, la hora en que empezaba a trabajar, era café. Era como si prefiriera fingir que no tenía necesidades, ni siquiera la más básica de comer.

Mi madre siempre cocinaba para que creciéramos bien, generalmente comida deliciosa. Pero siempre había sentido que la comida era inseparable de un plan emocional tácito. Era como si alimentarnos fuera la punta de un iceberg que condujera a los oscuros abismos de su propia carencia emocional inconsciente: «Come para complacer a la madre. Come para complacerme. Por favor, valídame». Cuando éramos pequeños, rara vez comía con mi hermano y conmigo; lo hacía sola, cuando nosotros habíamos terminado. La mayoría de las noches, cenaba sola viendo la tele desde la mesa de la cocina. Antes de acostarse, dejaba un plato de comida para mi padre envuelto en film transparente, en la encimera de la cocina, para cuando volviera a casa, a la hora que fuera. La mayoría de las noches de la semana, se iba a un bar del barrio con sus amigos, y no regresaba hasta que todos estábamos dormidos. Esas cenas envueltas rara vez eran consumidas.

Mucho se callaba en aquella casa: el sufrimiento silencioso que reinaba entre mi padre y mi madre, y mi sufrimiento reprimido al que no sabía ni qué nombre darle. Existía una disociación y una negación constante de lo que yo consideraba el «alcoholismo funcional» de mis padres y su poco disimulado desprecio mutuo, que parecía estar por encima de cualquier reconocimiento parental de las necesidades de mi hermano y las mías. Necesitar a mis padres para sobrevivir significaba seguir idealizándolos, pero bajo aquella máscara me sentía como una zombi, parcialmente disociada para poder soportarlo. Una buena chica con un rostro feliz que se sentía muerta por dentro.

Mis problemas con mi madre revelaban que la dinámica que reinaba entre ambas me había creado una lucha interior que jamás podría ganar: atreverme a pensar lo suficientemente bien de mí misma me resultaba ajeno, incómodo y vagamente desleal. Me sentía como una niña pequeña, incapaz de traicionar a una madre, que le había enseñado que sus propias necesidades siempre eran secundarias. Simultáneamente, había otra parte de mí que se resistía en una especie de protesta: no quería alimentarme como creía que lo había hecho mi madre para enmascarar su propio dolor y la forma en que sentía que me había alimentado a mí, utilizando la comida como arma de codependencia, culpa y vergüenza. Para mí, comer lo que cocinaba mi madre siempre ha supuesto perderme a mí misma.

En terapia, el aprecio positivo e incondicional de Nicole hacia mí funcionó como un «útero externo» muy seguro, que con el tiempo empezaría a asimilar. En esa etapa, mi terapia entró en un extraño nuevo mundo de aprendizaje para adquirir una identidad separada. En mis sesiones exploré muchos aspectos sobre esto, incluido el trabajo conductista cognitivo para aprender a organizarme los días y no estar tan agobiada, cambiar mis autoevaluaciones negativas sobre mí misma y poner límites más sólidos en mis relaciones románticas y con mis amistades.

Uno de los ejercicios de la terapia consistía en ir a la tienda a comprar, lavar, cortar las verduras y prepararme ensaladas cuando terminaba mi turno en el restaurante. Las ensaladas eran la comida más saludable y sencilla que podía plantearme preparar. Recuerdo lo deliciosas que me parecían aquellas ensaladas aliñadas con salsa de la Diosa Verde, y lo completa y feliz que me sentí al descubrir que comer podía ser una forma de autodefinirme y de pertenecerme a mí misma, no necesariamente un tipo de subordinación.

Muchas veces, durante esa etapa, mi madre aparecía en mi apartamento sin previo aviso, cargada de bolsas con comida, que no le había pedido que comprara. Si pasaba por casa de mis padres, me daba bolsas de comida, a menudo congelada o procesada, que yo jamás me compraría. Siempre que hacía eso, estaba de bajón durante unos días. No quería que la comida se echase a perder, pero, muchas veces, me dejaba las bolsas en el asiento de atrás del coche durante una semana, porque me bloqueaba, no sabía qué hacer con ellas. Aunque me sentía lo bastante fuerte para rebelarme contra mi madre no comiéndome su comida, no lo era para decírselo a la cara. En lo más profundo de mi ser sentía que aceptar o consumir esos alimentos era ceder a su dominio y asumir que, según ella, todavía no era adulta. Bajo la apariencia de aquella cálida generosidad, me hacía sentir la aserción fría y transaccional de «todavía me perteneces».

La codependencia y la inversión de roles que experimenté con mi madre demostró ser un patrón que se repitió en otras relaciones desastrosas. Sentía una necesidad profunda de conectar, una «urgencia por fusionarme», que estaba relacionada con mis deseos incumplidos de mi infancia de ser vista, querida, festejada y honrada. Debido a mi baja autoestima, no era consciente de mi propia valía o mérito. Había aprendido que mi verdadero yo hería a los demás y ocultarlo era una forma de garantizarme mi vinculación con ellos. Jamás se me había ocurrido que podía ser una persona totalmente aparte e independiente, con necesidades y opiniones diferentes de alguien, y aun así ser amada y deseada por ese alguien.

No es de extrañar que mis relaciones románticas fueran las que más reflejaban lo arraigado que estaba este condicionamiento. Me gustaban hombres interesantes o cualquier tipo de artistas, pero también algo atormentados o que estuvieran bloqueados en su vida. Estos hombres eran totalmente incapaces de entender mis emociones. En este caso, la dinámica era la misma que la que mantenía en mi relación con mi madre, principalmente unidireccional: era yo la que los apoyaba, animaba, me responsabilizaba en su nombre y les hacía de mentora, mientras que ellos, aunque fueran buenas personas, no sabían corresponderme. Me sentía utilizada e invisible, igual que en mi infancia. Sin darme cuenta, escogía a hombres que reflejaban lo que había aprendido de pequeña a ver como normal.

≈≈

¿Qué es la brecha materna?

La brecha materna es el vacío que existe entre lo que necesitas que te aporte tu madre y lo que en realidad recibes de ella. Esta brecha puede ocasionar sufrimiento y mermar tu capacidad para amarte a ti misma (y provocarte baja autoestima), tu confianza en que estás a salvo y que la vida es buena (y provocarte ansiedad) y tu facultad para sentirte plenamente realizada (y provocarte depresión). Si no hemos hecho nada para resolver esta brecha materna, es probable que proyectemos inconscientemente nuestra necesidad de hacer de madre de otras personas, cosas, situaciones y acontecimientos, lo cual puede originar problemas en nuestras relaciones, nuestro trabajo y el concepto que tenemos de nosotras mismas.

¿Qué necesita realmente una hija de su madre?

A muchas de las que tenemos una gran brecha materna, tal vez nos cueste dilucidar qué es lo que nos falta. La lista siguiente es una gran ayuda para saber qué es lo que necesita una hija de su madre para desarrollarse correctamente. Esta lista, que es una paráfrasis del libro de Jasmin Lee Cori *The Emotionally Absent Mother* [La madre emocionalmente ausente], puede ayudarte a descubrir las necesidades en el desarrollo de una niña y cuáles son las áreas en las que tienes carencias. No es necesario que siempre se satisfagan todas ellas, pero se requieren unos mínimos para que tenga lugar un desarrollo óptimo. Repito que esto no es para culpabilizar a las madres o pretender que sigan directrices utópicas, sino para responsabilizarnos de nuestro sufrimiento como mujeres adultas debido a la brecha materna y para que demos los pasos necesarios dentro de nuestro proceso de sanación de la herida materna y llenemos ese abismo en nuestro interior.

Los diez rostros de la madre

La madre como el origen: nos aporta la sensación de que procedemos de la bondad y del amor. Ser como una madre o algo que provenga de ella da seguridad y parece positivo. Genera el sentimiento de pertenencia en la hija y de formar parte de algo superior, más poderoso que ella misma.

La madre como el primer apego: la madre responde sistemáticamente a las necesidades de la hija. Esta se siente segura y a salvo. La madre confiere a la hija su sentido de pertenencia e identidad.

La madre como primer recurso: la madre está presente y al servicio de la hija, cuando surge una emergencia. Responde con amor, empatía y atención.

La madre como moduladora: la madre ayuda a la niña a modular sus propias emociones empatizando con sus sentimientos y conduciéndola amablemente hacia un territorio más cómodo. La forma de hacerlo puede ser ayudándola a poner nombre a sus emociones, proporcionándole un lugar donde reflejarse, aguantando, escuchándola con empatía o reafirmándola con serenidad. Es importante que las emociones de la madre no sean extremas y descontroladas. La madre también puede adaptar el entorno a las necesidades para garantizar la seguridad, la salud y el bienestar de la niña.

La madre como proveedora: la madre es afectuosa con la niña. La tranquiliza, reafirma y calma. Sabe aceptar y es comprensiva.

La madre como espejo: la madre refleja el estado emocional de la hija, aportándole el sentimiento de que existe, es real y es valorada. El reflejo positivo ayuda a la hija a respetarse a sí misma.

La madre como animadora: la madre celebra con entusiasmo los progresos y logros de su hija. Permite que esta se exprese como un ser independiente y se alegra de que lo haga y de que sea ella misma. La anima a que sea la mejor versión de sí misma y le asegura que puede hacer lo que se proponga. Le transmite el sentido de merecimiento y autoestima.

La madre como mentora: la madre apoya a la hija mientras esta aprende y prueba cosas nuevas. Le da ánimos, le hace comentarios y respeta sus limitaciones para que se sienta cómoda. La madre se adapta pacientemente al nivel de aprendizaje de la hija y la ayuda según su nivel de comprensión.

La madre como protectora: la madre la ayuda de manera que ella sienta «te estoy protegiendo» y le da ejemplo de poner límites y de autoprotección.

La madre como campamento base: la sensación de que la madre es un lugar estable al que siempre puedes recurrir para que te dé ánimos, te ayude y te consuele.

Una brecha materna sin resolver es como una nube de humo entre nosotras mismas y nuestra vida de adultas. Si afrontamos directamente la brecha materna, este humo se disuelve y podemos ver la vida con claridad, sin los mecanismos de defensa, los miedos y las ansiedades que nos bloquearon. Las metas de afrontar la brecha materna son resolver las necesidades y cargas de nuestra infancia directamente, para no tener que proyectarlas hacia fuera (y sufrir innecesariamente a causa de ello). Si no hacemos nada para solucionar esta situación, la recrearemos de distintas formas. El proceso de sacarla a la luz nos ayuda a retirar nuestras proyecciones infantiles y a ver la vida tal como es, amarnos a nosotras mismas y amar a los demás con autenticidad y sin miedo.

El patriarcado y nuestro legado colectivo de abuso emocional y negligencia

Es importante que reflexionemos sobre cómo ha llegado a producirse la brecha materna. Las estrategias de educación antiguas se centraban en la disciplina y en la obediencia. En el pasado, era normal pegar a los hijos e hijas, y ese castigo estaba justificado tanto en casa como en la escuela. La comida, el techo, la ropa y la educación se consideraban aspectos fundamentales para respaldar el desarrollo de la descendencia; las necesidades emocionales y el desarrollo emocional no se tenían en cuenta. Se recomendaba que el bebé se durmiera llorando. Una de las cosas que entonces se consideraba normal decirles a los niños y niñas era: «No llores, o te daré una buena razón para llorar». La vida emocional de los niños y las niñas se consideraba banal, algo a lo que no se debía prestar demasiada atención o mostrar solidaridad, para no mimarlos y que luego manipularan a sus progenitores. Su seguridad emocional no era importante; por consiguiente, tampoco se respetaba su individualidad. De ahí que los niños y niñas de esa generación soportaran castigos, que fueran ignorados, humillados o golpeados como respuesta a la expresión natural de sus emociones. Este sistema de crianza provocó que muchos niños y niñas fueran introvertidos a una temprana edad, lo cual dificultó su desarrollo emocional como adultos, y, en una etapa posterior de su vida, entorpeció o imposibilitó la comunicación con sus propios hijos e hijas adultos.

Si nuestras madres fueron educadas en este estilo patriarcal (centrado en la obediencia y descuidando las emociones), este legado también ha estado presente de algún modo en nuestra educación, lo que nos habrá conducido a una desconexión fundamental de nuestra madre y de nosotras mismas. Bajo esta perspectiva cultural e intergeneracional, es fácil darse cuenta de que la capacidad de las madres de ofrecer a sus hijos e hijas disponibilidad emocional se vio gravemente reducida, debido a que ellas mismas también fueron avergonzadas y privadas, en mayor o menor medida. Esto suele ser un acto bastante inconsciente e involuntario. No obstante, para una madre que actúa según este paradigma, sus necesidades emocionales siempre estarán por encima de las del hijo o hija, y su orientación inconsciente hacia su propia supervivencia puede llegar a impedir la reciprocidad necesaria para entablar una relación saludable de adulto a adulto.

Lindsay C. Gibson, en su libro *Hijos adultos de padres emocionalmente inmaduros*,[*] explica que dado que los padres y madres emocionalmente inmaduros tuvieron que reprimir sus propios sentimientos en una etapa muy temprana de su vida, no pudieron indagar lo suficiente en sus emociones como para desarrollar un sentido del yo y una identidad individual fuertes. Esta circunstancia limitó su capacidad de ser conscientes de sí mismos, de comunicarse con claridad y de intimar emocionalmente.

Gibson identifica una serie de rasgos de la personalidad que suelen compartir estos padres y madres:

• Mentalidad rígida y testarudez.

---

[*] Editorial Sirio, 2016.

* Baja tolerancia al estrés.
* Impulsividad para tomar decisiones.
* Tendencia a la subjetividad, en vez de a la objetividad.
* Poco respeto por lo diferente.
* Tendencias egocéntricas.
* Preocupación por ellos mismos.
* Predilección por ser el centro de atención.
* Incitación al cambio de roles.
* Falta de empatía e insensibilidad emocional.
* Incoherencia y contradicción frecuentes.
* Actitud altamente defensiva que suplanta a su propio yo.
* Miedo a los sentimientos.
* Orientación a lo físico, en lugar de a lo emocional.
* Ser un aguafiestas.
* Emociones intensas, pero superficiales.
* Incapacidad para experimentar emociones mezcladas (para ellos todo es blanco o negro).
* Dificultad para el pensamiento conceptual.
* Tendencia al pensamiento literal.
* Obsesión por intelectualizar las cosas.

La máscara de un «falso yo», expresión acuñada por el psicoterapeuta D. W. Winnicott, se forma como respuesta a la brecha materna. Originalmente, el falso yo se desarrolló en la infancia como medio para compensar los posibles rechazos que pudiste haber experimentado cuando fuiste tú misma. Es un intento inconsciente de cambiar para ser aceptada en el mundo exterior. El problema es que como adultas, cuando confundimos nuestro falso yo con nuestro yo real, acabamos recibiendo la aprobación de los demás por ese falso yo, aunque en el fondo queramos ser amadas por quienes somos realmente, por nuestro auténtico yo. Llevar una máscara para ocultar nuestra vulnerabilidad y vergüenza despierta sentimientos de fraude, vacío y depresión. A medida que nos vamos haciendo adultas, aumenta la tensión entre el verdadero yo y el falso. Llegar hasta nuestro verdadero yo es un proceso de ir eliminando las creencias y patrones limitadores que hemos asimilado de nuestra cultura y de nuestra familia.

Tres aspectos para gestionar la brecha materna

Hay tres aspectos principales para gestionar la brecha materna: la claridad mental, el procesamiento emocional y la integración corporal. Los tres se apoyan el uno en el otro, se desarrollan progresivamente y no necesariamente se producen en un orden lineal.

1. La claridad mental.

Cuando conseguimos claridad mental respecto a las interacciones con nuestra madre que nos provocan estrés, enfado o ansiedad, nos estamos preparando para procesar esas emociones, en lugar de ser gobernadas por ellas. La claridad mental significa expresar los patrones y las dinámicas entre tu madre y tú.

- ¿Qué necesitabas de tu madre que no obtuviste?
- ¿Cómo gestionaste no recibir el amor de la forma en que tú necesitabas?
- ¿Cómo te ha afectado en la vida?
- ¿De qué modo lo has compensado? ¿Qué mecanismos y estrategias de superación has utilizado para llenar este vacío de amor materno, como niña y como adulta?

A medida que vamos entendiendo las dinámicas y creencias que hemos heredado de nuestra madre, abierta o encubiertamente, nos es más fácil reconocerlas en nuestra vida como adultas. En vez de seguirlas o caer en ellas involuntariamente, está en nuestra mano cortarlas de raíz cuando se producen y tener más capacidad de adaptación a las situaciones cotidianas. Ser conscientes de ello nos da fuerzas para romper antes con los viejos patrones, cuando estos se repiten, y tomar decisiones meditadas y poderosas.

2. El procesamiento emocional: conectar con el sufrimiento original que no pudimos sentir de niñas.

Se trata de exteriorizar de una forma segura toda nuestra gama de emociones, incluidas la rabia y la tristeza. Evitamos los sentimientos negativos e incómodos por lo vulnerables que nos hicieron sentir de pequeñas y porque, tal vez, también nos hayan avergonzado por tenerlos. Este intento de evitarlos suele generar más sufrimiento que las propias emociones. Cuando sentimos las emociones de una forma genuina, son transformadoras. Este malestar es temporal, mientras que el alivio que sentimos después de haber aceptado nuestras emociones es duradero. Con práctica y ayuda, podemos aprender a nivel visceral que nuestras emociones son importantes aliadas en nuestra vida, no intrusas contra las que hemos de luchar.

El escritor John Bradshaw denomina a este procesamiento emocional «trabajo sobre el sufrimiento original». Este trabajo implica experimentar las emociones reprimidas originales que no nos parecían seguras cuando éramos niñas. Según él, es lo único que nos ayudará a realizar un verdadero cambio duradero, de esos que transforman los sentimientos. Si no procesamos el dolor original que sentimos de niñas en su verdadero contexto de nuestra infancia, este suele filtrarse de manera conflictiva a través de los detonantes emocionales o las retrospecciones. Por ejemplo, si una situación se parece a una experiencia dolorosa que tuvimos de niñas, pero que no hemos acabado de procesar, pueden aparecer emociones intensas desproporcionadas para lo que realmente está sucediendo. Esto podría provocar que se desatara nuestra ira o que nos sintiéramos tristes o angustiadas, o que experimentáramos cualquier otra emoción que todavía no hayamos procesado. De este modo, los detonantes emocionales se convierten en tremendas oportunidades para sanar nuestro pasado en nuestra vida cotidiana. A medida que vamos aprendiendo a calmar y a cuidar a la afligida niña interior en estos momentos, iremos tomando gradualmente otro tipo de decisiones que nos abrirán las puertas de un nuevo futuro.

3. La integración corporal.

Aunque nuestra mente esté dispersa, nuestro cuerpo siempre vive el presente y no nos engaña. Conectar con nuestro cuerpo y estar presentes en él es una gran forma de cuidarnos. A la par que adquirimos claridad mental y que procesamos nuestras emociones, nuestras introspecciones se integran en niveles físicos cada vez más profundos. A medida que nos vamos sanando y transformando, las verdades conceptuales se convierten en realidades vivas.

Roles, fantasías y máscaras: cómo compensamos la brecha materna

Todas nos hemos amoldado al grado de disponibilidad emocional de nuestros padres. Para descubrir cómo nos afecta esto en nuestra rutina diaria hemos de revisar esa brecha materna y cómo logramos adaptarnos para llenar ese vacío y sobrevivir en nuestro entorno de la infancia. Un aspecto esencial que hemos de contemplar son nuestras conductas o dinámicas repetitivas. Es fácil confundirlas con «yo soy así», pero es posible que, en realidad, sean mecanismos de defensa que una vez nos ayudaron a afrontar abusos emocionales o negligencias. Afortunadamente, estos mecanismos se pueden cambiar.

Roles familiares

Además del papel de la «buena chica» hay muchos otros que podemos desempeñar en la familia. El de la hermana mayor fuerte, la payasa de la casa, la callada, la rebelde, el cerebrito, el espíritu libre, la abeja reina, la tímida, la pequeña, el alma de la fiesta, la solitaria, el pilar de la familia, etc. Muchos de estos roles pueden actuar como capas que ocultan nuestro sufrimiento. Nos hace predecibles y estables, y nos dan una identidad en la familia, pero también pueden encasillarnos cuando somos adultas, y nuestro potencial se puede marchitar dentro de estas restricciones.

Aunque representé el papel de la «buena chica», podemos interpretar muchos otros, según la dinámica familiar que moldeó nuestra conducta de niñas. Muchas mujeres hacen lo contrario y se rebelan contra sus madres desde el principio; en lugar de aguantar o aceptar sus creencias y decisiones, algunas se distancian y rebelan contra la madre para autoprotegerse y conservar su individualidad. No obstante, tanto si desempeñamos el papel de hijas rebeldes como el de buenas chicas, o algo totalmente distinto, la cuestión es que esos papeles encierran un sufrimiento profundo y enmascaran ese dolor de distintas formas.

Cada hijo o hija de una familia tendrá experiencias muy distintas con sus padres, aunque vivan en la misma casa. Por razones varias, las madres pueden relacionarse con cada hijo e hija de un modo distinto. Los hermanos pueden sentirse emocionalmente unidos porque han vivido las mismas experiencias, pero al ejercer cada uno o una distintos roles puede haber tensión, debido a divergencias en sus percepciones. Cualesquiera que fueran los patrones de conducta, los más compulsivos, defensivos y con carga emocional, suelen ser los que se crearon como respuesta a mitigar el sufrimiento en la infancia. Permanecen en su sitio para protegernos de otros males, incluso mucho tiempo después de que el peligro haya desaparecido.

Relatos falsos: «Todo está bien»

Además del falso yo, tal vez nos hayamos contado a nosotras mismas alguna versión del «todo está bien», cuando no era cierto. Lo hicimos para defendernos de las emociones dolorosas que nos provocaba nuestra situación. Es una manera de reducir la gravedad de la brecha materna o restarle importancia y un aspecto normal de la supervivencia humana. Parte de la sanación consiste en reconocer la verdad de lo insoportable que realmente fue. Aceptar el «fue realmente malo» forma parte del proceso de tomar conciencia de nuestro sufrimiento para vivir más en la realidad. Es el inicio de la fisura de nuestra negación, de aceptar nuestra pena, de sentir compasión por la niña que fuimos y de adentrarnos en una visión del mundo más clara. Es importante recibir ayuda en este proceso.

A continuación tienes algunos ejemplos de la brecha materna. Son palabras de mujeres que han asistido a mis cursos. Las he usado con su permiso y he cambiado sus nombres.

Un ejemplo de la brecha materna: Karen

Tengo cincuenta y tres años, toda mi vida he estado enfadada con mi madre y la he menospreciado porque jamás me dio el apoyo y la atención emocional que necesitaba. Lo que más le importaba era tener buen aspecto para los demás. Recientemente, me he dado cuenta de que muchas de las cualidades que me gustan de mí proceden de ella: creatividad, generosidad, sociabilidad, preocupación (aunque no por mí), curiosidad, espíritu viajero, fan de la lectura y de la cultura, etc. Mi madre nunca fue capaz de apoyarme en todas mis ambiciones y planes, porque me he dado cuenta de que estaba celosa y tenía miedo de perder el control (soy una hija trofeo[*] que ha tenido que ganarse el aprecio para su madre en mi familia

---

[*] N. de la T.: Los niños o niñas trofeo son los que los padres utilizan como una extensión de sí mismos, para realizar a través de ellos los sueños que no pudieron cumplir.

paterna). Lo que siempre deseé de ella es que fuéramos aventureras, ambiciosas, valientes y poderosas juntas (incluso desde muy joven ya sentía esta ambiciosa energía de crecimiento y poder). Pero me defraudó por completo y a menudo me ridiculizaba. Así que me entristece pensar que jamás seremos las compañeras que quería que fuéramos. También me he dado cuenta de que su herida es mucho más profunda que la mía y me da rabia que jamás se haya interesado en cerrarla. Sentir y liberar todas esas emociones de la brecha materna ha sido muy fuerte. Antes de empezar este trabajo interior, mis emociones me habían estado saboteando de todas las maneras posibles y en todos mis planes y proyectos de negocio; me echaba atrás y sentía resentimiento, me quedaba paralizada y no podía empezar nada. Pero, ahora, esta semana, he recibido una propuesta comercial de una empresa para organizar retiros mensuales para mujeres. El modelo de negocio es estupendo y el contenido es justo lo que deseaba y para lo que me he estado preparando los últimos años. Dudo que se trate de una coincidencia; estoy tan entusiasmada y agradecida que casi lloro. No veo a mi madre muy a menudo, pero cada vez que le envío un correo o quedamos para comer (quizás tres veces al año) para contarle mis planes y mis proyectos lo hago con especial cuidado, es como una especie de entrenamiento personal para demostrarle quién soy realmente y la mujer en la que me he convertido. Ser capaz de hacer esto es maravilloso después de toda una vida escondiéndome, mintiendo y haciendo ver que tenía una vida normal con un horario de nueve a cinco (lo cual no era cierto).

Un ejemplo de la brecha materna: Jennifer

Vengo de ver un espectáculo en directo en el teatro, con música muy animada, de las décadas de 1960 a 1980. Al final, los artistas animaron al público a ponerse en pie, a bailar y a cantar. Mi marido tiene un problema en la cadera y le duele, por eso no se levantó, y durante un rato, yo tampoco, mientras que todos los que estaban a mi alrededor se lo pasaban genial. Sin embargo, yo estaba triste; entonces, percibí claramente mi herida materna, me había rebajado por un sentido de lealtad erróneo al sufrimiento de otro. La lealtad al dolor de mi madre era mi forma de compensar su negligencia ante mi sufrimiento y que me considerara egoísta por tener mis necesidades. Así que me levanté y me puse a cantar, aunque no totalmente entregada, porque todavía estaba un poco triste. En ese momento, sentí que una pequeña parte de mi campo de energía estaba apegado a mi esposo y que me estaba frenando, me mantenía amarrada a su sufrimiento exactamente del mismo modo como lo hacía mi madre. Cualquier otra conducta, según ella, habría sido «egoísta». No sé cómo, pero conseguí librarme de esa soga y reforcé mis límites. Eso me produjo una gran alegría y pude disfrutar en cuerpo y alma de bailar y de cantar. De pronto, me di cuenta de que tenía pleno derecho a sentir mis propios sentimientos y a actuar de acuerdo con ellos, no con los de otra persona. La amenaza de que pudieran llamarme egoísta me ha perseguido toda la vida. De pronto, me di cuenta de la falsedad y la manipulación que encerraba esa actitud, pero no sentí resentimiento. Fue como un destello de libertad, gracias a que he estado procesando la soledad y la vergüenza que sentía de niña, cuando no recibía aprobación por mis sentimientos y necesidades individuales. Ahora, en lugar de avergonzarme de ellos como hacía antes, me siento segura siendo yo misma y siendo independiente. Cada vez que doy un paso así, me parece absolutamente alucinante.

Un ejemplo de la brecha materna: Alix

Estaba en plena batalla legal con mi exmarido por la custodia. Mi madre procede de una familia tradicional que cree que has de seguir casada pase lo que pase. El proceso de divorcio fue muy complejo y ella nunca me preguntó cómo estaba. Fingía pasar absolutamente del tema, hasta que un día me llamó y me pidió que se lo contara todo. Al principio, me sentí aliviada al ver que expresaba su interés por cómo me iba, pero cuando colgué el teléfono, me di cuenta de que me encontraba peor. Al cabo de unos días, observé que estaba peor después de la llamada, porque no había notado ninguna empatía, preocupación o compasión por su parte, por el sufrimiento emocional que estaba soportando. Solo quería saber los hechos y colgó el teléfono sin apenas haber hablado. Reconocí que eso era la continuación de lo que pasé con ella cuando era niña. Siempre intentaba distraerme de mis sentimientos para mantener la «paz» en el hogar. Necesitaba aparentar que todo iba bien y manipulaba todas las interacciones de la familia. Mi padre estaba siempre estresado por temas económicos, y el único control que ella podía ejercer era mantenernos callados, obedientes y con buena cara ante los demás, para no empeorar las cosas. Creo que esta es la razón por la que siempre elegía parejas que parecía que me hacían perder un poco mi equilibrio. Al principio eran muy amorosas y afectuosas, pero siempre llegaba un momento en que «cambiaban», banalizando y minimizando mis emociones y burlándose de ellas. Yo dudaba de mí misma, me sentía inferior y anteponía su opinión a la mía. Ahora, por fin, puedo ver que estaba predispuesta a ello, porque aprendí a una edad muy temprana que mis sentimientos no importaban. Esta claridad me ha dado la energía necesaria para romper con este patrón, cada vez que lo detecte. Es increíble, porque cuanta más empatía y espacio creo para mis emociones, más puedo hacer lo mismo para mis dos hijas.

Recibir ayuda es básico

En tu exploración de la brecha materna, ten paciencia y sé compasiva contigo misma. Es normal sentir emociones dolorosas cuando hacemos este trabajo y analizamos lo que hay detrás de los roles, las máscaras o los relatos que hemos utilizado para evitarlo. No te sorprendas si te enfadas o entristeces cuando examinas los patrones, acontecimientos, situaciones y emociones de tu infancia temprana.

Recibir ayuda es una parte fundamental del trabajo sobre el sufrimiento original. Lo ideal es recibirla de diversas fuentes. Entre ellas se incluyen:

- Terapia individual de larga duración.
- Terapia de grupo.
- Arteterapia.
- Grupos de ayuda mutua.
- Talleres.
- Relaciones afectuosas.
- Trabajo corporal, masaje y trabajo energético.
- Dedicar tiempo regularmente para estar a solas y reflexionar.
- Hacer ejercicio, estiramientos y mover el cuerpo.
- Descansar y dormir lo suficiente.

Preguntas para reflexionar

1. ¿Cuál es tu brecha materna (la brecha entre lo que necesitabas y lo que recibiste de tu madre)?
2. ¿Cómo has intentado llenar ese vacío hasta ahora? ¿Cuáles han sido las máscaras que has llevado o los roles que has interpretado inconscientemente para compensarlo?
3. ¿Qué acciones puedes realizar ahora para reparar la brecha materna desde tu interior?

Capítulo 6

INDICATIVOS DE QUE HAS DE HACER UN CAMBIO

A medida que iba pasando el tiempo, la terapia iba desenterrando cada vez más tristeza y frustración, puesto que me permitía ver con mayor claridad la disfuncionalidad de mi familia. Aunque viera la forma en que la dinámica con mi madre se manifestaba en distintas áreas de mi vida, no me sentía preparada para afrontar directamente nuestra relación. Para mí era un sendero oscuro por el cual no quería caminar, a pesar de que sabía que al final tendría que hacerlo. Así que se iban acumulando síntomas. No quería parecerme a ella, y en aquel tiempo, lo manifestaba con mi obsesión por el deporte, la salud y mi imagen corporal.

Estar con mis amigos y bailar regularmente me ayudaba a ser positiva y a sentirme inspirada. Lo que más me interesaba era la espiritualidad y la meditación. Solía participar en talleres que ofrecían en un pequeño centro para retiros que había en un pueblo cercano. Necesitaba tener un propósito y me preguntaba cómo podría ayudar al mundo. Quería poder mirar a mi madre para inspirarme y sentir su aprobación sobre pensar a lo grande y hacer algo importante en mi vida, pero ella permanecía en silencio y distante. Por aquel *tiempo, conocí a una mujer llamada Miranda, vidente, maestra y sanadora y que impartía talleres, y se interesó por mí. Siempre era la más joven de la clase e interpretaba el papel de la buena chica y la alumna perfecta. Hice una sesión con ella, en la que le confesé que sentía la necesidad de dedicarme a algo más grande para ayudar al mundo, pero no sabía qué era.*

Al poco tiempo, me ofreció que fuera su aprendiza y que la ayudara en la apertura de un centro para hacer retiros espirituales en el centro del país. Acepté, a pesar de que recibí señales de alarma y de las serias reservas de mi terapeuta. La experiencia en el centro de retiros ni fue espiritual ni lo que yo pensaba; me di cuenta de que estaba en un ambiente tóxico y que me había llevado hasta allí para hacer de limpiadora y administrativa sin sueldo. Aun siendo consciente de ello, tardé seis meses en superar mi idea equivocada de que las cosas mejorarían y que, entonces, me marcharía.

En aquel tiempo no podía ver que mi apego a esa instructora se debía a mi necesidad de tener una madre y de recibir aprobación: una figura materna adorable y poderosa que supiera valorarme por ser yo misma. De hecho, mi relación con Miranda era una réplica de la dinámica y los traumas que había experimentado con mi madre. Darme cuenta de eso supuso una gran decepción, pero, en última instancia, me ayudó a no idealizar tanto a las figuras de autoridad como había estado haciendo hasta entonces.

Cuando regresé, me matriculé en una escuela de posgrado. La buena chica y superconseguidora estaba en plena euforia. Saqué sobresaliente en todas las asignaturas. Era asistente de profesor en el departamento, y luego me obsesioné con ser aceptada en un programa para el doctorado (que más tarde decidí no hacer). Mucho después, me di cuenta de que creía que si tenía suficiente éxito para impresionar a mi familia, al final, dejaría de ser invisible para ella, y me sentiría digna y capaz de controlar mi propia vida. En aquel*

---

* N. de la T.: Es un ayudante de un maestro o maestra. No se requiere título universitario, aunque sí cierta preparación, y suelen dedicarse a los niños con necesidades especiales. No es un profesor sustituto, que sí necesita titulación, aunque en casos de emergencia, también pueden hacer la suplencia. Esta figura no existe en España.

entonces, todavía no sabía que no hay nada del mundo exterior que pueda llenar este vacío, que eso tenía que ser un proceso interno.

Por esos tiempos, inicié una relación con un chico que se llamaba David. Habíamos trabajado juntos durante seis años en el restaurante, y al cabo de un año de vivir juntos, nos trasladamos a Nueva York. Marcharme fue crucial para distanciarme de mi familia y perfilar mi perspectiva sobre mi infancia y su influencia en mi vida actual. Puesto que mi vínculo con David era el más fuerte de todas las relaciones que había tenido, mi herida materna empezó a aflorar con fuerza. Tenía sueños de «triangulación», en los que David prefería a otra mujer; en algunos de ellos esa mujer era mi madre, que conseguía separarlo de mí o hacer que se pusiera en mi contra.

Una noche, estábamos en un club del East Village y una de nuestras amigas se puso a flirtear abiertamente con David delante de mis narices, y él no le paró los pies ni le dijo nada para que no siguiera. Cuando volvíamos a casa, perdí los papeles por completo y empecé a gritarle con todas mis fuerzas; estaba furiosa porque no le había dicho nada, como si yo no hubiese estado allí. David no tenía ni la menor idea de hasta qué punto su incapacidad para ponerle límites a nuestra amiga había despertado mis sentimientos profundos de abandono. Entonces, todavía no lo había relacionado con mi madre. Esa noche, hablamos del tema y le dije: «Solo QUIERO SER la persona más importante de tu vida». Me costó mucho decir esas palabras. Me parecía una situación de vida o muerte. Me miró y me dijo: «Ya ERES la persona más importante de mi vida». De pronto, algo encajó en mi interior y conseguí asimilarlo. Sentí un increíble alivio, pero también una tristeza profunda. Esa misma noche, más tarde, cuando David ya se había dormido, me levanté y me miré fijamente al espejo del cuarto de baño, buscando mi rostro en la penumbra y preguntándome qué era lo que me estaba pasando. ¿A qué se debía realmente ese intenso sentimiento de desolación?

¿Cuáles son los signos de la herida materna? ¿Por qué cuesta verlos? Y ¿por qué nos resistimos a reconocerlos cuando los vemos?

Puesto que la herida materna afecta de algún modo a todas las áreas de nuestra vida, reconocer los signos en una de ellas puede contribuir a hacer descubrimientos y a tomar conciencia en muchas otras áreas. Durante generaciones, las mujeres han atribuido erróneamente los signos de la herida materna a fuentes que parecían menos peligrosas, y nunca llegaban realmente a la raíz de su sufrimiento. El problema es que cuando no llegamos a la raíz, nuestros problemas se siguen repitiendo una y otra vez, nos persiguen en el trabajo, en las nuevas relaciones y en muchas otras cosas.

Los temas más habituales que debemos reconocer

Estos son síntomas que aparentemente nada tienen que ver con tu madre. Puedes tener estas experiencias y seguir sintiendo que tu relación con tu madre es armoniosa:

- Evitar emociones difíciles. La necesidad de tener siempre una actitud positiva.
- Insensibilizarse (por medio de consumo de sustancias, las redes sociales, ir de compras, etc.).
- Emociones intensas desproporcionadas para la situación actual.
- Repetir patrones que sientes que jamás llegan a resolverse.
- Sentirse como una niña pequeña, indefensa o presa del pánico.
- Fuerte contraste entre la vida externa que aparentas y tu vida interior.
- Extremos de cualquier tipo, como por ejemplo, ciclos de atracones y de privación (ya sea de comida, de hacer ejercicio, consumo de sustancias, dietas, sexo, etc.).

- Miedo al abandono (tanto por parte de las amistades o de las relaciones románticas, como del padre o de la madre).
- Miedo a ser invadida (la necesidad de mantener alejada a la gente).
- Pasarlo muy mal en las despedidas, miedo a decir adiós.
- Miedo a que las emociones te desestabilicen si te permites sentirlas.
- Autosabotaje cuando te aproximas a realizar un avance.
- Repetir bucles mentales de conversación interior negativa.
- Sentirte egoísta por anteponer tus necesidades a las de los demás.
- No sentirte nunca lo bastante buena.
- Compararte siempre con los demás.
- Complacer a la gente.
- Buscar aprobación, cualquier rechazo es demoledor y te desestabiliza.
- Adicciones (comprar, sustancias, Internet, etc.).
- Depresión (baja de ánimo, desesperanzada, vacía).
- Ansiedad.
- Trastornos alimentarios (cierto grado de conflicto en torno a la comida, el cuerpo y la imagen).
- Avergonzarte de tu sexualidad.
- Creer que para ser «buena persona» has de ser siempre la última.
- La gente no respeta tus límites o tu tiempo.
- Atraer siempre al mismo tipo de pareja o amigo, que acaba maltratándote.
- Creer que eres mejor persona por soportar el maltrato de los demás.
- Cierto grado de obsesión o fijación: «¡ESTO es lo que va a hacer que todo vaya BIEN!».

- Adoptar el papel de la «pacificadora femenina», la mediadora y la que evita los conflictos, para quien la ausencia de problemas es lo primero.
- Pensamiento obsesivo cuando toca pasar a la acción.

Los síntomas que pueden estar más claramente relacionados con la madre son:

- Miedo a estar por encima de la madre: es bastante habitual el miedo a que si superas a tu madre en lo que ha conseguido en su vida (lo que llamo el «horizonte materno»), vuestra relación quede irremediablemente dañada. Por lealtad, resulta más seguro no tener tantas ambiciones y conservar la armonía en la relación.
- Sentirte mal después de haber visto a tu madre: esto es una señal de que existe una dinámica tóxica entre vosotras de la que todavía no eres consciente.
- Necesidad de complacer a tu madre, que nunca está lo bastante satisfecha: tu madre es *insaciable*, pero crees que en el futuro, al final «lo harás bien». La esperanza es eterna.
- Autoatenuación cuando estás con tu madre: intentar pasar desapercibida para no ofenderla, amenazarla o disgustarla. Esto se manifiesta no expresando tus opiniones cuando está ella y diciendo que sí a todo para evitar el conflicto.
- Estar enfadada con tu madre, pero no hacer nada al respecto.
- Alejarte de tu madre para no afrontar la situación.
- Sentir que «todo será más fácil cuando haya muerto» o que «podré hacer lo que quiera cuando ya no esté aquí».
- Trabajo emocional excesivo en la relación: estás agotada por las necesidades de tu madre, pero también sientes que

hacerle saber cuáles son los límites que no ha de traspasar sería como una traición.

- Sensación de que ser sincera sobre tus sentimientos pondría fin a la relación.
- Miedo a sentirte como una «hija desagradecida» si reconoces que tienes sentimientos hacia ella que te hacen sufrir.
- Tu madre parece indefensa y siempre necesita apoyo.
- Evitas a tu madre.
- Tu madre no te llama si no es porque necesita algo.
- Tu madre cotillea o se fija demasiado en personas que no conoce bien.
- Te sientes responsable de su bienestar. Si tiene problemas económicos o en sus relaciones, sientes que eres tú quien ha de resolverlos.
- Tu madre te dice que eres su mejor amiga, hija favorita o a quien más quiere, *o* lo contrario: que nunca estarás a la altura.
- Las críticas, las burlas o el sarcasmo son habituales en ella.
- Tus sentimientos o experiencias son minimizados, menospreciados o tomados a broma.
- Expresar tus sentimientos, necesidades u opiniones implica hostilidad, ser relegada, amargura o celos.
- Sientes que tu madre tiene celos de ti.
- Crees que puede haber algún tipo de «represalia» si te sales de tu papel de la «hija fiel».
- Tienes la sensación de que tu madre se fija solo en los roles, lo que significa que su papel de madre es un arma que puede usar contra ti si no actúas o hablas como ella quiere.
- Tu madre se comunica mediante «contagio emocional»: hace que la gente esté siempre adivinando o yendo con pies de plomo cuando está con ella, en lugar de comunicarse con respeto y abiertamente.

- Tu madre es impredecible: nunca sabes de qué humor va a estar de un día para otro, y esto hace que estés siempre alerta.
- «Justificas» su mala conducta diciendo: «Ella es así».

La mecánica de la herida materna

A continuación verás algunas experiencias y patrones comunes, pero puede variar mucho su contenido. Tal vez no tengas ni idea de por qué se producen.

- **Detonantes o retrospecciones emocionales**: situaciones con otras personas pueden provocar reacciones emocionales fuertes de intensidad desproporcionada.
- **Relato mental negativo**: una feroz voz crítica interior que viene a ser como la voz de tu madre.
- **Agotamiento y desgaste**: no se trata solo de agotamiento físico, sino de un profundo desgaste emocional.
- **Lucha, huida o paralización**: estas respuestas tienen un fuerte componente fisiológico, como la taquicardia o las manos sudadas.
- **Sensación de agobio**: todo nos parece «demasiado» y nos falta tiempo o espacio para descansar y recuperarnos del «ajetreo» de la vida.
- **Sensación de carga**: sientes que todo depende de ti y que eres la única que puede hacerlo todo; esto hace que tu vida te siga pareciendo cerrada y limitada.
- **Sensación de esclavitud**: te sientes atrapada por tus circunstancias y tus relaciones, y te parece que no puedes salir de esto.

- **«Luchar por sobrevivir»**: sensación de que has de estar hipervigilante para sentirte a salvo y controlar tu vida. Temes que si te relajas, te pueda suceder algo malo.

Existe una fuerte conexión entre el autosabotaje y la herida materna.

El autosabotaje se produce cuando tenemos una meta o un deseo e inconscientemente creamos obstáculos que impiden el logro de dicha meta o cumplimiento de ese deseo.

Puede parecer que el patrón del autosabotaje *no* tiene relación con la dinámica con tu madre.

En general, el autosabotaje se debe a la necesidad de sentirnos seguras, de estar cómodas y en un entorno conocido. Si en nuestra infancia fuimos relegadas, castigadas o nos hicieron sentir mal por nuestra individualidad o nuestros deseos y necesidades, de adultas, interrumpiremos nuestro progreso para evitar que se repitan los mismos resultados. Principalmente, esto sucede fuera del alcance de nuestra conciencia, surge de los miedos por resolver que tiene la niña interior, ese aspecto independiente de nuestra conciencia, para el cual la amenaza del abandono emocional es algo muy real y que se ha de evitar a toda costa.

Para algunas mujeres ser grandes, visibles y poderosas puede suponer una *traición a su madre*, y para descargarse de esta culpa inconsciente se autosabotean.

La relación entre la herida materna y el autosabotaje es bastante compleja. Este patrón comienza en una etapa muy temprana de nuestro desarrollo y puede ser muy insidioso. Los niños y niñas, para garantizarse su supervivencia, están biológicamente diseñados para buscar la aprobación de la madre a cualquier precio.

Cuando llegamos a adultas, este patrón puede seguir operativo aunque no nos demos cuenta. Puede que todavía sintamos que nuestra felicidad depende de la de nuestra madre. Tal vez observes su tristeza y empieces a sentirte culpable de tu propio éxito. Esto es especialmente habitual en las mujeres que han sido parentificadas de pequeñas (la hija utilizada como progenitora de la niña herida interior de la madre).

El autosabotaje puede ser un mecanismo de defensa para evitar el abandono y el rechazo por parte de la madre. Y es reforzado por la cultura patriarcal.

Tal vez, inconscientemente, pensemos que no podemos ser totalmente felices o triunfar si nuestra madre está sola, triste, incómoda, amargada, es celosa, etc. Así es como lo ve nuestra niña interior, la que todavía piensa que su supervivencia depende del bienestar de su madre.

Conocer estos signos, síntomas y dinámicas de la herida materna es el primer paso y una parte esencial en la creación y el desarrollo de la seguridad interior, que necesitamos para sanar y transformarnos.

Tomar conciencia y nuestra claridad incipiente sobre estas dinámicas internas y relacionales es lo que nos libera para que no nos tengan tan atrapadas y paralizadas. Llegar a ser conscientes de cosas que antes pasabas por alto es un aspecto profundo de la reivindicación de nuestro poder personal.

Preguntas para reflexionar

1. Cuando eras niña, ¿cuáles eran las situaciones específicas en las que tu madre te alababa, reconocía, recompensaba, aprobaba y trataba con cariño?

2. ¿Cuáles eran las situaciones específicas donde te mostraba algún tipo de rechazo, hostilidad agresiva, frialdad emocional, rencor, celos o amargura?

3. ¿Qué supone un gran reto para ti en estos momentos y qué lleva siéndolo desde hace mucho tiempo? ¿Cómo se relaciona eso con las dinámicas de tu infancia? ¿Qué emoción dolorosa se manifiesta en estos momentos de tu vida y que también sentías de niña?

Capítulo 7

LA RUPTURA DEL LINAJE MATERNO Y EL PRECIO DE VOLVERTE REAL

Durante el primer año que viví en Nueva York, empecé a ver aspectos de mi madre que nunca había observado antes. Gracias a la distancia física que nos separaba y a mi vinculación cada vez más estrecha con David, empecé a darme cuenta de hasta qué punto la había idealizado durante casi toda mi vida, porque me parecía generosa, amable y altruista, cuando, en realidad, muchas de las conversaciones que recordaba eran cotilleos o quejas sobre mi padre y otros familiares. Sentía vergüenza ajena cuando la escuchaba por teléfono y empecé a temer sus llamadas. Nuestras conversaciones no superaban los diez minutos y eran superficiales. Escuchaba las novedades o cotilleos que tenía que contarme; luego, inequívocamente, cuando le contaba una o dos cosas sobre mí, ponía fin a la conversación con la excusa de que tenía que marcharse. Me entristecía porque me daba cuenta de que siempre había sido igual, solo que antes no lo veía. Mi terapia continuada y profunda (que en aquellos tiempos hacía ya una década que practicaba) había ido reforzando sistemáticamente mi sentido del yo, me había ayudado a confiar *más en mis propias percepciones y ampliado mi conciencia de lo disfuncional que era la dinámica de mi familia.*

Como suele sucederles a muchos supervivientes de traumas infantiles, había evitado e incluso negado durante mucho tiempo la magnitud de los acontecimientos dolorosos y recuerdos desagradables de las experiencias de mi infancia. Me iba dando cuenta gradualmente de la disfuncionalidad de mi familia, pero era bastante tolerante al respecto, y me sentía más cómoda trabajando los problemas de mi vida actual. No estaba dispuesta a cortar con el relato positivo que me había mantenido a salvo de pequeña, aunque en el fondo supiera que esa tendría que ser una parte inevitable de mi viaje.

A medida que evolucionaba hacia mi verdadero yo en otras áreas de mi vida, quería ser capaz de adquirir un nivel similar de autenticidad y conexión con mi madre. Había un contraste cada vez mayor entre nuestra relación, que para mí era dolorosamente limitante y tóxica, y las nuevas directrices que intentaba seguir en otras áreas de mi vida, basándome en la forma en que mi terapeuta, Nicole, me trataba y se relacionaba conmigo. Estaba aprendiendo a cuidar mi individualidad desde dentro. Nicole siempre era respetuosa con mis perspectivas individuales y escuchaba con gran interés mis ideas y reflexiones y me animaba a seguirlas, aunque fueran muy distintas de las suyas. Se alegraba mucho de todos mis logros, de cada acto de autoempoderamiento y autoestima, porque le encantaba que me encontrara bien estando separada de ella.

Después de casi nueve meses de trabajar de camarera en Nueva York, encontré el trabajo de mis sueños en una oficina de investigación de una facultad de Medicina de la Liga de la Hiedra. Estaba entusiasmada por tener un seguro médico y una nómina fija. Estaba deseando llamar a mi madre para contárselo. La llamé y mi entusiasmo era tal que apenas me salían las palabras. Cuando hube terminado, se produjo un gran silencio al otro lado, hasta que mi madre por fin dijo en un tono inexpresivo e indiferente: «¡Ah, estupendo, bien por ti!» y en cuestión de segundos se disculpó y me colgó. Me desanimé, me sentí herida y furiosa de que no pudiera alegrarse por mí ni siquiera unos minutos.

Pero mi vaso se colmó un mes más tarde. Mi madre me llamó y me preguntó cómo me iba en mi nuevo trabajo. Le dije que me iba de maravilla y empecé a contarle algunas de las políticas de la empresa. Me respondió en un tono altivo: «Eres como yo, así que te irá bien». A la mañana siguiente, cuando salía de la estación de metro entre la Cincuenta y seis y Lexington, sentí un subidón de energía y de indignación al recordar su comentario: «Eres como yo, así que te irá bien».

En las dos semanas siguientes, desarrollé un nuevo nivel de claridad sobre la naturaleza tóxica del tipo de relación que tenía con mi madre, y llegué a la conclusión de que ya tenía bastante. Quería una confrontación directa con ella y cambiar nuestra dinámica por otra, una en la que ambas estuviéramos conectadas y pudiéramos vernos mutuamente. Ya no quería seguir siendo su «buena chica», su mascota o su flotador salvavidas. Quería una relación que me aportara algo.

Jamás olvidaré el momento antes de hacer esa llamada. Estaba sentada en la cama de mi pequeño apartamento, con el móvil en la mano, mirando las notas que tenía escritas, que había preparado para no olvidarme de lo que quería decirle. Antes de llamar a casa, le pedí ayuda en voz alta al universo, porque sabía que lo que estaba a punto de hacer iba a ser como detonar una bomba en mi familia, pero, sin lugar a dudas, era lo que tenía que hacer por el bien de mi propia integridad. Cuando mi madre descolgó, le pregunté si era buen momento para hablar, pues quería comentarle algo sobre lo que me había dicho en nuestra anterior conversación y que le había estado dando vueltas desde entonces: «Eres como yo, así que te irá bien». Le dije que ese comentario me había enfurecido, porque había puesto de manifiesto que me había sentido invisible como persona independiente toda mi vida. Era el símbolo de un patrón muy antiguo en el que sentía que solo existía para mi madre en relación con ella, no por mí misma.

«Siento que me robas mi éxito relacionándolo siempre contigo y con que soy "como tú". Quiero sentirme orgullosa de mí misma por lo que soy, no por ser el espejo que refleja lo que tú eres. Sé que no lo haces a propósito y por eso

nunca te he dicho nada antes. Pero ahora quiero que sepas lo doloroso que ha sido este patrón para mí. Quiero estar cerca de ti, pero han de cambiar las cosas para que mejore nuestra relación».

Una vez le hube dicho todo esto, se quedó muy callada un momento; luego respondió: «Creo que le estás dando demasiada importancia. Yo te veo como una persona aparte. A partir de ahora vigilaré más lo que digo». A continuación se produjo un incómodo silencio, seguido de un «bueno, tengo que dejarte, hoy ha sido un día muy largo y estoy cansada».

A la mañana siguiente recibí un correo en el que me pedía disculpas, donde me decía que se alegraba mucho de mi individualidad y que sentía haberme herido involuntariamente. Me quedé anonadada. ¡Tal vez no la había juzgado correctamente! Pero, después de ese primer correo, no tardaron en llegar otros, en los que se mostraba más a la defensiva y con una actitud de culpabilizarme, se autoeximía de toda responsabilidad para trasladármela de nuevo a mí y maquinaba lo que a mí me parecían teorías surrealistas respecto a lo que realmente me estaba afectando.

Llegaron meses de muchos correos, en los que siempre expresaba sus manías persecutorias y cuánto me quería. No había curiosidad por la razón por la que me sentía de ese modo. Mi exposición de mis sentimientos había sido percibida como un ataque infundado y un intento de culpabilizarla. Siempre le decía que la quería y que lo único que pretendía era mejorar nuestra relación, no culparla de nada, que sabía que no lo hacía intencionadamente. Intentaba mantener el equilibrio entre empatizar con su tristeza respecto a lo que le estaba diciendo y seguir siendo asertiva en cuanto a mi derecho a tener mis propias percepciones y sentimientos. No accedí a guardar silencio o a sentirme culpable como hubiera hecho en el pasado. Con el paso del tiempo y mi actitud férrea de mantenerme fiel a mi experiencia, en vez de ceder a su relato, su enojo se transformó en rabia. Manifestaba su ira diciendo que hiciera lo que hiciera o dijera lo que dijera, siempre estaba equivocada. Se metía con mis fracasos sentimentales y otras iniciativas que no me habían funcionado en la vida, como prueba de que yo tampoco era perfecta.

Todo este periodo de correspondencia se convirtió en una montaña rusa emocional como jamás hubiera podido imaginar. Tenía la sensación de que hablábamos dos idiomas totalmente distintos. Por más que intentara explicarle mis buenas intenciones, expresar mis sentimientos con mucha empatía y con palabras amables, no servía de nada. Dediqué muchas horas de terapia a dilucidar con mi terapeuta cuáles eran las formas más respetuosas, empáticas, honestas y consideradas de comunicar lo que sentía, pero no parecía surtir efecto. Por el contrario, su represalia era un «adiós, Bethany», totalmente despectivo.

Su rabia aumentaba progresivamente. Me dolió en el alma descubrir que no había energía de «madre», voluntad alguna de responsabilizarse, ni curiosidad o interés en comprender mi punto de vista, ningún deseo de reciprocidad. Después de aquel correo inicial en el que me pedía disculpas, sacó sus armas y tenía la sensación de que estaba luchando a muerte contra mí, como si su vida dependiera de acabar con mis percepciones divergentes y mi propia individualidad. Parecía indignada porque veía que no volvía al redil y que ya no era su «buena chica», porque se daba cuenta de que ya no temía decirle las maneras en que me había fallado, y que no priorizaba sus sentimientos sobre los míos, sino que me ponía a su misma altura. Empezó a despedirse en sus correos escribiendo: «No tengo hija».

Vivir todo esto fue como si mi cuerpo estuviera ardiendo veinticuatro horas al día, experimentando picos de adrenalina y días bajos de caer en una tristeza petrificante. Sus respuestas fueron mucho peor de lo que me esperaba y todo supuso un proceso muy desestabilizador. Fue traumático ver que mi madre intentaba abiertamente que me sintiera insegura, que tergiversaba mis palabras, que pretendía avergonzarme por mis errores y, por si fuera poco, no disimulaba la petulante satisfacción que parecía obtener al hacerme comentarios infantiles. La peor parte era la impotencia que sentía, al darme cuenta de que por más que intentara hacerle ver que mis intenciones eran buenas, se empecinara justo en lo contrario.

Gracias a Dios que tenía a Nicole y a David en mi vida, que eran mi apoyo estable y seguro mientras me sucedía todo esto. Iba a trabajar, al gimnasio, y la terapia la hacía por teléfono una vez a la semana; por lo demás pasaba el tiempo en casa. Quería sentir conscientemente el dolor que me ocasionaba esa situación y estar lo más presente posible con mis sentimientos. Un día horrible, mi madre me mandó un correo en el que me decía que veía que yo no estaba bien y que era una desconocida para ella. Ese día llegué a casa llorando. Fue alucinante darme cuenta de que mi madre se negaba a aceptar responsabilidad alguna o a analizarse a sí misma, y que prefería considerarme una enferma para protegerse ella. Había desviado toda la atención hacia lo que estaba mal en mí.

Tras varios meses de intensa comunicación por correo electrónico, donde sistemáticamente me había convertido en el chivo expiatorio para todo, en el blanco de su rabia, de su vergüenza y de su lenguaje hiriente, dejé de responder a sus correos. Cuando se interrumpió la correspondencia por mi parte, intentó conectar conmigo de otros modos. Poniendo como excusa que estaba preocupada por mí, me dijo que había leído todos mis diarios, que todavía estaban guardados en el sótano. Me sentí tan ultrajada que me subí al coche y conduje varias horas de ida y vuelta para ir a recoger mis diarios. Siguió contactando conmigo, a pesar de mis súplicas de que me dejara mi espacio, y cuanto más tiempo tardaba en responder, más extrema era la comunicación, hasta llegó a amenazarme con presentarse en mi apartamento si no le respondía. Entonces, empezó a echarle la culpa de nuestro distanciamiento a mi terapeuta e intentó convencerme de que Nicole me estaba lavando el cerebro. Empezó a considerarme la víctima indefensa de una terapeuta controladora y ella se erigió como la madre preocupada dispuesta a rescatar a su hija contra viento y marea. Esta valoración descabellada contrastaba radicalmente con el hecho de que estaba en el mejor momento de éxito, estabilidad y satisfacción de mi vida. Empezó a amenazarme con venir a mi trabajo si no le respondía a los correos.

Ahora me doy cuenta de que este conflicto supuso una ruptura del linaje materno, debido a que mi crecimiento me exigía que rompiera con la dinámica tóxica de nuestra relación. Para algunas mujeres, este tipo de ruptura puede llegar a mejorar el nivel de comunicación entre madre e hija, pero para familias altamente disfuncionales, puede suponer una ruptura definitiva. El sistema familiar quizás no sea capaz de incluir la versión empoderada de la hija, con su capacidad para estar en desacuerdo y su autoestima para hablar en voz alta, dispuesta a dejar de responsabilizarse en nombre de otros, a no rebajarse, a reclamar su propio espacio y a dar prioridad a su propio bienestar. Era bastante evidente que la realización personal que estaba alcanzando gracias a una década de trabajo interior suponía una amenaza para mi madre.

En mi familia, la supresión de los verdaderos sentimientos de una hija adulta se consideraba un acto heroico, de amor, una forma de compasión. Mi oposición a reprimir mi sufrimiento, como había hecho mi madre con el suyo, era interpretado como alta traición, especialmente porque tenía una estrecha relación con otra mujer (mi terapeuta), que mi madre veía cada vez más como su archienemiga. Siguió abierta y encubiertamente demonizando las intenciones de Nicole, como alguien que pretendía hacerme daño, controlarme y lavarme el cerebro. Por disparatada y distorsionada que fuera esta visión, creo que mi madre era totalmente inconsciente de sus motivaciones psicológicas y de sus intenciones.

Aún así, sentía que la ruda agresión que estaba sufriendo era una respuesta a mi negativa a seguir las normas de nuestro linaje materno, que era «asimila el sufrimiento de tu madre como si fuera propio, y algún día tu hija hará lo mismo por ti». Inicié la ruptura declarando respetuosamente mi propia verdad y solicitando que trabajáramos juntas para crear una nueva dinámica más saludable. Nunca hubiera podido predecir que estaba rompiendo un contrato tácito que marcaba las pautas de nuestra relación y el de todo mi linaje materno. Mi madre parecía percibir mis constantes tentativas de ser entendida como un intento malintencionado de controlarla a ella y hacer que se sintiera mal. No pudo soportar que no me retractara y que siguiera afirmándome en mi derecho a tener mis propias opiniones hasta que, al final, se abrió la caja de Pandora donde mantenía a raya todos sus traumas no resueltos. Me di cuenta de que toda esa conducta exagerada se debía al sufrimiento ancestral no resuelto que ocasionaba la herida materna en nuestro linaje materno. Empecé a buscar pistas, y estas no tardaron en aparecer por todas partes. Las piezas empezaban a encajar, mientras nuestra relación seguía desmoronándose.

≈≈

La mujer no nace: se hace. En ese proceso se destruye su humanidad. Se convierte en un símbolo de esto o aquello: madre de la tierra, puta del universo; pero jamás se convierte en ella misma, porque se lo han prohibido.
Andrea Dworkin

Una mujer que está sanando y que tiene más poder suele ser considerada como una amenaza para el equilibrio dentro de un sistema de familia tóxica. Cuanto más disfuncional es la familia, menos se tolera su individualidad, y más se esfuerza en conseguir que esta se cuestione a sí misma, se sienta insegura y culpable. A raíz de ello pueden tener lugar todo tipo de conflictos y dramas.

Quizás haya muchas madres que no transmitan la herida en el mismo grado de profundidad que la recibieron de sus madres. Esto no significa que no haya conflicto. De hecho, las hijas cuya herida no es tan profunda como la de su madre tal vez se sientan más cómodas afrontando el conflicto, porque saben que este favorecerá su crecimiento personal, pero su madre probablemente no lo entienda y lo considere una profunda amenaza.

Una de las experiencias más duras para una hija en la relación con su madre es ver que esta inconscientemente la rebaja a su propia pequeñez. Para las mujeres que se encuentran en esta situación, es francamente doloroso ver que la persona que les dio la vida, debido a su herida, involuntariamente considera el poder personal de su hija como su propio fracaso. En última instancia, no es algo personal, sino una tragedia muy real de trauma intergeneracional no resuelto y de cómo nuestra cultura patriarcal les dice a las mujeres que son inferiores.

Todas deseamos ser reales, ser vistas tal como somos, ser reconocidas y amadas por ser nosotras mismas en toda nuestra autenticidad. Es una necesidad humana. El proceso de desarrollar nuestro verdadero yo implica hacer las paces con nuestro derecho a ser desordenadas, intensas, asertivas y complejas: cualidades que el patriarcado considera poco atractivas para las mujeres.

Desde el punto de vista histórico, a nuestra cultura no le ha gustado la idea de que las mujeres fueran personas auténticas

Según el patriarcado, las mujeres atractivas son complacientes con los demás, buscan la aprobación, son cuidadoras emocionales, evitan los conflictos y toleran que las traten mal. Hasta cierto punto, las madres transmiten estos mensajes a sus hijas inconscientemente, favoreciendo de este modo la creación de falsas identidades en ellas. Sin embargo, cada nueva generación de mujeres nace con el *deseo de ser auténticas*. Se podría decir que con cada nueva generación, el patriarcado se debilita y en las mujeres aumenta el deseo de ser reales; de hecho, ahora está empezando a tener cierto carácter de urgencia.

El anhelo de ser real y el anhelo de la madre

Esto presenta un dilema a las hijas que han sido educadas en una sociedad patriarcal. El deseo de ser nosotras mismas y el de recibir la atención de una madre se convierten en necesidades antagónicas; parece que tengamos que elegir entre ellas. Esto se debe a que nuestro poder personal está limitado por el grado en que nuestra propia madre ha aceptado las creencias patriarcales y espera que cumplamos con ellas como condición para que reine la armonía en la relación.

El precio de ser tú misma suele incluir algún grado de «ruptura» con el linaje materno.

En un extremo, tenemos las relaciones madre-hija más saludables, donde aunque la ruptura ocasione conflicto, puede servir para reforzar el vínculo y que la relación sea más genuina. En el otro, tenemos las relaciones madre-hija menos sanas o abusivas, donde la ruptura puede reabrir heridas abiertas en la madre y provocar que esta arremeta contra la hija y reniegue de ella por completo. Y en algunos casos, por desgracia, la hija no verá ninguna otra salida que la de guardar distancia indefinidamente para mantener su bienestar emocional. En este caso, la madre contemplará la separación o ruptura como una amenaza, una ofensa directa, un ataque personal y un rechazo a su *persona*. Cuando se produce esta situación, para la hija puede ser estremecedor ver que su deseo de empoderamiento o crecimiento personal puede hacer que su madre la considere su archienemiga. Es un ejemplo desolador del altísimo precio que exige el patriarcado a las relaciones madre-hija.

«No puedo ser feliz si mi madre no lo es». ¿Has sentido esto alguna vez?

Generalmente, esta convicción se debe a que ves el sufrimiento de tu madre desde el prisma de su carencia interior y a tu compasión por su lucha bajo el peso de las exigencias patriarcales. No obstante, cuando sacrificamos nuestra felicidad por nuestra madre, estamos evitando la tan necesaria sanación, que se produce cuando te permites sufrir por la herida de tu linaje materno. Con esto solo consigues que tu madre y tú os quedéis estancadas. No podemos sanar a nuestra madre ni hacer que esta nos vea tal como somos, por más que lo intentemos. Lo que sana es atrevernos a reconocer el sufrimiento. Hemos de pasar el duelo por nosotras mismas y por nuestro linaje materno. Esta tristeza aporta una libertad increíble.

En cada tanda de duelo, reunificamos esas partes de nosotras mismas que hemos rechazado para ser aceptadas por nuestra familia.

Hemos de erradicar los sistemas tóxicos para hallar un nuevo equilibrio más saludable y de mayor nivel. Es paradójico que podamos sanar nuestro linaje materno justamente cuando *rompemos* con sus patrones patriarcales, no cuando somos *cómplices* de ellos para conservar una paz superficial. Hace falta tener agallas y valor para negarse a cumplir con las normas patriarcales que tienen una fuerte influencia generacional en tu familia.

Se nos está invitando a convertirnos en seres verdaderamente independientes, para lo cual hemos de desvincular nuestro mérito propio del cumplimiento de las normas patriarcales.

Tradicionalmente, a las mujeres se nos ha enseñado que cargar con el dolor de otros es un acto noble, que velar por el bienestar emocional es nuestro deber y que hemos de sentirnos culpables si nos desviamos de esta función. En este contexto, la culpa no es un arma para que seamos conscientes, sino para *controlarnos*. Esta culpa nos ata a nuestra madre, nos vacía y nos hacer ignorar nuestro poder. Hemos de ver que no existe *una verdadera causa* para sentirnos culpables. Esta función de cuidadoras emocionales nunca fue legítima; simplemente forma parte de nuestro legado de opresión. Visto de este modo, no podemos seguir permitiendo que la culpa nos controle.

Reprimir nuestra tendencia de velar por las emociones ajenas y dejar que la gente aprenda sus propias lecciones es una forma de respetarnos a nosotras mismas y a los demás.

Nuestra tendencia a asumir la responsabilidad de otros contribuye al desequilibrio de nuestra sociedad y merma el poder de esas personas evitando que puedan realizar su transformación. Hemos de dejar de llevar la carga de otros. La forma de conseguirlo es darnos cuenta de lo absurdo que es. Hemos de negarnos a ser el vertedero emocional y las que custodian las emociones de los que no quieren hacer el trabajo necesario para su propia transformación.

Contrariamente a lo que nos han enseñado, no debemos sanar a toda nuestra familia. Solo debemos curarnos a nosotras mismas.

En lugar de sentirte culpable por no poder sanar a tu madre y a tu familia, date permiso para ser inocente. Con este acto, estarás recuperando tu identidad y tu poder de tu herida materna. Y por consiguiente, estarás devolviéndoles a tus familiares su propio poder para que puedan seguir su viaje. Este es un cambio energético de primer orden que se produce al reconocer tu valía y que se demuestra mediante las formas en que sigues siendo dueña de tu poder, a pesar de las invitaciones a que se lo entregues a los demás.

El precio de volverse real nunca es tan alto como el de seguir con tu falso yo.

Puede que recibas una respuesta violenta por parte de tu madre (y del resto de tu familia) cuando te vuelvas real. Tal vez se manifieste como hostilidad, ostracismo, un tenso silencio o una clara denigración. Las vibraciones de choque se dejarán sentir en todo el sistema familiar. Es abrumador lo rápido que podemos ser rechazadas o abandonadas cuando dejamos de hacer el trabajo de otros y somos nosotras mismas. No obstante, si queremos ser genuinas, hemos de ser conscientes de esta verdad y del dolor que hemos soportado. Esta es la razón por la que es esencial recibir ayuda.

Phillip Moffitt, en su artículo «Healing Your Mother (or Father) Wound» [Sanar tu herida materna (o Paterna)], describe las cuatro funciones de una madre: criadora, protectora, empoderadora e iniciadora. Moffitt dice que el papel de iniciadora «es el más altruista de todos los aspectos, pues está fomentando una separación que la deja a ella sin nada». Esta función es profunda incluso para una madre que ha recibido apoyo y respeto en su vida, pero casi imposible para las que han sufrido mucho y no han sanado suficientemente sus propias heridas.

El patriarcado limita sobremanera la habilidad de una madre para iniciar a su hija en su propia identidad, porque en este sistema la madre ha sido despojada *de ella*. Esto predispone a su hija al autosabotaje, a su hijo a la misoginia y a la falta de respeto por la «tierra» materna gracias a la cual todos estamos aquí, incluida la propia Tierra.

Es justamente esta función de madre como «proveedora de iniciación» lo que impulsa a la hija hacia la vida que está destinada para ella, pero este papel solo es posible en la medida en que la madre ha experimentado o encontrado su propia iniciación. El proceso de separación saludable entre madres e hijas está expuesto a un sinfín de trabas en la cultura patriarcal.

El problema es que muchas mujeres viven toda su vida esperando que su madre las inicie a su propia independencia, cuando esta sencillamente es incapaz de ejercer esta función.

Es muy habitual ver cómo se pospone el duelo por la herida materna, porque las mujeres recurren constantemente al «pozo seco» de su madre, en busca del permiso y del amor que esta no está capacitada para darles. En vez de reconocer y lamentar este hecho, se autoinculpan y, de este modo, se rebajan. Debemos aceptar la realidad de que nuestra madre no pueda darnos la iniciación que ella nunca tuvo, e ir en busca de nuestra propia iniciación conscientemente.

La ruptura es un signo de impulso evolutivo para independizarnos de los hilos patriarcales que constituyen nuestro linaje

materno, a fin de desenredar la maraña que, con el beneplácito del patriarcado, nos une a nuestra madre e iniciarnos en nuestra propia vida.

Es importante que entendamos que, cuando nos negamos a ceder a la programación patriarcal, no estamos rechazando a nuestra madre. En realidad, lo que estamos haciendo es reclamar nuestra fuerza vital para superar los patrones impersonales y limitadores que han esclavizado a las mujeres durante siglos.

Crea un espacio seguro para el anhelo de tener una madre

Aunque seamos mujeres adultas, seguimos anhelando tener una madre. Lo que puede ser francamente descorazonador es sentir este anhelo y saber que ella no puede satisfacerlo, aunque haya hecho todo lo posible. Es importante afrontar esta realidad y sentir la tristeza que nos ocasione. Tu anhelo es sagrado, y debes respetarlo como tal. Cederle un espacio a esta tristeza es un aspecto importante de ser una buena madre para ti misma. Si no pasamos el duelo por nuestra necesidad insatisfecha de maternidad, esta se colará furtivamente en nuestras relaciones, nos hará sufrir y creará conflictos.

El proceso de sanar la herida materna se basa en descubrir tu propia iniciación en el poder y el propósito de tu vida.

Sobre el rol de la «madre como iniciadora» Moffitt dice: «Este poder de iniciación se asocia a la chamana, a la diosa, a la maga y a la curandera». A medida que vaya aumentando el número de mujeres que sanan su herida materna y, por consiguiente, que asumen con decisión su propio poder, iremos encontrando la iniciación que hemos estado buscando. Seremos capaces de iniciar no solo a nuestras hijas, sino a toda nuestra cultura, que está experimentando una transformación masiva. Estamos siendo llamadas a descubrir, en lo más profundo de nuestro ser, aquello que no hemos recibido. Al reivindicar nuestra propia iniciación, al sanar la herida materna todas juntas como si fuéramos una, estamos encarnando cada vez más a la diosa alumbrando un nuevo mundo.

En esta etapa de la historia, las mujeres sienten cada vez más la necesidad de decir su verdad y romper con los patrones disfuncionales dondequiera que los encuentren. Esta «expresión disruptiva de la verdad» es una característica de nuestro poder. Cuanto más hábiles seamos en iniciar y manejar conversaciones difíciles, más cambios profundos podremos realizar en el mundo dondequiera que nos hallemos. Estamos rodeadas por todas partes de sistemas que se están desmoronando y de formas de ser que no respetan la vida. Tenemos el poder de poner fin a algo habitual, ya sea en nuestra familia, trabajos, comunidades o naciones. La «expresión disruptiva de la verdad» no implica crear el caos o el conflicto porque sí. Conlleva una forma de acabar con la disfunción para encauzar las cosas y elevarlas a un *nivel superior*.

Cuando éramos niñas, muchas aprendimos a desconfiar de nuestras observaciones e intuición. Nos educamos en familias donde decir la verdad podía suponer un castigo, una humillación, ser ignorada o una agresión física. Decir la verdad puede desencadenar un miedo visceral a progresar y a utilizar nuestras voces para el cambio. Nuestro sufrimiento tal vez nos haya condicionado a evitar el conflicto y a intentar crear «paz» a cualquier precio, para mantener el miedo a raya. Afrontar nuestros temores de la infancia es lo único que puede disolver la parálisis que sentimos ante tantos de los desafíos actuales. Creo que las mujeres capaces de iniciar conversaciones difíciles serán las líderes más aptas y con mayor poder de transformación de nuestro tiempo.

El dominio de la expresión disruptiva de la verdad nos exige que practiquemos el desapego en dos áreas principales:

1. **Desapegarnos de nuestra necesidad de «paz» a cualquier precio.** Cuanto más intentamos evitar el conflicto, menos reales somos y menos autenticidad permitimos a los demás. Existe una conexión directa entre nuestra habilidad para lidiar con los conflictos y nuestra habilidad para ser auténticas. Una de las razones es que muchas hemos vivido en hogares tormentosos y conflictivos cuando éramos pequeñas, y, para sentirnos a salvo, nos prometimos no crear nunca conflictos o contribuir a ellos. Ese voto posiblemente nos protegió en la infancia, pero si no lo revisamos, puede convertirse en una barrera para desarrollar todo nuestro poder como adultas. Para poder tolerar la ambigüedad inherente de intentar elevar las cosas a un orden superior, necesitamos una fuente de estabilidad interna más profunda que nos sirva para sosegarnos, cuando el mundo exterior nos parezca incierto.

2. **Desapegarnos de la necesidad de agradar, de ser entendidas, de recibir aprobación.** Es natural que nos guste agradar y ser entendidas. Pero «necesitarlo» para sentirnos bien es una forma de ceder nuestro poder. Cuando éramos niñas necesitábamos sentir la aprobación de nuestra madre y de nuestro padre, para sobrevivir emocionalmente intactas a la infancia. Todo se basaba en ese vínculo. Si ese vínculo estuvo en peligro en aquel entonces, de adultas, podemos confundir agradar con estar a salvo, y situar nuestra fuente de seguridad emocional fuera de nosotras, como lo hicimos de pequeñas. La curación implica cultivar la fuente primaria de nuestra aprobación dentro de nosotras. Esta fuente interior nos permite asumir los riesgos de ser reales, decir la verdad y sentir la dicha inigualable de actuar de acuerdo con nuestra verdad. Tener la capacidad de validar nuestra propia realidad cuando nuestros allegados no pueden supone un exquisito tipo de libertad.

A fin de desarrollar la fortaleza interior necesaria para desapegarnos de esas dos «fuentes de silencio» hemos de cultivar una estrecha relación con la niña interior y afrontar sus temores. Tu niña interior tal vez todavía piense que decir la verdad le acarreará algún tipo de pérdida mortal, así que tal vez descubras que la estás evitando. Normalmente, esta niña interior es la que sabotea tus esfuerzos y te manda callar para mantenerte a salvo. La niña interior es la guardiana de nuestros límites superiores. Sanar la herida materna y convertirnos en una adorable «madre interior» para nuestra niña despeja el camino para expresar tu verdad desde la fuerza interior y la autoestima. En vez de contemplar los patrones viejos y restrictivos de nuestra infancia como un medio para estar a salvo, la niña interior empieza a recurrir cada vez más a ti, a tu yo adulto, para reafirmarse y hallar consuelo.

Este vínculo interno entre tu niña interior y tu yo adulto (madre interior) es el pilar desde el cual puedes expresar tu verdad de manera disruptiva y transformar lo que te rodea. A continuación tienes algunos breves ejemplos del mundo real (los nombres y los detalles los he cambiado).

Maya vivía en una casa en la que sus padres satisfacían sus necesidades físicas, pero ignoraban sistemáticamente las emocionales. Su padre era adicto al trabajo y su madre padecía ansiedad, y era Maya la que le aportaba apoyo emocional. Sentir la fragilidad de su madre y la falta de solidez emocional de su familia en general hacía que siempre estuviera en un estado de hipervigilancia. Sentía que siempre tenía que «estar al timón» para llenar el vacío de la seguridad emocional que sus progenitores no podían aportarle. Estar en silencio y alerta era su forma de mantenerse a salvo.

Como niña sensible y perspicaz por naturaleza, era muy consciente de las cosas que se callaban en su casa, de los estados de ánimo fluctuantes de sus padres y de las tensiones generales que reinaban en la familia, y utilizaba estas percepciones para evitar o paliar los conflictos. De adulta, se convirtió en una ejecutiva de alto nivel muy respetada, y debido a su experiencia de la infancia, uno de sus dones era saber discernir las cosas que quedaban por decir y que se tenían que cambiar para relajar tensiones y conseguir encauzar los proyectos hacia la meta deseada. Su principal reto en su trabajo era sentirse lo bastante segura como para compartir sus opiniones con su equipo. Su niña interior, la Pequeña Maya, no quería decir las cosas en voz alta por temor a enojar a la gente, a que fuera interpretado como una provocación o a decepcionar a los demás, así que durante años se guardó muchas de sus ideas y observaciones, autocuestionándose y dudando constantemente de sí misma.

Uno de sus grandes avances se produjo cuando conectó con la Pequeña Maya y se reafirmó delante de ella; por fin, habló la Maya Adulta. Profundizó en ese vínculo interior y asumió riesgos cada vez mayores expresando la verdad disruptivamente, y su niña interior empezó a darse cuenta de que decir la verdad no era tan peligroso como cuando era pequeña. ¡Era una forma de ayudar a los demás y de ser fiel a sí misma! Afortunadamente, descubrió que podía soportar no agradar a otras personas, hecho que, con frecuencia, se trataba solamente de una falta de conexión circunstancial que, al final, conducía a una relación más genuina. Las pruebas fueron aplastantes: cuando Maya empezó a compartir regularmente sus observaciones en su trabajo, todo mejoró. Se sentía más eficiente y respetada, la empresa contaba más con ella y el éxito de sus proyectos mejoró exponencialmente. Notaba que cada vez estaba más capacitada para aceptar conscientemente su don de decir las cosas de una manera disruptiva, y era extraordinariamente feliz al poder utilizar cada oportunidad que se le presentaba como una forma de contribuir al conjunto y sentirse centrada y segura de sí misma. Antes de esto, había ido a todo tipo de talleres, leído libros y probado un sinfín de métodos para disolver sus miedos a hablar en público. Pero fue a raíz de crear un vínculo con su niña interior cuando pudo superarlos.

Compartir nuestra verdad es un servicio a los demás, aunque su personalidad reaccione negativamente. Confía en que cuando algo es inherentemente cierto para ti, esa verdad también servirá a otros, aunque tú no lo sepas.

Liza aprendió desde muy joven que su seguridad dependía de reprimir sus necesidades emocionales y de someterse a las exigencias de su madre. Después de sufrir un terrible accidente a los cuatro años, en el que su madre le curó las heridas físicas, pero desatendió fríamente su necesidad de consuelo emocional, se juró a sí misma que reprimiría sus necesidades y obedecería a su madre, con tal de conseguir su aprobación a cualquier precio. Este patrón continuó de adulta, y se manifestaba entregando su poder a sus jefes, maestros espirituales y parejas sentimentales. Pero hasta que no desarrolló una enfermedad crónica no se dio cuenta de que tenía que decir la verdad, con todas sus consecuencias. Romper el patrón implicaba permitirse una ira sana en nombre de su niña interior, la pequeña Liza, que había estado equiparando la obediencia y el silencio con la seguridad. Sentir la ira sana en nombre de esa niña que todavía era y la tristeza por la magnitud de su sufrimiento en la infancia la ayudó a ir descubriendo su propio mérito y a conectar con su fuerza interior para decirle su verdad a su esposo, que había estado anteponiendo sus necesidades a las de ella durante años. Al desarrollar una relación afectuosa con su niña interior, empezó a darse cuenta de las viejas creencias que estaban influyendo en su vida y de cómo la habían condicionado hasta entonces. Le dijo a su esposo lo que pensaba e iniciaron la separación. Se decidió a hablar en su trabajo, donde también había guardado silencio y tolerado dinámicas agotadoras demasiado tiempo. Con una tremenda sensación de ligereza y un vínculo cada vez más fuerte con su niña interior, se está adentrando en un nuevo capítulo de su vida con más seguridad y fuerza que nunca.

Hablar claro en un área puede facilitarnos hacer lo mismo en otras.

Michelle es una emprendedora que no solo es conocedora del mundo empresarial sino también de las artes visuales. Como mujer joven con talento y energía, reprimió su vocación artística porque su madre no la aprobaba. Cada vez que manifestaba su pasión por la pintura y su deseo de ser artista, su madre le retiraba la palabra o refunfuñaba para mostrar su desaprobación. Reprimió esta aventurera, sabia e intuitiva parte de sí misma y se dedicó de lleno a los negocios. Esta autorrepresión se filtró a otras áreas, y se manifestaba eligiendo parejas que le faltaban al respeto, trabajando en exceso y tolerando conductas inapropiadas por parte de sus empleados. Su gran avance se produjo cuando conectó con la pequeña Michelle y transformó su vergüenza de ser diferente en reconocimiento por ese aspecto creativo y rebelde, que la hacía especial y valiosa por sus dones. Cuando fue consciente de la necesidad de aprobación de su niña interior y se afianzó en lo bueno y maravilloso que era su aspecto creativo y salvaje, se empezó a dar cuenta de cuántas veces había tolerado que la ignoraran y menospreciaran. Estar más concienciada y quererse más le sirvió para ayudarla a aceptar su mérito y exigir más a sus subordinados, a los socios de su empresa y a su pareja sentimental. Algunas personas han salido de su vida, pero han surgido más relaciones positivas. Siente que está dando un salto cuántico. Utilizar su voz ha ayudado a elevar la calidad de todo lo que la rodea, y tanto su productividad como líder como su inspiración artística están despegando.

Podemos decir la verdad más profunda dondequiera que estemos. La verdad dicha en alguna parte respalda la verdad dicha en todas partes.

Hay momentos en nuestra vida cotidiana en los que necesitamos alzar la voz y decir nuestra verdad, como cuando:

- La gente habla de ti.
- Los demás te malinterpretan.
- Los demás proyectan sobre ti.
- No se respetan tus fronteras.

Desarrollar la habilidad de expresar lo que pensamos en nuestra vida cotidiana nos sirve de entrenamiento para alzar nuestra voz en otras situaciones a mayor escala, cuando:

- Un grupo está perdiendo de vista su objetivo.
- Otras personas o seres vivos están siendo lastimados.
- Se están perdiendo los derechos.

La gran mayoría de las catástrofes a las que nos enfrentamos se deben al silencio continuado y deliberado de las mujeres, de las personas de color y a la devaluación de la Tierra. Hemos de alzar la voz de todas las formas posibles. Y animar, sea como sea, a que otras mujeres y personas de color hablen. Las mujeres de color corren aún más riesgo que las blancas por guardar silencio. Las privilegiadas en algún aspecto hemos de dejar espacio, guardar silencio, escuchar las opiniones de otros grupos y darles voz siempre que podamos.

Todas tenemos la oportunidad en estos momentos de reivindicar nuestra voz y contribuir al cambio positivo. Apoyémonos y seamos solidarias entre nosotras, a medida que vamos asumiendo riesgos para ser auténticas.

Podemos encontrar la energía que necesitamos para hablar con nosotras mismas, *reclamando* nuestras observaciones e intuiciones como fuentes de verdad, en vez de reprimirlas, como medio para sentirnos seguras o ser aceptadas. *Y también se encuentra a través de la hermandad.* Que cada una de nosotras se convierta en una mujer que las demás puedan tomar como ejemplo para inspirarse y animarse a ser fieles a sí mismas, a decir su verdad y a ponerla en práctica.

Preguntas para reflexionar

1. ¿Cómo se ha afrontado el conflicto en mi familia?
2. ¿Qué es lo que suele frenarme a iniciar conversaciones difíciles?
3. ¿Qué necesito creer para mejorar en la expresión disruptiva de la verdad? ¿Qué creencias he de dejar atrás?

Capítulo 8

LÍMITES

A mi entender, el conflicto con mi madre giraba en torno al tema de los límites. Tener unos límites implica ser una persona independiente. En mi familia, que una hija le pusiera límites a su madre se consideraba una traición, un signo de ingratitud e inmadurez. Mi ruptura con el linaje materno reveló lo que yo consideraba un contrato tácito en nuestra familia, que una hija nunca ha de contradecir a su madre, que ha de estar siempre alegre, soportar las emociones negativas de su progenitora en silencio, apaciguar los miedos de su madre y anteponer sistemáticamente sus prioridades a las suyas propias.

Para mi familia, una hija que marcara límites demostraba falta de respeto y de amor e intentaba controlar. Siempre sentí esto claramente, pero nunca lo había expresado. Este conflicto abierto con mi madre dejó manifiestamente claro que, por desgracia, mis percepciones habían sido más correctas de lo que imaginaba.

Mi madre siguió contradiciendo mi experiencia, optó por culpabilizarme, me llamó mala hija y me comunicó a mí y al resto de la familia que yo no estaba bien. Parecía incapaz de responsabilizarse del sufrimiento que podía haberme ocasionado e invirtió mucha energía en intentar convencerme *de lo equivocada que estaba. Llegó a echarle la culpa a mi terapeuta, incluso intentó verla pidiéndole hora con un nombre falso. Nicole tenía instaladas cámaras de seguridad en su propiedad y habló con un policía montado del estado de Connecticut, que según creo llamó directamente a mi madre para decirle que si no dejaba de acosarla, el estado de Connecticut presentaría cargos contra ella. Mi madre siguió amenazándome con presentarse en mi apartamento y en mi trabajo sin avisar, si no cedía a que nos viéramos. Al final, la situación llegó a un extremo en que me sentía tan insegura que no tuve más remedio que solicitar una orden de alejamiento contra ella para frenar su conducta. (La orden me fue denegada, porque mi madre no había amenazado mi integridad física). Esto era trágico y surrealista para mí.*

Estaba convencida de que si los miembros de una familia se quieren, hacen lo imposible para solucionar las cosas. No obstante, lo que estaba descubriendo progresivamente era que mi concepto de «amor» no coincidía con el de mi familia. Para ellos, el amor parecía significar aguantar abusos en silencio, esconder la cabeza bajo el ala, olvidar tu propio dolor y poner buena cara. El amor para ellos implicaba negación, silencio, guardar secretos, y en última instancia, renunciar a una misma. Esta forma de silenciar y de autorrepresión en mi familia era como un eco de la exigencia patriarcal general de que las mujeres acepten su papel de ser menos, inferiores e indignas de ser ellas mismas.

Marcar límites como pedir una orden de alejamiento y plantarle cara a mi padre cuando insistía en que siguiera siendo la «terapeuta» de mi madre fue tan aterrador como poderoso. Me estaba despojando de una gran parte del peso que había acarreado sobre mis hombros durante toda mi vida, incluidos los roles que había desempeñado protegiendo a mi padre de mi madre, y a mi hermano de mi padre, absorbiendo las vibraciones de su dolor y sus emociones inconscientes, como si fuera una esponja, para que ellos no tuvieran que hacerlo. También me di cuenta de la impotencia que sentían mis padres ante los conflictos interpersonales, y de su falta de recursos, debido a su educación y a carecer de herramientas o modelos que seguir para trabajar sus emociones. Qué fuerte era su resistencia, a pesar de su sufrimiento, a crecer y a cambiar.

Cuanto más sanaba, menos capaz era de aguantar y seguir la corriente de la dinámica que había mantenido durante tanto tiempo para que reinara la paz en mi familia. Esta nueva habilidad de marcar límites fue una experiencia muy liberadora para mí. Jamás olvidaré el día que le puse un límite a mi madre por correo electrónico; tuve la sensación de que mi visión física se agudizaba y que los colores eran más vívidos. Era como si hubiera estado sentada en una neblina que estaba empezando a disolverse. Me quedé anonadada con esa mejora inmediata de mi agudeza visual al marcar un límite. Fue como si mi fuerza vital volviera a mí en cada interacción en la que me mantenía firme.

En el fondo, siempre había sabido que poner un límite supondría un distanciamiento caótico en mi familia. Pero con los ojos recién abiertos, por fin, pude ver que romper el ciclo significaba abrirme camino en mi propia vida, una vida que me pertenecería por completo.

≈≈

Yo escojo lo que entra en mí,

y se convierte en carne de mi carne.

Sin poder de elección, no puede haber política ni ética.

No soy tu campo de maíz, ni tu mina de uranio,

ni tu ternera de engorde, ni tu vaca lechera.

No puedes usarme como si fuera tu fábrica.

Los sacerdotes y legisladores no tienen acciones

de mi útero o de mi mente.

Este es mi cuerpo. Si te lo doy,

quiero que me lo devuelvas.

Mi vida es un derecho no negociable.

Marge Piercy, *El derecho a la vida*

Mucho hay que decir respecto a los límites y lo básicos que son para nuestro sentido de identidad. Sin unos límites claros, es fácil que nos quedemos atrapadas en nuestras relaciones, que nos asignemos el papel de cuidadoras emocionales, que seamos demasiado responsables o que descuidemos nuestras necesidades. Cuando nuestros límites son demasiado rígidos, nos aislamos y alejamos a los demás.

Unos límites saludables son «selectivamente permeables». Ni demasiado rígidos ni demasiado permisivos. Más bien son flexibles y se pueden abrir o volverse más firmes cuando sea necesario, como le sucede a una célula sana.

Los límites están relacionados con nuestras necesidades tempranas de apego en nuestra infancia. Nos plantean la pregunta: «¿Dónde termino yo y dónde empiezas tú?». Todos comenzamos en esta vida siendo «nosotros», como bebés unidos a nuestra madre. El apego seguro con nuestra madre nos ayudó a asimilar la sensación de seguridad y se convirtió en el pilar de nuestra identidad. Si no tuvimos ese apego seguro, tal vez hayamos desarrollado una sensación de inseguridad interior, y en el nivel del subconsciente, quizás sigamos buscando esta seguridad cuando somos adultas.

Esto puede provocar que algunas tengamos unos límites muy débiles y dejemos que cualquiera que sea tierno y afectuoso los traspase, que seamos demasiado confiadas o excesivamente tolerantes con el maltrato por parte de otros. La fragilidad de nuestros límites puede exponernos a que los demás se aprovechen de nosotras y que, en el aspecto emocional, seamos como una montaña rusa, debido a que nuestro sentido de seguridad todavía no se ha arraigado firmemente en nuestro interior.

Seguridad en ti misma y sentirte a salvo en tu piel

Un paso importante en el arte de poner límites saludables es tener la certeza de que no hay ninguna persona externa que pueda proporcionarnos la seguridad interior que necesitamos; eso sucede solo en nuestra primera infancia, y ese tiempo ya ha pasado. No obstante, lo que podemos hacer como adultas es pasar el duelo por esa oportunidad perdida y desarrollar seguridad interior.

Es esencial que nos conozcamos como personas para poder entablar una verdadera relación de proximidad y conexión con los demás. Cuando estamos en sintonía con nuestra autoconciencia, podemos conocer mejor nuestras propias necesidades, deseos y preferencias. Dedicar el tiempo y el espacio necesarios para nuestro trabajo interior es esencial para cuidarnos bien, y refuerza profundamente nuestra integridad. Cuanto más centradas y arraigadas estemos en nuestro sentido del yo interior, mejores parejas y amistades atraeremos.

El viejo paradigma: amoldarse a los demás = ser aceptada por ellos

Tú eres la experta en ti. Está bien ser tú misma, tener necesidades y preferencias diferentes de las personas que te rodean. Esto puede parecer obvio, pero estamos rodeadas de imágenes de mujeres deseables siendo de lo más dócil y con la mayor predisposición a ser dominadas. Estos mensajes permanecerán en nuestro subconsciente hasta que los desactivemos conscientemente.

Aquello a lo que digas «no» determinará el éxito de aquello a lo que digas «sí».

Nuestros límites determinan lo que vamos a aceptar y a rechazar. Aprender a decir no es una habilidad y un arte. Antes de marcar un límite, es importante que nos tomemos nuestro tiempo para procesar emociones que podrían estar presentes inicialmente, como la ira y el miedo, a fin de ser lo más íntegras posible en la interacción. Siempre que podamos comunicar un «no» claro y diáfano, sin amargura o negatividad, estaremos demostrando un alto nivel de autoestima.

A veces, amar a alguien supone reafirmarnos en nuestra individualidad, no en nuestra uniformidad.

Cuando aceptamos la vergüenza que otros proyectan sobre nosotras, a raíz de su dolor no procesado, estamos entregando nuestro poder. La forma de ayudar a los demás no es aceptando su sufrimiento como si fuera nuestro, sino destacando su habilidad para tomar otras decisiones. No te sientas obligada a aceptar un dolor que no te pertenece.

Límites saludables: la soberanía del yo

La vergüenza es una emoción tóxica que nos han inculcado desde pequeñas y que doblega nuestra voluntad, nos crea inseguridad y nos quita poder para que estemos más dispuestas a satisfacer los deseos de los demás. Cuando establecemos límites sólidos y correctos, estamos superando la vergüenza tóxica que experimentamos de pequeñas y afirmando nuestra soberanía como personas, con derecho y poder para definir quiénes somos y qué estamos dispuestas a permitir o a censurar en nuestro espacio sagrado.

Tener compasión y unos límites sólidos

Como extensión del ideal cultural de la «Buena Madre TOTAL», la que se sacrifica y antepone las necesidades de los demás a las suyas, muchas nos hemos criado albergando la creencia inconsciente de que somos «buenas mujeres» cuando toleramos que no nos traten bien, por conceder a los demás el beneficio de la duda o por creer que «hacemos lo correcto». El problema es que, muchas veces, nuestra compasión por las personas heridas emocionalmente hace que relajemos nuestros límites, que deberían permanecer firmes, y nos abramos involuntariamente a que nos hieran. Es decir, existe la creencia generalizada de que no está bien responsabilizar a las personas que nos hacen daño; debemos ser compasivas con ellas porque no pretendían herirnos.

Lo cierto es que puedes tener AMBAS cosas. Puedes ser compasiva *y* establecer unos límites sólidos. Ambos son compatibles. No te sientas culpable por responsabilizar a la gente. Nuestra compasión no tiene por qué despojarnos de nuestro instinto de autoprotección. Nuestra compasión no tiene por qué hacernos vulnerables a que nos hieran. Me gusta la metáfora del perro rabioso. Si se te acercara un perro con signos claros de rabia, entenderías que has de mantenerte a distancia para estar a salvo; no obstante, ello no impediría que *también* sintieras compasión por el animal enfermo. Es probable que sintieras ambas cosas simultáneamente: la necesidad evidente de no acercarte y la empatía sincera por el estado del perro, que no tiene la culpa de lo que le ocurre.

En nuestras relaciones, tenemos derecho a mantener un equilibrio claro entre la compasión y la contención. Unos límites sólidos y reducir las interacciones con personas inconscientes es una forma de ejercer de madre con nosotras mismas. Muchas veces, la tolerancia ante conductas tóxicas se justifica bajo el disfraz de tomar «la vía correcta» o «ser mejor persona», especialmente las que de niñas tuvimos que sobrevivir haciendo concesiones a nuestros progenitores maltratadores u observando cómo nuestras madres las hacían con nuestros padres (o viceversa). Tienes que saber que, como mujer adulta y poderosa, no necesitas estar con personas que no te respetan. No necesitas ser el blanco de la conducta inconsciente o de las heridas abiertas de otros. A veces, cuando ponemos límites, los demás se enojan porque esos límites los obligan a tener que gestionar sus propias emociones, en lugar de ser tú quien asuma esa carga emocional. No te responsabilices de su carga emocional. No te responsabilices de su dolor, porque eso no os hace bien ni a ti ni a los demás.

Tú eres la jefa de tu propia energía, de lo que permites y no permites en tu espacio. Y no le debes a nadie ninguna disculpa o explicación por hacer lo correcto para ti. Es una manera de reivindicar tu poder personal y de amarte a ti misma. Te invito a que reflexiones sobre estas preguntas: ¿qué toleras en tus relaciones? ¿Dónde necesitas fortalecer tus límites? ¿De qué modo tolerar esto ha agotado tu energía? ¿Cómo marcar un límite más claro libera tu energía y tu vitalidad?

Para los demás, formar parte de tu vida es un privilegio…, no un derecho.

Cuanto más progresamos en nuestra autoestima, menos dispuestas estamos a tolerar a personas, circunstancias y situaciones que no reflejen nuestro mérito y el respeto que sentimos por nosotras mismas. Nadie tiene derecho a estar en nuestro mundo ni a disponer de nuestro tiempo. Si otras personas quieren gozar del privilegio de formar parte de nuestra vida, deberán ganárselo tratándonos con respeto y consideración. A medida que tu autoestima aumenta y estableces nuevos límites, quienes formaban parte de tu pasado tal vez protesten o pongan objeciones, intentando inculcarte inconscientemente el sentimiento de culpa u obligación, quizás llamándote desagradecida o egoísta por mantenerte en tu sitio.

Has de saber que siempre puedes elegir. No tienes por qué aceptar las exigencias de los demás ni entregar tu poder. Advertir a los demás de hasta dónde pueden llegar, y no ceder, incluso ante la desaprobación externa, es una poderosa forma de expresar tu autoestima.

Sanar el síndrome de la «buena chica»

Cuando éramos niñas, nos recompensaban por ser sociables, obedientes, calladas e invisibles. El mensaje encubierto es que no te mereces ser dueña de tu propia vida. Los mensajes sobre la importancia del aspecto físico y el *sex appeal* también nos transmiten que «tu cuerpo no te pertenece. Existe para el placer de los demás». Estos primeros mensajes culturales y familiares contribuyen asimismo al desarrollo de un falso yo.

La madurez implica despojarnos del falso yo y descubrir al auténtico: separar nuestras verdaderas necesidades y deseos de los que tuvimos que adoptar para sobrevivir.

En este proceso de descubrimiento de nuestras auténticas necesidades y deseos, es posible que cambien cosas en nuestra vida. Esto puede ser muy difícil, pero, en última instancia, los cambios aportarán nuevas formas de relaciones, situaciones y dinámicas que reflejarán quiénes somos en realidad. Las personas que nos han enseñado a ser obedientes, sumisas o dóciles quizás se extrañen, se enfaden o se molesten cuando afirmamos nuestros límites. Sus sentimientos son su responsabilidad.

¿Estás dispuesta a dar permiso a los demás para que no les gusten tus límites?

Es normal que nos sintamos incómodas cuando nos adentramos en territorio desconocido, en un lugar donde nuestros familiares o amigos nunca han estado. Gran parte de nuestra habilidad para triunfar y crear el mundo que deseamos depende directamente de nuestra capacidad para soportar el malestar de no ser comprendidas o de no agradar a los demás, a medida que vamos evolucionando y creciendo en nuestro camino. Los límites son una expresión de autodeterminación sin remordimientos.

Marcar límites siendo dependiente económicamente

Marcar límites puede acarrear algunas dificultades a las mujeres que todavía dependen económicamente de su madre. En algunos casos, aunque nuestra madre no pueda ofrecernos ayuda emocional o esté abierta a hacerlo, sí que puede proporcionarnos ayuda económica, y no hemos de sentirnos culpables por ello. En otros casos, su conducta es demasiado conflictiva como para sentirnos seguras recibiendo su ayuda económica, por temor a que pueda utilizarla como excusa para manipularnos y controlarnos. Todas somos expertas en nuestra propia situación: confía en ti misma, consigue ayuda y haz cosas que den prioridad a tu seguridad física y emocional.

Esta situación de dependencia económica de la madre nos ofrece oportunidades concretas, a medida que vamos sanando nuestra herida materna. Es un contexto excelente para empezar a convertirte en tu principal fuente de consuelo y para desarrollar el sentido de individuación, mientras recibes ayuda económica en la relación. Por ejemplo, aunque recibas dinero, es muy importante que afirmes *para ti* misma que no eres propiedad de tu madre ni estás en deuda con ella, por lo que no estás obligada a llevar una máscara, o a aceptar un relato o un papel, para pagarle esa ayuda. La forma en que te presentes en esa relación mientras recibes ayuda económica puede variar positivamente, y empezar poco a poco es la mejor manera de hacerlo. El modo en que tu madre responda a esto te aportará más información sobre la relación y sobre tus siguientes pasos como persona independiente dentro de esa relación. Los servicios de un terapeuta o asesor pueden ser de gran ayuda.

Cuando dependía de mi madre para tener un lugar donde vivir, mientras hacía mi máster, tuvimos una conversación al poco tiempo de haberme mudado, en un momento en que las dos estábamos de buen humor. Le expliqué que aunque apreciaba mucho su oferta de vivir en casa, ahora que ya era adulta, mis límites eran diferentes. Le dije que para que todo funcionara bien, no me hablara de los asuntos personales que tuviera con mi padre u otros miembros de la familia. Parecía que me había entendido y no replicó. A partir de entonces, me aseguré de que nuestra relación fuera ligera, nada de compartir ninguna información personal más allá de los mínimos, y me retiraba a algún sitio o cambiaba de tema si empezaba a pasarse de la raya. Esto es un ejemplo de usar un filtro de protección cuando estás con tus padres, de permanecer centrada en medio de su disfuncionalidad, mientras conservas tu integridad.

Tú eres tu tesoro. Tú te perteneces.

Tener unos límites saludables conlleva haber conectado con tu valía, haber echado raíces en tu centro de la veracidad y estar dispuesta a comunicarte con respeto y autenticidad con quienes te rodean. Esta es una habilidad que se aprende, que se practica y que vamos puliendo con el tiempo. Al principio puede dar miedo, pero cada vez resulta más fácil y más poderoso. Al cabo del tiempo, empezamos a atraer a más y más gente que está dispuesta a respetar nuestros nuevos y saludables límites. Las personas que no estén dispuestas a ello saldrán de tu vida.

Cuando sabemos marcar bien nuestros límites, nos vamos sintiendo más seguras y fortalecidas internamente, y también nos volvemos más eficientes en todo lo que hacemos.

Afrontar el sufrimiento que nos ocasionó lo que hemos pasado despierta en nosotras un tremendo amor protector que no admite desprecios.

Nuestros momentos de decir «no» pueden definir quiénes somos, qué valoramos y qué queremos para nosotras. Una de las mejores cosas que puede aprender una mujer es a decir NO de una forma poderosa.

Tu «no» es una espada que corta lo que no es necesario, para que puedas vivir tu vida al máximo.

El hartazgo o sentir que ya tenemos bastante es una etapa poderosa de nuestro viaje. Es una situación propicia para el cambio. Puede producirse por una serie de razones, generalmente como respuesta a algo que hemos tolerado y que ya no podemos seguir permitiendo. Puede tratarse de un NO emocional o de una simple orden del cuerpo de que algo no puede continuar.

Vivimos en una época en la que estamos a caballo entre dos paradigmas: el antiguo, del esfuerzo y de la competitividad, y el nuevo, de la abundancia y la cooperación. Todas nuestras acciones diarias tienen un poderoso efecto dominó en nuestra cultura.

Decir «no» es una forma de expresar nuestra individualidad y separación, lo cual es muy aterrador para cualquier sistema de dominación patriarcal, tanto si es un sistema familiar como una empresa o entidad política. Esta es justamente la razón por la que el «no» es nuestro gran aliado para derrotar todas las formas de opresión. Muchas niñas no tuvieron la oportunidad de decir «no» sin experimentar una pérdida, un castigo o un rechazo como consecuencia. Aprender a establecer unos límites sólidos y saludables cuando somos adultas forma parte de nuestro proceso de individuación. El «no» es un músculo que hemos de reforzar mediante la práctica de expresar activamente nuestra verdad y la de frenar nuestro impulso de querer resolver la tensión de otros.

Las nuevas creencias que nos darán poder podrían ser:

- «Puedo ser yo misma y ser encantadora».
- «Puedo aceptar no gustar».
- «Estoy a salvo aunque no guste a los demás».

La asertividad femenina sana es el resultado del trabajo interior.

La verdadera asertividad femenina surge a raíz de sentir rabia en nombre de la niña que fuimos, la que fue explotada en algún grado. Sentir el sano impulso de proteger a la niña que fuimos una vez es lo que nos servirá de base para no tolerar ninguna forma de explotación como adultas. Si la niña interior sigue creyendo que el conformismo y el silencio le aportará algún tipo de protección de «mami», la mujer seguirá entregando su poder a otros. Dejaremos de temer nuestra ira cuando la desvinculemos de los recuerdos de abandono que vivimos en nuestra infancia. La solución pasa por sentir el duelo por nuestra indefensión del pasado e invocar la indignación sana, como adultas, sobre lo sucedido. Mientras sigamos posponiendo hacer este trabajo interior, seguiremos creando experiencias de indefensión.

Este trabajo interior es una forma de enjuagar nuestro «no» de los residuos del pasado, de trabajar la actitud de estar a la defensiva o el miedo que esta actitud pueda conllevar, para que cuando lo pronunciemos, esté «limpio» y resuene con el poder, la claridad y el resplandor de nuestro verdadero yo. Esto genera un impulso increíble en nuestra vida, donde cada situación se convertirá en una oportunidad para experimentar tu verdad. Cada «no» es una puerta hacia un «sí» mayor.

Lindsay C. Gibson explica: «Las investigaciones parecen indicar que lo que le sucede a la gente no es tan importante como el hecho de si han procesado lo sucedido». Es imprescindible pedir ayuda para esto. Trabajar lo que nos ha sucedido y canalizar nuestra ira hacia su contexto correcto libera esas experiencias para transformarlas en autoconocimiento y autoestima. El mundo necesita más mujeres adultas que hayan lidiado con su verdad respecto a su infancia. Solo entonces, podremos afrontar la realidad *tal como es ahora* y pasar a la acción para cambiar el peligroso rumbo que sigue en estos momentos.

Las mujeres de color siempre han estado presionadas a resolver la tensión de las mujeres blancas, debido al poder diferencial inherente de una sociedad patriarcal supremacista blanca. Por este motivo es esencial que las mujeres negras e indígenas, así como otras mujeres de color, se nieguen a resolver la tensión interpersonal de las blancas y que se ayuden mutuamente a hacerlo. Ha llegado el momento de que las mujeres de color alcen su voz y reclamen su poder como no lo han hecho antes. También es hora de que las mujeres blancas se informen sobre el racismo y las tendencias invisibles, pues forman parte de la herencia cultural y familiar que, en mayor o menor medida, venimos recibiendo de generación en generación. Este conocimiento es esencial para poner fin a nuestro impulso inconsciente de recurrir a otros para resolver nuestra tensión. Las mujeres blancas podemos ayudarnos mutuamente a responsabilizarnos más en este sentido, asumiendo un compromiso aún más profundo con nuestra integridad durante estos tiempos de transformación.

La verdad es que reivindicar tu valor no es una frivolidad. Es un derecho.

El autor y psicólogo Mario Martínez dice que, para trascender lo que nos ha permitido la cultura, hemos de crear una «subcultura del bienestar» que confirme y celebre el nuevo paradigma. Nos necesitamos y debemos trabajar juntas en esto si queremos hacer la transición a una nueva cultura que valore lo femenino y a la propia vida: en nosotras, en los hombres, en los niños y niñas, en los animales y en todo el planeta.

Ser fiel a tu esencia, a tu alma, a tu auténtico yo SIEMPRE contribuye mejor al conjunto que ninguna otra versión conformista, moderada y atenuada de ti misma.

En algunos momentos te resultará incómodo, no te quepa la menor duda. Pero vale la pena. Podemos ayudarnos unas a otras en esos momentos desagradables.

Para encarnar el nuevo relato has de destacar las pruebas de tu valía.

A fin de soportar la tensión que conlleva ser líder y pionera, busca pruebas de la valía que guardas dentro de ti, la sabiduría, la experiencia, el compromiso y el amor que componen quien realmente eres. Busca los hechos y recuérdalo cada día.

Lo cierto es que asumir tu mérito, en muchos aspectos, puede parecer una traición, porque eso es lo que es. Al crear un nuevo paradigma, estamos traicionando al antiguo. Es una traición necesaria, mientras las placas tectónicas de nuestra vida y del mundo cambian para crear algo nuevo.

Hasta podríamos decir que la traición intergeneracional es necesaria para la evolución.

Como dice el doctor Martínez, ¿cómo podríamos evolucionar si nadie estuviera dispuesto a correr el riesgo de ser avergonzado por entrar en un territorio nuevo?

Tú te mereces cada pedacito del malestar necesario para encarnar y expresar más de quien realmente eres en este mundo. Vale la pena, ya que esto crea un poderoso entorno interior de autoestima, y porque lo que le ofreces al mundo cuando irradias desde tu centro de veracidad es oro puro.

Es el epítome de lo que supone salir ganando siempre y es el pilar del nuevo mundo.

El límite final: afrontar el distanciamiento definitivo

Algunas mujeres pueden sanar la herida materna manteniendo el contacto con su madre. En este caso, la sanación acaba creando una nueva conexión más profunda entre madre e hija, que es algo muy bello. He sido testigo de ello y es francamente inspirador. Pero otras nos vamos dando cuenta gradualmente de que la gravedad de la dinámica en juego hace que sea imposible sanar si seguimos en contacto con nuestra madre.

Todavía se considera tabú alejarse de la propia familia, especialmente de la madre. Para algunas, el distanciamiento puede ser breve. Pero para otras, este distanciamiento puede ser permanente. Hace falta mucha fortaleza interior para ser consecuentes hasta el final y hacer lo mejor para nosotras.

¿Qué puede conducir al distanciamiento?

Hay muchas razones por las que las personas toman esta decisión. Una de las causas principales del distanciamiento es darte cuenta de que has pagado un precio muy alto por la conducta disfuncional de tu madre, en lo que respecta a tu bienestar mental y emocional, y simplemente ya no estás dispuesta a pagar ese precio o no eres capaz de hacerlo.

Creo que esto no es algo que se decida de una manera superficial y despreocupada, más bien es algo que se decide después de haber intentado durante años encauzar las cosas de todas las maneras posibles para conservar la conexión y hacer que evolucione a un nivel superior. Llega un momento en que estás en una encrucijada, donde el precio es muy elevado y has de tomar una decisión.

Puede que sea lo más difícil que tengas que hacer en tu vida. Y también puede que sea lo que más poder te dé.

La familia es un sistema complejo. Cuando una persona deja de interpretar su función habitual en ella, el sistema sufrirá algún tipo de desequilibrio o caos. El conflicto puede servirnos para transformar el sistema y elevarlo a un nivel superior, si los miembros de la familia están predispuestos y abiertos a crecer y aprender. Por desgracia, a veces la familia, en su intento de evitar el cambio, ataca a la persona que quiere crecer. Esa persona tiene la opción de quedarse y aguantar la toxicidad o abandonar el insalubre sistema y sanar. La decisión de romper la relación llega cuando tenemos claro que no podremos sanar mientras sigamos en ese sistema familiar.

Las hijas suelen interpretar el rol de mediadoras familiares, chivo expiatorio, custodia de secretos y cuidadora emocional. Si una hija ha tomado el camino del crecimiento personal, querrá trascender su rol familiar (quizás ejerciendo más su poder personal, reforzando sus límites, diciendo su verdad, tolerando menos la falta de respeto); el grado de caos que esto provoque será un indicativo de la disfuncionalidad del sistema familiar en general.

Si los miembros de la familia están relativamente sanos, son estables y están receptivos, la familia puede hallar el equilibrio sin que se produzca demasiado caos. No obstante, si los miembros de la familia tienen heridas o traumas profundos, la evolución de la hija se podría interpretar como una amenaza para el sistema. Este caos puede ocasionar una profunda desestabilización y ser extraordinariamente difícil de afrontar. Será imprescindible pedir ayuda.

Los familiares, en un intento inconsciente de conservar el equilibrio y resistirse al cambio, pueden llegar a atacar a la hija. Una forma habitual y agresiva de reacción negativa es «patologizarla»: creer que la causa del conflicto se debe a algún tipo de defecto o patología que tenga. El mensaje subyacente es: «Tu falta de voluntad de seguir en el sistema familiar, en tu rol establecido, indica que te pasa algo realmente grave». Este relato basado en la vergüenza exime a la madre y a los otros miembros de la unidad familiar de examinar sinceramente su propia conducta y responsabilizarse de ella. El nivel de estabilidad mental de la hija, su actividad sexual y sus errores del pasado pueden ponerse en tela de juicio abiertamente, es decir, todo *menos el rol de la madre en el conflicto*.

No podemos salvar a nuestra madre. No podemos salvar a nuestra familia. Solo podemos salvarnos a nosotras mismas.

Es increíble ver con qué vehemencia se resisten las personas a reconocer sus problemas y hasta qué extremo pueden llegar para negarlos, incluido condenar a sus hijos al ostracismo. En realidad, es un intento inconsciente de resistirse al cambio y proyectan todo el conflicto o la «maldad» en quien ha iniciado la transformación del sistema familiar. Sea como fuere, no es algo personal. Esto sucede cuando aquellos que no se han trabajado su vida interior tienen que confrontarse con su sufrimiento no reconocido, a través de un acontecimiento catalizador, como una mujer que va más allá de la dinámica predominante que ha mantenido la estabilidad familiar durante generaciones.

No necesitas que tu madre (u otros familiares) te entiendan para sanar.

Es descorazonador darte cuenta de que tu madre o el resto de tu familia simplemente son incapaces o no están dispuestos a comprenderte. Por más que des explicaciones o que intentes convencerlos de tus intenciones, no llegarás a ninguna parte. Han pactado inconscientemente no entenderte, porque hacerlo supondría mucho riesgo para sus arraigadas creencias y valores. Comprenderte podría provocar un cambio sísmico de los pilares sobre los cuales han forjado sus identidades y su visión del mundo. Es muy doloroso darse cuenta de esto; sin embargo, ayuda a crear tu singularidad de espíritu interior. Está claro que te ha de bastar con entenderte a ti misma. Tu validación de ti misma se vuelve esencial. Empiezas a darte cuenta de que puedes estar BIEN aunque los demás no te entiendan.

Considera sus opiniones negativas sobre ti como fantasías convenientes que los protegen de las verdades que no están dispuestos a afrontar sobre su vida. En realidad, no tiene nada que ver contigo.

Después de haberte distanciado, es probable que tu vida empiece a mejorar en muchas áreas. He visto mujeres que han sanado de enfermedades crónicas, a quienes les han desaparecido sus miedos neuróticos y que han abandonado a sus parejas de toda la vida. De hecho, a veces lo que más les cuesta es aprender a aceptar el placer en su vida. Cada vez que subes de nivel de prosperidad, de confianza con otra persona, de felicidad y de libertad recuerdas que tu familia no está contigo para compartirlo, o bien el castigo que recibirías si expresaras tu independencia o experimentaras placer. Es justamente al alcanzar esos nuevos horizontes cuando puedes experimentar las turbulencias de la tristeza. No hay nada que puedas hacer, salvo sentir el dolor tal como llega y seguir avanzando.

La tristeza no significa que hayas elegido mal. Lo cierto es que es un signo de salud y de sanación.

Afírmate en el nuevo paradigma que te ha dado la fuerza para abandonar una relación tóxica. Si no lo haces, podrías volver a caer en culpabilizarte y avergonzarte. Es muy importante que recibas mucha ayuda y que te des tiempo y espacio para procesar todas las emociones que irán apareciendo a raíz de haber tomado esta decisión. Afiánzate en la razón por la que estás haciendo esto y utilízalo como una oportunidad para renacer en tu vida dentro de un nuevo paradigma.

El distanciamiento como punto de partida para el empoderamiento

Tal vez descubras algo muy profundo que muchas personas jamás llegan a descubrir: se puede sobrevivir al rechazo de la madre. El nivel de libertad y determinación interiores que esto propicia podría suponer el inicio de grandes cambios en tu vida. Puede impulsarte a un sólido compromiso con la verdad y forjar una integridad radical que se extienda a otros aspectos de tu vida. Aviva el fuego interno de la verdad que siempre ha estado ardiendo, pero que solo ahora puede arder con fuerza. Siente tu propia fuente de energía dentro de ti.

La tristeza, la tristeza y más tristeza conduce a… la LIBERTAD.

La tristeza puede aparecer cada vez que subimos de nivel, a uno al que nuestra madre o el resto de nuestra familia no han podido llegar. Puede manifestarse como una tristeza ancestral profunda, que cala hasta los huesos, por tener que ir por la vida en solitario. Pero cada vez se vuelve más fácil. He descubierto que cuanto más nos permitimos sentir el dolor con cariño, más espacio creamos en nuestra vida para la magia, la belleza y la felicidad. Hay algo extraordinariamente sagrado respecto a la tristeza que surge a raíz de tomar esta decisión. Puede ser una oportunidad para conectar profundamente con tu propia verdad y encarnarla en el nivel más profundo. Hemos de hallar el sentido de esta pérdida y utilizarlo para mejorar nuestra vida de formas nuevas. Esta es la clave para la sanación definitiva. Tu integridad se convierte en tus sólidos cimientos para el resto de tu vida.

Es bueno alejarte de las personas tóxicas, incluidas las de tu familia.

A veces, el proceso de sanación de nuestras heridas intergeneracionales puede ser un camino solitario. Pero con el espacio que habremos creado, aparecerán otras personas con las que sentiremos una conexión profunda. Nuestras necesidades de apego son las más importantes para los seres humanos. Afrontar este nivel de distanciamiento implica confrontar la profundidad de nuestra tristeza, de nuestra humanidad, y reivindicar todo el valor de nuestra vida. Nuestro mayor temor es quedarnos solas. Pero esa soledad que tememos ya se produjo hace mucho tiempo, en los traumas familiares. Estoy aquí para decirte que encontrarás a tu familia del alma, a las personas que podrán verte y valorarte por ser quien eres.

Las hijas distanciadas como guerreras espirituales

En un mundo donde se espera que las mujeres callen y atiendan las necesidades de los demás, y donde no se reconoce el aspecto oscuro de las madres, la experiencia de distanciarse puede suponer una iniciación a un nuevo nivel de conciencia, que muchas personas jamás tendrán la oportunidad de experimentar. Se despeja un espacio que nos permite brillar con todo nuestro resplandor. ¿Qué vas a hacer con toda esa luminosidad interior?

Las hijas distanciadas se están encontrando y han empezado a crear un nuevo linaje materno, están descubriendo una conexión auténtica, real y veraz entre ellas, que favorecerá la evolución de la conciencia en todas las demás mujeres. He podido observar camaradería instantánea entre aquellas que siguen este camino. Somos muchas más de lo que la gente se imagina. ¡No estás sola!

Has de hacer lo correcto para ti. Confía en ti.

El distanciamiento no significa necesariamente que no quieras a tu familia. No implica que no estés agradecida por todo lo bueno que te han dado. Simplemente, significa que necesitas espacio para vivir tu vida a tu manera. Las mujeres que sienten que no tienen otra opción que cortar toda comunicación con sus madres disfuncionales fomentan la ruptura, porque es la única manera de hacerles ver: «Madre, tú eres responsable de tu propia vida, como yo lo soy de la mía. Me niego a sacrificarme en el altar de tu sufrimiento. Me niego a ser una víctima de tu guerra. Aunque no puedas comprenderme, he de seguir mi camino. He de elegir vivir de verdad».

Preguntas para reflexionar

1. En nuestra educación, a las niñas muchas veces nos transmiten el mensaje de que una mujer que dice «no» no es atractiva o educada. Durante tu infancia y adolescencia, ¿cómo respondieron tu madre y otros adultos a tu «no»?

2. ¿Asumiste algunas creencias que te han generado sentido de culpa por poner límites? (Por ejemplo: «Decir no es una forma de rechazar o abandonar a los demás. Los límites significan que no amas a la otra persona. Establecer límites significa poner en peligro la relación»).

3. ¿Qué nuevas creencias podrían ayudarte ahora a poner límites sintiéndote más segura? (Por ejemplo: «Los límites son un aspecto normal y esencial de las relaciones humanas. Los límites son una forma de respetarnos a nosotras mismas. Soy un ser individual y único. Mis límites hacen que mis relaciones sean mejores, no peores»).

Capítulo 9

EL TABÚ DE CUESTIONAR A LA MADRE

En los pocos años siguientes, empecé a darme cuenta de que la compleja y perturbadora dinámica que experimentaba con mi madre tenía su origen en una herida generacional más profunda de mi linaje materno.

Mi negativa a ver a mi madre parecía avivar en ella una rabia profundamente arraigada, y comencé a ver la correlación entre su conducta aparentemente obsesiva y otros acontecimientos de mi historia familiar de los que había oído hablar. Me estaba empezando a dar cuenta de que yo no era la verdadera causa de la reacción y de la conducta tóxica de mi madre, sino que probablemente el origen estaba en su relación con su madre, mucho antes de que yo naciera.

Años antes de esta situación, había oído hablar a otros familiares de unos hechos alarmantes y desafortunados que habían afectado a mi madre, aunque ella jamás me había hablado de ellos: que su madre había sido alcohólica, que de jovencita tuvo que cuidar de sus cinco hermanos ella sola, cuando su madre estaba demasiado borracha para hacerlo, y que sus abuelos paternos la acosaron sistemáticamente después de casarse con su hijo. Esta historia de amargura, celos, alcoholismo, conductas agresivas y relación de triangulación se había transmitido libre, incuestionable e ininterrumpidamente a través de mi linaje materno, hasta llegar a mí.

Asimismo, empecé a entender gran parte de esta conducta gracias a la perspectiva de la salud mental. Varios familiares habían muerto demasiado jóvenes, algunos por alcoholismo u otra enfermedad, y tuve que imaginar las dolorosas dinámicas y el legado de experiencias traumáticas que tuvieron que soportar de pequeños bajo la apariencia de «todo está bien».

¿Por qué le costaba tanto a mi madre enfrentarse al sufrimiento de su infancia y reconocer que involuntariamente me estaba transmitiendo esos patrones? ¿A qué se debía todo ese resentimiento cuyo blanco era yo? ¿Por qué ninguna generación se había replanteado esa conducta?

Mi padre y mi madre se casaron muy jóvenes para huir de sus familias y jamás hicieron terapia. A mí me tocaba seguir con la tradición del linaje de «reprimir y seguir adelante». Recuerdo que había reflexionado sobre esto y que había sentido un profundo dolor en mi interior; un anhelo de disfrutar de la libertad de la realización personal, de ser un ente separado, independiente e individuado, de ser dueña de mí misma, de pertenecerme, y el profundo deseo de tener el apoyo de las mujeres de mi familia, pero mentalmente veía que todas las mujeres de mi linaje me daban la espalda, me abandonaban, eran frías, celosas, mezquinas, resentidas e inmunes a mi sufrimiento. Las sombras que había sentido bajo la cálida superficie, ahora, eran una realidad visceral y gélida. Sabía que para ser verdaderamente yo misma, tendría que entregarme a este proceso de ruptura y pagar el precio de ser real. Había llegado demasiado lejos y no había marcha atrás.

La madre muerte y la madre apocalíptica

Afrontar el tabú de cuestionar la figura materna para muchas mujeres puede suponer una cuestión de vida o muerte. Muchas percibimos que nuestra madre alberga un dolor más profundo, que podría salir a la luz descontroladamente, si nos replanteamos la frágil estabilidad de esa relación. Pero se ha de producir ese replanteamiento y posible ruptura para que podamos gozar de nuestra propia vida, de nuestra individuación.

Al reflexionar sobre esta iniciación intergeneracional, me viene a la mente la «madre muerte», un arquetipo introducido por primera vez por la psicoanalista junguiana Marion Woodman y desarrollado posteriormente por Bud y Massimilla Harris, en su libro *Into the Heart of the Feminine: Facing the Mother Death Archetype to Reclaim Love, Strenght, and Vitality* [En el corazón de lo femenino: afrontar el arquetipo de la madre muerte para reclamar amor, fuerza y vitalidad].

Tomando como ejemplo el mito de Medusa, analizan la negación y la devaluación de lo femenino en nuestra cultura y su manifestación como una energía negativa concreta que está presente en nuestra mente. «Cuando reprimimos el principio de lo femenino en nuestro subconsciente, pasa a formar parte de nuestra sombra colectiva, que se proyecta como anhelo o, incluso, exigencia de poder», escriben.

Daniela Sieff, en una fascinante conversación que mantuvo con Marion Woodman, que quedó reflejada en un artículo cuyo título es «Confrontar a la madre muerte», lo resume de este modo:

> … cuando nos hieren de niñas, nos volvemos vulnerables a la madre muerte, nuestra vida está bajo el dominio de la vergüenza y su correspondiente miedo a hacer el ridículo. Tenemos miedo a hacer el ridículo por no ser adecuadas tal como somos. Tememos hacer el

ridículo por lo que hemos hecho y por lo que no hemos hecho. Tenemos miedo de que si se descubren nuestros supuestos defectos, seremos abandonadas y aniquiladas. Una vez que nos hemos amoldado a este mundo tóxico alimentado por la vergüenza, nos comportamos como la madre muerte que hemos adoptado en nuestro interior. Desarrollamos un anhelo real, aunque inconsciente, por la muerte, y al mismo tiempo, atacamos o abandonamos a cualquiera que sea capaz de sacar a la luz aquello que tanto nos hemos esforzado por ocultar. También intentamos compensar nuestro terror al abandono, mediante el inconsciente e insaciable deseo de poder.

El deseo de poder y el tabú de cuestionar a la madre pueden hacer que el sufrimiento femenino pase desapercibido durante incontables generaciones, y que se asiente en lo más profundo del subconsciente, pero inevitablemente buscará la forma de expresarse, con frecuencia a costa de otras personas o de nosotras mismas, como en las muchas manifestaciones de la herida materna. Es fácil ver cómo el arquetipo de la madre muerte se vuelve especialmente dañino en las madres e hijas de las sociedades patriarcales, pues hace que nuestro poder quede restringido a una lucha contra nosotras mismas y contra otras mujeres, que jamás podremos ganar.

No obstante, hay otro arquetipo al que podemos recurrir para recibir ayuda, el de la «madre apocalíptica», que puede parecer que se asemeja por su nombre, pero es totalmente distinta. A diferencia del arquetipo de la madre muerte, no es la muerte resistiéndose a la vida, sino la muerte *al servicio de la vida*. La palabra *apocalipsis* procede del griego y significa 'revelación de aquello que antes estaba oculto'. Daniela Sieff acuñó esta expresión con el sentido de «la muerte de lo obsoleto y el nacimiento de lo nuevo». La madre muerte perpetúa la herida materna reforzando el tabú de cuestionar a la madre. El arquetipo de la madre apocalíptica es una energía que despeja el camino para que las mujeres seamos iniciadas en nuestra propia vida, incluso aunque ello suponga la ruptura del linaje materno. Si una mujer cuenta con apoyo, fuerza y compasión, puede transformar la confrontación con la madre muerte interior en una confrontación con la madre apocalíptica. Esta madre es conocida en el hinduismo con el nombre de Kali, la diosa que representa el ciclo natural del nacimiento y de la muerte, o como Baba Yaga en la tradición rusa. Marion Woodman explica: «Una vida que se vive de verdad consiste en ir quemando constantemente los velos de lo ilusorio y revelando la esencia de nuestro verdadero yo. La madre apocalíptica nos quema en las más ardientes de sus llamas para purificarnos de todo lo que no es auténtico. Su energía es impersonal. No le importa lo doloroso o terrorífico que sea el proceso. Su único fin es el servicio a la vida».

Y continúa diciendo: «Nuestra forma de responder a la madre apocalíptica determinará que la sintamos como nuestra amiga o nuestra enemiga. Al principio de nuestro viaje, cuando la asfixia de la madre muerte es especialmente feroz y la conciencia tiene miedo de abrirse a la otredad de lo inconsciente, nos sentimos víctimas del apocalipsis; con el tiempo, nos volvemos conscientes de la madre muerte y empezamos a experimentar la vida más allá de sus garras, tal vez consigamos vernos como colaboradoras del proceso apocalíptico».

Podríamos contemplar el arquetipo de la madre muerte como la guardiana de nuestro verdadero poder, del que se encuentra más allá del tabú de la confrontación con la madre, la que nos impide conectar con ese poder porque nos tiene atrapadas en la vergüenza, la culpa o el miedo. El miedo a ser consideradas «malas hijas» por perseguir nuestra sanación puede ser uno de los mayores obstáculos que nos encontremos en la puerta de nuestro poder y evitará que podamos acceder a los múltiples dones y a la poderosa transformación que encierra el sufrimiento de la herida materna.

Hay muchas versiones del tabú de «no cuestiones tu relación con tu madre». La mayoría de estas creencias equiparan el deseo de sanar los sentimientos dolorosos que albergamos contra nuestra madre con «culpar a la madre». Es una falsa comparación que inculca sentimiento de culpa y vergüenza. Esta falsa equivalencia puede boicotear este proceso y hacer que la mujer siga anclada en la adolescencia. Cuando nos creemos estos pensamientos, estamos bajo el control de la madre muerte. Si tenemos ayuda podemos desarrollar el poder para acallar las voces de culpa, vergüenza y duda, y transformar a la madre muerte, la petrificadora, en la madre apocalíptica, la transmutadora de nuestro dolor en conciencia y nuestra vergüenza en liberación.

Puede que las personas que niegan su propia herida materna nos estén presionando para que no escuchemos nuestros sentimientos y que nos culpemos de todo.

Quizás nos digan:

- «Ella no lo tuvo fácil. No le pongas más carga».
- «Tu madre hizo lo que pudo. Sabes que te quiere».
- «Céntrate en lo bueno de la relación. Solo tienes una madre».

Esto puede ser cierto: tu madre probablemente te quiera, seguramente hizo lo que pudo, solo tienes una madre, no lo tuvo fácil. *Sin embargo*, todo esto, aunque sea cierto, no debería ser una excusa para que te tragues tu dolor, dejes de intentar sanar y guardes silencio. Este silenciamiento está en consonancia con el del resto de las mujeres.

Esta presión puede incluso proceder de nuestra madre; por más diplomáticas, empáticas y compasivas que seamos, es posible que tengamos que enfrentarnos a reacciones negativas por decir nuestra verdad. Según el grado en que tu madre haya evitado su propia herida materna, responderá con ira, hosquedad victimista, sarcasmo mordaz o indiferencia. Puede manipularte, intentar avergonzarte o culpabilizarte por obligarla a fijarse en esto, especialmente si fue educada para no cuestionar jamás a sus padres o para no expresar sus sentimientos encontrados. Si tu madre ha alcanzado algún grado de crecimiento personal en lo que respecta a gestionar emociones difíciles, tal vez haya una oportunidad de crecimiento conjunto.

También existen una serie de estereotipos que nos inculcan vergüenza, que nos impiden romper este tabú y que nos diferenciemos de nuestra madre. Estos estereotipos refuerzan la vergüenza y hacen que nos sintamos culpables por no estar a la altura, e incluyen:

- Madre e hija son grandes amigas y lo comparten todo.
- El mito de la familia perfecta.
- La hija desagradecida y la madre sacrificada que nunca es reconocida.
- Las madres siempre tienen razón; si discrepas con ella, es culpa *tuya*.

Nuestra cultura nos inculca la vergüenza por nuestros verdaderos sentimientos hacia nuestra madre, que siempre incluyen algunos no demasiado positivos. No te sientas culpable por ello.

La culpa que sentimos no es porque no seamos buenas personas. Nos han enseñado que sentirnos culpables es un signo de que nuestra valía como personas está en entredicho. El miedo a «ser una mala hija o persona» fomenta el silencio de muchas mujeres sobre la veracidad de sus sentimientos, que si se verbalizara podría liberarlas de muchas maneras. De hecho, esta culpa es un *artefacto de control*, el gran control patriarcal de las voces y de los sentimientos femeninos. La culpa que sentimos se debe a que hemos transgredido el antiguo mandato de guardar silencio sobre nuestro sufrimiento para conservar nuestras relaciones. Alzar la voz es negarnos a ser controladas, y eso es *bueno*. Se parece a afrontar el miedo. Lo que les digo a las mujeres es que «sientan la culpa» y que «lo hagan pase lo que pase», en el sentido de que no vean la culpa como una verdadera barrera, sino como un antiguo sentimiento que ha de ser ignorado, cuando lo que queremos es decir nuestra verdad y hacer lo que sabemos que es correcto.

La presión que precede a romper el tabú de cuestionar a la madre es la presión de la evolución femenina.

Hemos de romper este tabú para que el conjunto de las mujeres podamos sanar. Esto es una gran blasfemia para las generaciones más mayores, a las que les enseñaron, desde todos los ángulos de la sociedad, «honrarás a tu padre y a tu madre». Desde una perspectiva religiosa, si incumples este mandamiento, podrías arder en el infierno toda la eternidad. El padre y la madre no pudieron fomentar el crecimiento de sus hijos e hijas, porque cuestionaba su propio poder y todos los demás actos de represión y negación, que ellos mismos habían tenido que soportar en su vida; esto podía desatar todo tipo de sentimientos para los que no estaban preparados. Pero vivir de esta forma ha dejado de ser una opción. Cuanto más negamos, reprimimos y evitamos la verdad de nuestra experiencia, más reducimos nuestra vida a confines estrechos y menos resiliencia tenemos con el tiempo.

Hemos de romper muchos tabúes:

- El tabú de escucharte a ti misma como autoridad principal.
- El tabú de sentir sinceramente tus sentimientos, aunque estos ofendan a los demás.

- El tabú de sentirte merecedora por derecho propio de lograr grandes cosas.
- El tabú de amarte a ti misma y reivindicar tu valía.
- El tabú de procesar, de tener paciencia y de que las cosas llevan su tiempo.
- El tabú de la imperfección y de cometer errores o cambiar de idea.
- El tabú de reconocer la verdad de nuestra historia de la infancia.
- El tabú de la vulnerabilidad.
- El tabú de concentrarnos en la autoindagación (etiquetada como «egoísta», especialmente si se trata de mujeres).

Sanar la herida materna es una forma de honrar a todo tu linaje femenino: a las generaciones de mujeres que vivieron antes que tú y a las generaciones venideras.

Debido al ambiente de opresión cultural a las mujeres, estas siempre se han sentido atrapadas en un dilema: parece que para respetar a tu madre necesariamente tengas que renunciar a tu poder, y a la inversa, si desarrollas tu poder personal puede dar la impresión de que no la respetas completamente. Este vínculo excluyente ha sido un problema para el empoderamiento femenino. Esto se debe a la dinámica de poder transmitida de una generación a otra de mujeres sometidas al régimen patriarcal, que ha creado en ellas una sensación de carencia, lo cual dificulta que madres e hijas se conviertan de pronto en mujeres poderosas.

El respeto a la madre es perfectamente compatible con el respeto a nosotras mismas.

A medida que haya más generaciones de mujeres que se individualicen y vivan su verdad, irá desapareciendo el tabú sobre reflexionar acerca de la herida materna e intentar sanarla. Todas las mujeres sabrán que es esencial sanar la herida materna para responsabilizarse de sí mismas, para vivir conscientemente y con integridad. Se considerará un paso crítico para ser las dueñas absolutas de nuestro poder y resplandor.

Hemos de resistir la presión cultural respecto a evitar cuestionar a nuestra madre y negar las emociones dolorosas o patrones nocivos de la relación. Esta labor de resistencia es esencial para alcanzar nuestra integridad.

Si no escuchamos el dolor que nos ocasiona la herida materna, nos arriesgamos a vivir indefinidamente con sentimientos permanentes de vergüenza profunda, autosabotaje, competitividad, comparación, indecisión y atenuación. También nos arriesgamos a transmitírselo a nuestras hijas e hijos. El modelo que hemos heredado de nuestra madre (con sus distorsiones patriarcales) permanecerá intacto hasta que actuemos conscientemente para transformarlo y seamos capaces de vivir de acuerdo con nuestra verdad esencial y experimentar una satisfacción profunda.

En el proceso de sanación, habrá momentos en que sentiremos emociones conflictivas hacia nuestra madre, como tristeza, rabia y decepción. Son fases temporales. Si nos comprometemos a sanar, estos sentimientos acabarán transformándose en más serenidad y aceptación.

Hemos de creer que nos lo merecemos y que poseemos lo que necesitamos para llegar al otro extremo de esta herida.

Sanar la herida materna es un viaje personal y no necesitas que tu madre sane contigo. Pero sí exige que te plantees lo que crees que sabes sobre tu relación con ella. Esta línea de indagación hará que te centres en ti y en tu propia sanación y transformación. No obstante, es más que probable que tu proceso de sanación también active de alguna manera el de tu madre. El detonante se puede considerar como la valiosa oportunidad de llegar a una comprensión más profunda, tanto para la madre como para la hija. Asimismo, tal vez sea la ocasión para la madre de reflexionar, conocerse mejor a sí misma y tomar las riendas de su vida, si está dispuesta a ello.

Sanar la herida materna se caracteriza por:

- Analizar la relación madre-hija con la intención de tener más claridad y una percepción más profunda, para crear un cambio positivo en nuestra vida.
- Transformar las creencias limitadoras que has heredado con la intención de adoptar otras nuevas que favorezcan plenamente nuestro florecimiento como seres auténticos.
- Responsabilizarnos de nuestro propio camino siendo conscientes de patrones de los que antes éramos inconscientes y tomando nuevas decisiones que reflejen nuestros verdaderos deseos.

Sanar la herida materna no es rechazar a la madre, sino una poderosa forma de reivindicarnos como seres completos.

Puesto que la relación con nuestra madre ha supuesto la base de la relación con nosotras mismas, el proceso de sanación encierra un gran potencial de crecimiento y transformación. Esta es la razón de replantearnos dicha relación, para sanar la herida materna: no para culpabilizar, juzgar o rechazar a nuestra madre, sino para tener paz y libertad para autorrealizarnos, que es el derecho natural que tenemos todas las mujeres.

Si nuestra madre intenta avergonzarnos o culpabilizarnos por hacer el trabajo de nuestra propia sanación y de romper este tabú, hemos de ser fuertes. Tenemos derecho a ser diferentes y a tener nuestra propia identidad.

Cuando nos responsabilizamos y hacemos el trabajo de sanar nuestras heridas, respetamos realmente a nuestros padres y a nuestros hijos.

Si somos un número de mujeres lo suficientemente alto las que realizamos este trabajo interior de rechazar las voces que pretenden avergonzarnos y la voz del arquetipo de nuestra madre muerte interior, que nos silenciaría, atemorizaría y obligaría a amoldarnos, podremos transformar la madre muerte colectiva en la madre apocalíptica y marcar el inicio de una nueva Tierra, donde la vergüenza tóxica acumulada en nuestras profundidades no nos haga temer el cambio, sino que podamos ver cualquier cambio con la visión de que la «muerte está al servicio de la vida».

Preguntas para reflexionar

1. ¿Qué mitos, estereotipos o mensajes culturales han provocado que sintieras algún tipo de culpa o vergüenza por tus verdaderos sentimientos hacia tu madre o hacia las experiencias que has vivido con ella?

2. ¿Qué tabúes experimentas en tu vida diaria que te impiden ser más auténtica? ¿Qué experiencias de tu infancia confirmaron esos tabúes?

3. ¿Qué crees que podrías hacer si dejaras de someterte a estos tabúes y te decidieras a perseguir lo que realmente deseas? ¿Cómo cambiaría tu vida?

Capítulo 10

ABANDONAR EL SUEÑO IMPOSIBLE

Lo que vino a continuación de la audiencia ante el tribunal para solicitar la orden de alejamiento contra mi madre fue un torbellino de emociones brutal. Ahora que ya había dado más pasos para alejarme del sistema familiar y de su caos, me tocaba enfrentarme a mi propio caos. Tenía la sensación de que el suelo que pisaba cambiaba constantemente cada vez que intentaba andar en línea recta. Una parte de mí se sentía emocionada y orgullosa por plantarle cara a mi madre y ser capaz de marcar límites claros a los miembros de mi familia. Este sentimiento de poder personal surgía a rachas y alternaba con periodos largos de intensa tristeza, nostalgia, ansiedad y anhelo. Me despertaba sobresaltada, con la necesidad de ponerme en contacto con mi madre, todavía albergando la familiar y antigua esperanza de «¿y si se lo explico mejor esta vez? Creo que al final entenderá lo que le quiero decir». Afortunadamente, cada vez conseguía recordar que había intentado hacérselo entender muchas veces y que nunca había funcionado.

Pasaban los meses y no tenía noticias de nadie de mi familia. Había momentos en los que me daba cuenta de que volvía a surgir el viejo relato, *ese antiguo estribillo que solía hacerme sentir que tenía el control: «Si cambio para conseguir ponerme en su lugar, al final me "verán" y las cosas mejorarán». Me fui dando cuenta de que esa había sido mi fuerza impulsora, mi estrella del Norte, cuando era niña. Y empecé a ver que jamás obtendría mi compensación por mi apoyo y gratitud incondicionales, y que tendría que conformarme con migajas de respeto. Sabía que este anhelo representaba el «sueño imposible» de mi infancia y reconocía que estaba actuando con toda su intensidad.*

Gracias al trabajo emocional que realizaba con mi terapeuta, Nicole, y a que me sumergí con ella en las profundidades de la terapia de los sistemas de la familia interna o terapia de las partes internas, me enteré de que el sueño imposible es una estrategia de supervivencia común en los supervivientes de los traumas de la infancia y que me había protegido de la insoportable realidad del terrible alejamiento emocional de mis padres. Los supervivientes adultos de abusos, negligencias o traumas familiares suelen transformar este sueño de la primera infancia en una obsesión por ser perfectos, lo bastante buenos, agradar a todos, complacer a la gente y cuidarla, en su intento inconsciente de ser amados como no lo fueron ellos cuando eran niños. Se necesita mucho tiempo para deshacer esta característica de la personalidad de conformarse con el sufrimiento traumático.

Recuerdo que un domingo por la tarde estaba tumbada sobre la hierba del parque cercano a la autopista del West Side, en Nueva York. Estaba hablando con mi niña interior: «Pequeña Bethany, mamá no va a convertirse nunca en la madre que quieres. Ha llegado la hora de que dejemos de intentarlo. No es capaz de darte lo que necesitas. Ahora estoy contigo para cuidarte y amarte». Me quedé anonadada cuando sentí que me respondía diciéndome: «Vale, siempre esperaré a mamá. Deseo ser visible para ella más que ninguna otra cosa en el mundo. Esperaré hasta que me muera si es preciso. Lo único que deseo en este mundo es su amor, no me importa lo que tenga que hacer para conseguirlo. Lo necesito. Necesito su amor para estar bien». En ese momento, me di cuenta de lo profundamente arraigado que estaba este sueño imposible y que no iba a ser fácil ayudarla a convencerla de que renunciara a él. También empecé a reconocer que la misma energía del apego unilateral había invadido otras áreas de mi vida: mis relaciones, mis trabajos y mis amistades eran todos «pozos secos» que no tenían nada que ofrecerme, pero me aferraba a ellos con una falsa esperanza que me paralizaba y me mantenía esperando. Ahora, podía sentir que mi niña interior estaba manipulando ese estancamiento en un falso intento de captar el amor de mi madre y que había estado proyectando esto en otras personas y cosas durante la mayor parte de mi vida.

Con el tiempo, mi sueño imposible con mi madre empezó a disolverse, capa a capa, como me sucedió con otros sueños imposibles de otras áreas de mi vida. Fue como si el sueño imposible con mi madre también hubiera estado alimentando otros sueños imposibles. Cuando se levantó la niebla que envolvía esa relación primaria, pude ver mis otras relaciones con mayor claridad, incluidas las relaciones con mi padre, con David y con mi hermano. Comencé a canalizar más mi atención en mis intereses personales, como el activismo en mi comunidad y mis aspiraciones de ser escritora. Cuanto más sanaba, más me entusiasmaba pensar en hacer cosas como viajar por el mundo o, simplemente, tener tiempo y espacio para escribir y descansar.

A medida que la quimera se iba evaporando, unas veces sentía tristeza y otras que las cosas se iban poniendo en su lugar. Mi terapia se centraba en ayudarme a integrar todos estos cambios. No podía evitar tener la sensación de que estaba experimentando algún tipo de iniciación; mis sentidos estaban sumamente aguzados y sintonizados. Tenía la sensación de que mi voluntad de sentir conscientemente el inmenso dolor de separarme de mi familia, de alguna manera, me estaba ayudando a abrirme, era como si una parte de mí se estuviera muriendo y naciera una nueva.

Para sobrellevar el dolor emocional y la confusión en nuestras familias, muchas canalizamos nuestra fuerza vital hacia un sueño secreto que inconscientemente nos condiciona de adultas. Si no somos conscientes de él, este sueño se proyectará en otras personas, situaciones y cosas, para pedirles lo que no pueden darnos, lo que nos condena a un perpetuo estado de insatisfacción y autodesprecio.

El sueño imposible es un mecanismo de defensa que ayuda a la niña a albergar la esperanza de que, cuando sea lo «bastante buena», su madre por fin la reconocerá y le dará el amor que siempre ha deseado. En su aspecto más básico, es una forma de «cuando yo___________, mamá por fin me verá y me amará tal como soy». Este sueño imposible aporta a la niña de una familia disfuncional un tipo de esperanza muy potente que la ayudará a soportar la confusión o el dolor que experimenta en su entorno doméstico. También le hace sentir que tiene control sobre ese entorno, calma sus temores y la protege de la dolorosa verdad de que, en realidad, no puede hacer nada para cambiar la dinámica familiar.

El sueño imposible nos protege de las dolorosas realidades que no teníamos la capacidad cognitiva para afrontar cuando éramos niñas.

El sueño imposible es, en muchos aspectos, una brillante estrategia de supervivencia para conseguir soportar algún tipo de trauma. Es un puerto seguro, que nos ayuda a apartar la atención de la madre (que la niña ve, en mayor o menor medida, como insegura e inaccesible) y hace que la traslademos a nosotras mismas, haciéndonos creer que tenemos algún tipo de control y logrando que nos enfoquemos en un futuro donde todo estará bien; esto nos ayuda a soportar el sufrimiento y la confusión diarios que estamos viviendo.

La niña cree, inconscientemente, que «no soy normal. Mi poder para controlar las cosas reside en cambiar yo para ser lo que ella quiere que sea».

Es una falsa esperanza, porque la verdad es que por más «buena» que fueras, nada habría cambiado en tu familia. Aunque fuera posible ser la niña perfecta que complacía a su madre de todas las maneras posibles, no habría cambiado la dolorosa dinámica disfuncional de tu infancia. Esta es la razón: lo cierto es que el sufrimiento que experimentaste en tu familia nada tenía que ver contigo. Estaba totalmente relacionado con la forma en que tus padres gestionaban sus propios problemas, personalmente y como pareja. Que tu madre te tuviera a ti pudo haber sido el detonante del sufrimiento que ya albergaba en su interior, pero tú como hija *no fuiste la causa* de ese sufrimiento.

Abandonar el sueño imposible es aceptar el hecho de que el sufrimiento de tu madre nada tiene que ver contigo. Tú no fuiste quien se lo causó. Y nunca has sido responsable de ayudarla a sanarlo.

Como adulta, el sueño imposible se convierte en un mecanismo de defensa contra el sufrimiento del momento actual. Es una barrera entre tú y lo que está sucediendo. Nos da una falsa sensación de control sobre las cosas y una falsa sensación de esperanza que, con frecuencia, proyectamos a otras áreas de nuestra vida.

Como mujeres, nuestro sueño imposible se puede manifestar de muchas formas distintas, como:

- **Automejora constante:** una sensación de fondo de que «no soy normal» y la presión constante de que has de esforzarte para ser merecedora.
- **«¿Vas a ser mi madre?»:** proyectamos una necesidad inconsciente de que otras personas nos hagan de madre,

como nuestra pareja, socios e hijos e hijas. Esto puede manifestarse como un apego a agradar, a la idealización de los demás o al sentimiento de estar en deuda.

- **La seguridad en el futuro**: proyectamos la esperanza de que las circunstancias externas futuras nos aportarán algo de calma, aceptación y «llegada». La sensación de que siempre estamos esperando a que llegue «algo más».
- **Autosabotaje**: con frecuencia, un sentimiento inconsciente de duda, «no sin mi madre».
- **Mente *superactiva***: pensamos constantemente, planificamos estrategias y cómo protegernos de los sentimientos que van surgiendo.

Esfuerzo, agotamiento, lucha, esmerarse: el sufrimiento de mantener vivo el sueño imposible

Se necesita una ingente cantidad de energía para mantener vivo el sueño imposible, pero como estamos acostumbradas desde hace mucho tiempo, no nos damos cuenta. Solo cuando cesa, como el ruido de fondo de un motor que había estado en marcha y se detiene de pronto, somos conscientes del ruido que hacía.

«Yo soy la persona que había estado esperando».

Jamás olvidaré a una mujer que vino a uno de mis talleres en Colorado. Me dijo: «Recuerdo que cuando era pequeña pensaba: "Esta mujer no puede ser mi verdadera madre, porque mi verdadera madre jamás me trataría así. Algún día aparecerá mi madre auténtica y me llevará con ella"». Entre lágrimas nos dijo al grupo y a mí: «Ahora me he dado cuenta de que soy la buena madre que mi niña interior ha estado esperando. Estoy aquí por ella. Soy la que puede darle lo que necesita. Este es el momento que ella había estado esperando».

Cuando te liberas de tu apego a la esperanza de que tu madre cambie, también te liberas de tu apego a la esperanza de que cambien otras personas que forman parte de tu vida. Puesto que la relación con nuestra madre es el modelo para las otras relaciones, los cambios se ven automáticamente reflejados en ellas, unas veces de inmediato y otras con el paso del tiempo.

Renunciar al sueño imposible es volver a conectar con la realidad tal cual es.

Mentalmente, quizás seas muy consciente de que tu madre «es como es» y que nunca cambiará. Sin embargo, más allá de tu estado de plena conciencia, es probable que haya una niña que todavía esté esperando con la esperanza de que su madre le dé lo que necesita.

El sueño imposible se puede manifestar de muchas formas:

- ¿Te sientes frustrada después de estar con tu madre?
- ¿Te sientes esperanzada después de haber estado con tu madre, pero luego experimentas una decepción predecible y te sientes insegura durante horas o días?
- ¿Idealizas a las personas que pasan por tu vida y luego te decepcionas?
- ¿Tienes la sensación de que siempre estás esperando algo? ¿Quizás algún permiso externo para hacer lo que realmente deseas?
- ¿Te autosaboteas mucho? ¿Te sientes cerca de dar un gran paso, pero luego te echas atrás en el último momento?
- ¿Te enamoras del potencial de una persona, en vez de enamorarte de la persona?

El sueño imposible nos condena a la minoría de edad eterna.

Se puede producir un cambio importante cuando nos damos cuenta de que no pasa nada por liberarnos de los patrones que pensábamos que nos garantizarían la madre que necesitábamos, como:

- Rebajarnos.
- Sentirnos culpables y avergonzadas.
- Tener miedo y estar hipervigilantes.
- Creer en la escasez.
- Privarnos de cosas de alguna manera.
- Victimizarnos.
- Resolver los problemas de otros.
- Reprimir nuestros verdaderos sentimientos y respuestas.

Estos patrones tal vez los hayas aprendido directamente de tu madre u observando su conducta. Probablemente, ella los aprendió de su propia madre y de su condicionamiento cultural. Puesto que vivimos en un patriarcado que dice que las mujeres somos inferiores, todas albergamos estas creencias de algún modo. (Estas pueden llegar a ser más nocivas si nuestra madre era una persona enferma o mentalmente inestable). Puede ser muy difícil deshacerse de ellas, porque en cierto modo hacerlo es como deshacernos de la «madre», y para nuestra niña interior y nuestro inconsciente, esto es como la muerte. Por ejemplo, si tu madre era una persona con muchos miedos, es posible que involuntariamente hayas asimilado algunos de ellos para sentirte más cerca de ella. Abandonar una visión temerosa de la vida puede parecerte tan aterrador como abandonar a tu propia madre. Si te han enseñado a autoculpabilizarte y eras recompensada por ello, tal vez experimentes la liberación de ese sentimiento de culpa como una traición a tu madre.

Dado que estos patrones se asociaban a los cuidados maternos, empiezan a representar inconscientemente la presencia materna. Estos patrones nos proporcionaron aprobación temporal, confirmación o aceptación en nuestra infancia. Pero, cuando nos hacemos adultas, solo nos sirven para rebajarnos. Puesto que se desarrollaron en una etapa tan temprana de nuestro desarrollo, estas creencias y patrones suelen ser bastante inconscientes y pueden pasar muchos años antes de que descubramos su origen. Es posible que dichos patrones te hayan hecho algún servicio. Por ejemplo, esmerarte para conseguir el amor de tu madre tal vez te haya ayudado a conseguir muchas cosas en la vida. Cuidar emocionalmente a los demás quizás te ha ayudado a saber entender sus sentimientos. Ser controladora o estricta tal vez te ha ayudado a ser muy productiva. Sin embargo, lo más importante es que veamos de qué forma estas estrategias o patrones *no* nos aportaron lo que más deseábamos: que nuestra madre estuviera presente de la manera que nosotras necesitábamos que lo estuviese. Mientras lloramos esa pérdida, podemos liberarnos para vivir y actuar de otra forma.

Aceptar lo indefensa que eras de niña es un gran paso hacia ser dueña de tu verdadero poder como adulta. Tú no tienes la culpa de que tus padres no fueran capaces de darte lo que necesitabas.

Aceptar este hecho conlleva sufrir tristeza y recibir ayuda. La verdadera liberación se encuentra en pasar el duelo; esto dejará espacio para que surjan nuevas formas de ser en el mundo que realmente te aporten algo y te satisfagan.

Es importante que identifiquemos creencias o patrones nuevos y positivos que puedan sustituir a los antiguos negativos. Luego, tendremos que comprometernos a actuar de acuerdo con esas creencias y patrones.

Aquí tienes algunos ejemplos:

- «Es seguro enfrentarme al miedo y creer en mí». (Plan de acción: calmar tus miedos cuando asumes un nuevo riesgo e inicias un proyecto que te exige ser visible para los demás).

- «Me doy permiso para respetar mis necesidades y decir mi verdad». (Plan de acción: hablar en voz alta en nombre propio, en una situación en que no se están respetando tus límites).
- «Hago honor a mi verdad, aunque los que me rodeen no estén de acuerdo». (Plan de acción: hacer algo que sabes que para ti es correcto, aunque los demás te rechacen por ello).

El plan de acción te aporta una nueva experiencia que envía un poderoso mensaje a tu subconsciente: *ES* seguro actuar en contra de lo que has aprendido de niña. En otras palabras, no actuar según los patrones no supondrá rechazo, humillación o abandono como te pasó en tu infancia. En cierto modo, es como si llevaras a tu niña interior al momento presente, donde *podrá* experimentar ser valorada por lo que es, porque *tú*, como persona adulta, la estás apoyando de formas en que tu madre no podía hacerlo. Esto crea una integración más profunda dentro de ti, más desapego y distancia de los patrones dañinos que adoptaste inconscientemente en tu infancia. Aquí la clave es la coherencia. Dar pasitos sistemáticamente que te conducirán a transformaciones mayores al cabo del tiempo.

Es importante que reconozcamos por qué no funcionaron las estrategias de la infancia.

Los siguientes son algunos ejemplos:

- «Estar callada no sirvió para que la gente me aceptara».
- «Resolver los problemas de mi familia no me sirvió para que durara la paz ni evitó que me rechazaran».
- «Estar de acuerdo con ella no sirvió para que me apreciara por lo que era, como persona independiente».

- «Compartir los temores de mi madre no sirvió para que me sintiera a salvo».
- «No destacar y callar no me sirvió para que mi madre me aprobara o apreciara».
- «Concentrarme en mi madre y en sus problemas no sirvió para que me escuchara o apoyara».

Cuando reconocemos que estas estrategias no nos sirvieron para nuestro fin, es más fácil liberarnos de la influencia que tienen sobre nosotras.

Cuando aceptamos que «la buena madre no va a llegar», podemos sentir la tristeza que nos ocasiona y autorizarnos a elegir otras formas de ser y de actuar en el mundo, que nos aporten felicidad y realización personal. Nuestra vida empieza a cambiar inmediatamente de acuerdo con nuestra nueva visión. Rechazar estos patrones negativos *no* significa rechazar a tu madre. Si quieres trascender estos patrones tempranos, *tendrás* que elegir sanar y crear nuevas formas más saludables de vivir y de estar en el mundo. Tu madre tal vez considere este cambio como una traición personal, según lo identificada que esté *ella misma* con esos patrones. Su respuesta a tu divergencia te mostrará en qué punto se encuentra internamente, pero nada tiene que ver contigo. Tú quizás te des cuenta de lo absurdos y tóxicos que son estos patrones en tu vida, pero tu madre tal vez no; puede que siga considerándolos como formas válidas de actuar en el mundo. Sus opiniones no tienen por qué influir en tu realidad. Deja que tenga su propia experiencia sin que te apresures a explicársela o a protegerla emocionalmente; es una forma de respetarla y de respetarte a ti misma.

Durante generaciones, las madres heridas han pedido inconscientemente a sus hijas que las compensaran por lo que el patriarcado y sus familias no le iban a dar: un propósito, control y validación personal. Las hijas no pueden aportar esto. Es algo que no se puede dar, solo puede hallarlo la madre en su propio interior, a través del compromiso de sanar y transformarse. Este ciclo tóxico se rompe cuando nos negamos a acatar el mensaje tácito de una madre herida: «No me abandones convirtiéndote en ti misma». Mujer, tienes derecho a ser la dueña de tu propia vida. Dejar que tu madre tenga su propia experiencia y proceso de sanación no es cruel (como nos diría el patriarcado); es bueno y necesario. Cuando tu integridad se vuelve más importante que la opinión que tiene tu madre de ti, se produce un cambio importante: eres más poderosa y te conviertes en un modelo de una nueva forma de ser.

Solo existe una cosa que te aportará la satisfacción que estás buscando: la verdad que hay en el centro de tu ser y vivir de acuerdo con esa profunda autenticidad, por muy alto que sea el precio.

Puesto que este tabú contra indagar sobre nuestra verdad interior ha estado activo durante infinidad de generaciones, todas tenemos un dilema: ¿seguimos con las cosas como hasta ahora, con ese persistente dolor de fondo, pero con la ilusión de que algún día tendremos paz y seguridad? ¿O nos enfrentamos directamente al dolor con el fin de trascenderlo y llegar a ese lugar de verdad y claridad genuinas, donde podremos disfrutar de satisfacción plena?

En el nuevo paradigma hacia el que nos dirigimos, el honor de la familia no será equivalente al silencio, sino a la honestidad, integridad y autenticidad, aunque eso conlleve afrontar sentimientos dolorosos e incómodos. No evitaremos por miedo a los sentimientos incómodos que surgen en el proceso de sanación de las heridas emocionales, sino que los veremos como una parte integral de dicho proceso que, en última instancia, nos aportará claridad, visión profunda y compasión.

Nuestra sed de verdad está empezando a superar nuestra sed de aprobación social y familiar.

El hecho de que nuestra cultura haya equiparado el análisis sincero de nuestro relato personal con la traición o la blasfemia ilustra que el honor superficial es una forma de ejercer control, no de amor genuino. El amor por decreto no es amor. Si seguimos en el proceso, analizar nuestro relato puede conducirnos a respetar y amar genuinamente a nuestros padres. Sin que nadie nos lo ordene.

Seguir comunicando esta dolorosa verdad a nuestra niña interior es un acto de amor: «Mamá no va a venir, pero estás a salvo».

Situar el sufrimiento emocional en su verdadero y adecuado contexto libera a la persona para que pueda encarnar plenamente y sin temor alguno su individualidad. La niña interior deja de culpabilizarse. Es el proceso de borrar la proyección de la madre que nos abandona o nos invade, de alejarla de nuestras situaciones actuales para vivir más en el presente y dejar de ver nuestra vida actual a través de la lente distorsionada del pasado. Este es un proceso muy lento que puede llevarnos años, pero con cada capa que eliminamos, más partes de tu verdadero yo se vuelven accesibles y cada vez vas siendo más dueña de tu vida. Tu niña interior se siente apoyada siendo «ella misma», y la consecuencia es que sabrás a ciencia cierta que eres una mujer que se pertenece a sí misma. Estar separada y ser encantadora ya no son incompatibles, sino partes fundamentales de ti misma que están interrelacionadas. Paradójicamente, esta singularidad interior da lugar a una experiencia más profunda de interconexión con todo.

Preguntas para reflexionar

1. ¿De qué formas has visto que se manifestaba el sueño imposible en tu infancia y en tu vida actual como adulta?

2. ¿Cuáles han sido algunas de las estrategias inconscientes que utilizaste en tu infancia para sentirte más a salvo, segura y aceptada?

3. ¿Cuáles son algunas de las nuevas creencias que puedes adoptar, que si las integras y actúas según ellas, podrían ayudarte a reemplazar las creencias negativas de tu infancia e incorporar algún cambio tangible en tu vida, que te lleve a superar el legado de tu familia?

Capítulo 11

RESPONSABILIDAD

El conflicto con mi madre, aunque desolador y alucinante, me había servido para mejorar mi comprensión y validar mis primeras percepciones y observaciones sobre qué había provocado que renunciara a mí misma de pequeña para sobrevivir en mi familia. Tenía la sensación de estar completando un puzle: nací completa, pero debido a la necesidad de adaptarme a la dinámica disfuncional de mi familia y a la cultura patriarcal general, me fragmenté y desmembré, me dividí a mí misma. Ahora estaba en el proceso de recomponerme, mediante el acto de dar nombre a la experiencia que había vivido de pequeña. Estaba descubriendo una integridad más profunda que siempre había estado dentro de mí, pero que no había reconocido hasta entonces. Solo entregándome a las emociones que dejaba la estela de mis descubrimientos pude llegar a comprender esto realmente. Fue como un renacimiento, me estaba descubriendo, era más dueña de mí, hablaba en mi propio nombre, era capaz de decir «no» y me daba cuenta de que mi integridad era con diferencia la fuerza más potente de mi vida.

Mientras reflexionaba sobre la aparente incapacidad de mis padres de sentir empatía por mi sufrimiento o de responsabilizarse de nuestra dinámica por la parte que les tocaba, llegué a la conclusión de que probablemente se debiera a su convicción de que, según ellos, habían sido mejores padres que los suyos. Mi padre no me daba palizas como hacía el suyo con él (aunque pegaba a mi hermano, pero no tanto). Mi madre no se pasaba días borracha y me dejaba al cuidado de la casa, como le había sucedido a ella con su madre, pero me cargaba emocionalmente con mucho más de lo que ninguna niña debería haber soportado. Entendí que, para su idiosincrasia, eran mejores que sus padres. Pero lo cierto es que el hecho de que no hubieran trabajado su infancia los ponía a la defensiva ante cualquier prueba que pudiera aportarles de que, a pesar de todo, a mí me hicieron daño.

Sentí que mi reivindicación de que se responsabilizaran fue percibida como un ataque. A mi entender, esa negación fue lo que favoreció que me utilizaran; por desgracia, creo que ellos la interpretaban como amor o lealtad hacia sus propios padres. Desenterrar la verdad no les parecía sanador, sino una traición blasfema a la familia. Para mí, el esfuerzo que se requería para transformar esa negación era la expresión más poderosa de amarse a sí mismo y de amar a los hijos. Es necesario aceptar la responsabilidad para crear un cambio. Cuando cada generación antepone la negación de sus padres al bienestar de sus hijos, terminamos siendo una sociedad traumatizada.

En aquellos tiempos, ya llevaba casi una década de terapia y había forjado una relación terapéutica de larga duración que me había aportado las cosas que me faltaron en mi infancia. Gracias a ello, descubrí estos patrones y me sentí empoderada cuando expresé mi deseo de cambiarlos. Pero estoy convencida de que puesto que mis padres no habían hecho un trabajo interior similar, no podían sentirse orgullosos de él, solo amenazados. Lo que sucedió fue que mi sistema familiar no podía incluirme en mi nuevo estado de empoderamiento; por lo tanto, fui excluida de él. Todas las familias buscan el equilibrio y la homeostasis, y en algunas, el miembro con más poder personal ha de ser exiliado, porque ocasiona demasiados trastornos al sistema como para que pueda permanecer estable.

Saber que podía sobrevivir al rechazo materno acentuó mi capacidad para reconocer la toxicidad y rechazarla abiertamente cada vez que la identificaba. Y con cada capa de responsabilidad que iba aceptando, surgían más capas de ira y tristeza. Observé que sentí una tracción inmensa y un impulso interior cuando conseguí procesar mi tristeza y mi rabia sobre la verdadera magnitud de lo que me había sucedido de niña, en lugar de fijarme principalmente en la situación secundaria que había sido el detonante de esos sentimientos. Con frecuencia, tras haber procesado mis sentimientos respecto a la causa original, experimentaba una serena claridad respecto a los siguientes pasos que tenía que dar en mi situación actual.

Irme responsabilizando de mi historia y de la cada vez más cercana disolución de «mi sueño imposible» me estaba convirtiendo en la que dice las verdades y la delatora, tanto en mi vida personal como en las comunidades a las que pertenecía. Reconocía más fácilmente la toxicidad y la disfunción en las interacciones diarias y utilizaba esas experiencias como oportunidades para adentrarme más en mi estricta integridad. Mi madre estaba fuera de mi vida, pero la herida materna todavía seguía abierta. Aprovechaba cada una de sus manifestaciones para ser más fiel a mí misma de una forma que con mi madre había sido imposible, practicaba mi autenticidad, seguía siendo dueña de mis distintos aspectos, marcaba límites respetuosamente y era transparente con las proyecciones de los demás, sin perder mi centro y cuidando a mi niña interior. Cada vez que hacía eso podía sentir un cambio visceral, como si mis células se estuvieran reorganizando de otro modo.

La principal institución del patriarcado es la familia.
Kate Millett

No hay nada más importante para el futuro de nuestra cultura que la forma en que se desarrollan los niños y las niñas.
Gabor Maté

Cuando se trata de las heridas de la infancia, la cruda realidad es que el amor no basta. El amor de los padres hacia sus hijos no es suficiente para evitar hacerles daño inconscientemente. Y el amor por nuestros padres tampoco basta para conseguir que desaparezcan nuestras heridas. Lo mismo pasa entre amigos, parejas y colegas. Aunque tengamos las mejores intenciones, nuestra herida materna no resuelta determinará el alcance del impacto positivo que tendremos en los demás. Nos mostrará lo limitada que es nuestra capacidad en un momento dado. El trauma será más fuerte que el amor.

Esto no significa que el amor o las buenas intenciones no importen. El hecho de que quieras a alguien y que *no* tengas intenciones de hacerle daño nada tiene que ver con responsabilizarte de tu propio relato. Nuestro inconsciente se impondrá a nuestras intenciones conscientes, a menos que nos hayamos ocupado de él. Cualquier cosa que no queramos ver o prefiramos ignorar respecto al dolor que sufrimos se *manifestará* en nuestras relaciones de adultas y será el principal factor que determinará su grado de sufrimiento y disfuncionalidad en la actualidad. Si no profundizamos en nuestra historia personal, los problemas que tengamos en nuestras relaciones serán misterios insondables, seremos víctimas de patrones repetitivos, buscaremos fuera, culparemos a otros y siempre sentiremos algo de vergüenza.

Proteger a nuestros padres de la responsabilidad no es amor. Preferir mirar hacia otro lado, para no ver cómo nos han perjudicado, equivale a permitir que la próxima generación sufra lo mismo.

Nuestra definición de amor se ha de expandir para incluir la responsabilidad.

Responsabilidad es reconocimiento profundo y claridad sobre cómo nos han perjudicado cuando éramos niñas, es los miles de formas en que ese daño nos afecta ahora como adultas y los pasos que podemos dar para sanar y cuidar a nuestra niña interior. En generaciones anteriores, la definición de *amor* incluía no hablar de nuestro sufrimiento. Pero ahora hemos de ampliarla para incluir la responsabilidad. Una definición alternativa de amor podría ser: «Soy conocedora de que mi sufrimiento de la infancia está relacionado con mi conducta actual, me comprometo a dar los pasos necesarios regularmente para sanar y crecer, para no proyectar inconscientemente ese dolor sobre ti».

«Mi madre hizo lo que pudo». He escuchado esto de muchas mujeres que sufrían la herida materna y que preferían no revisar su relación con ella. La razón por la que su dolor persiste es porque eso implica solo la *mitad* de la visión global.

La visión global es: «Mi madre intentó hacer las cosas lo mejor posible y sufrí cuando era niña». Veo que algunas mujeres intentan inconscientemente saltarse esta segunda parte. Pero es precisamente esta segunda parte la que nos permite sentir el duelo, sanar y, en última instancia, evolucionar y medrar para convertirnos en las personas que estamos destinadas a ser.

Es casi imposible que podamos estar emocionalmente presentes para nuestros hijos, si no hemos sanado lo suficiente a nuestra niña interior. Dicho de otro modo, podremos estar en armonía y sentir empatía por nuestros hijos e hijas en la misma medida que podamos sentir empatía por lo que sufrimos cuando éramos niñas. Cuanto mejor cuidemos a la niña *interior*, mejor cuidaremos a la niña *exterior*.

No hay a quien culpar. Al fin y al cabo, tanto los progenitores como su descendencia son víctimas de la cultura patriarcal. Ambos son víctimas del mandato de guardar silencio, de no hablar de sus sentimientos y de sus verdaderas experiencias. Sin embargo, solo la responsabilidad nos ayudará a ser más conscientes de la situación de nuestras hijas en la sociedad y a efectuar un cambio para las generaciones futuras. La principal responsabilidad para los adultos es sanar a su niña o niño interior. De lo contrario, miraremos los problemas del mundo sin ver lo que son realmente: síntomas del sufrimiento no sanado ni reconocido que todas llevamos dentro.

Todos los niños y niñas son inocentes. La niña interior es inocente y nuestros hijos e hijas también lo son. Darnos cuenta del daño que les hemos hecho y el que nos hicieron a nosotras es descorazonador. Pero esta voluntad de VER la dolorosa verdad de cómo nos han herido es la única forma de evitar seguir transmitiendo este sufrimiento. La *clave* está en nuestra voluntad de querer ser conscientes, de soportar el dolor que nos causa ese conocimiento. Cuando nos responsabilizamos, nuestro proceso se acelera.

La responsabilidad implica varios pasos:

- Ser responsables de la verdad respecto a lo que vivimos realmente de pequeñas y sentir empatía por nuestra niña interior. Estar triste y furiosa en su nombre. (De este modo, te conviertes en la testigo compasiva que necesitabas en el pasado).
- Observar cómo han influido en nuestra vida esas experiencias dolorosas que tuvimos de niñas y cómo las hemos compensado ahora que somos adultas.
- Tener en cuenta que, en nuestra infancia, no teníamos ningún control sobre las situaciones. Los responsables en aquellos tiempos eran los adultos.
- Por último, adquirir práctica en pasar un duelo por cada capa que vaya surgiendo y sentir la realidad de nuestra bondad incorruptible, a medida que vamos desarrollando nuestro poder personal.

La forma de responsabilidad más potente es la interior y la que tenemos con nosotras mismas respecto a todo lo que nos ha sucedido. No eres responsable de nada de lo que te pasó en tu infancia. Esta es la reflexión liberadora que te permite deshacerte de la vergüenza y redimir a tu niña interior. Pero ha de ser una reflexión sentida, no intelectual. Has de sentirla en tu cuerpo. Esto es justamente lo que te reconecta con lo REAL dentro de ti: con tus verdaderos instintos, sentimientos y observaciones.

Lo importante no es enfrentarte a tu madre o a tu padre.

Responsabilizar a tu padre o a tu madre diciéndoselo directamente es una opción personal. Puede ser muy terapéutico, pero elegir bien el momento y la forma es esencial, y se ha de tener muy en cuenta. En algunas situaciones, es una buena elección *evitar* una confrontación directa. Lo verdaderamente importante es que tú, en tu corazón, hayas soltado la carga de culpabilizarte del sufrimiento que padeciste en tu infancia. La facultad de tu madre o tu padre para verte o entenderte es secundaria y no es imprescindible para que sigas evolucionando. No es necesario que tengas una relación armoniosa con ellos para sanar.

No fue culpa tuya. Esta sencilla y profunda reflexión nos devuelve el poder que la herida materna nos ha quitado y nos conduce de nuevo a nuestro centro de gravedad. Es el antídoto de la creencia inconsciente de que aceptar a nuestra familia equivale a aceptar su sufrimiento y su vergüenza como si fueran nuestros.

A una niña, los sentimientos dolorosos pueden parecerle letales. Su poder es tan aterrador que ha de reprimirlos. Cuando éramos pequeñas, tuvimos que dividirnos para *no* sentir y lograr sobrevivir. Cuando nos volvemos adultas, podemos compensar esa división mediante la experiencia de sentir nuestras emociones plenamente y reconocer que estos sentimientos dolorosos NO tienen el poder de matarnos. Podemos descubrir que somos más poderosas y ocupamos más espacio que ninguna emoción dolorosa. Somos capaces de darnos cuenta de que un sentimiento desagradable no significa que seamos «malas». De hecho, estamos capacitadas para aprender que acceder a la verdad de nuestro sufrimiento, y procesarla forma parte de nuestra bondad, realidad y verdad.

No podemos sanar las heridas que nos negamos a reconocer.

No responsabilizarnos de las heridas de la infancia tiene un precio muy alto. Una niña maltratada, debido a sus limitaciones cognitivas en desarrollo, solo tiene capacidad para considerar que es la culpable de su herida. Esta falta de conciencia y de responsabilidad no permite que pasemos nuestro correspondiente duelo, ese que solo es posible después de haber reflexionado como adultas, sobre los crudos hechos de nuestras experiencias de la infancia que provocaron ese dolor. Si no sentimos esa tristeza, la niña herida seguirá viviendo en nuestro cuerpo de adultas, proyectando su sufrimiento en los demás y recreando las mismas situaciones dolorosas una y otra vez, culpándose a sí misma.

¿Por qué nos asusta asumir la responsabilidad?

Muchas mujeres tienen miedo a analizar lo que han vivido en su infancia, porque creen que equivale a echarles la culpa a sus padres; para ellas es lo mismo. Esta asociación errónea es un síntoma de la maraña de disfuncionalidad que ha generado el patriarcado. Hemos de desvincular estas dos cosas. Esta creencia es lo que fomenta el abuso de una generación a otra. Cuantas más adultas haya que se atrevan a sentir el dolor de las heridas de su infancia, más cuenta se dará nuestra sociedad de que asumir nuestra responsabilidad al respecto no supone una amenaza al poder del padre o de la madre. Por el contrario, para los progenitores (que han pasado su correspondiente duelo por las heridas de su infancia) responsabilizarse de ello será un motivo de orgullo y honra.

Asumir la responsabilidad nos ayuda a concienciarnos más para realizar un cambio significativo.

Tenemos el potencial para ver y lamentar la tragedia de que nuestro dolor inconsciente no sanado puede provocar que hiramos gravemente a otros sin darnos cuenta. Hemos de tener el valor de abrir los ojos y reconocer el dolor que nos ha ocasionado el sufrimiento no procesado de *otras* personas y que *nuestro* propio sufrimiento no procesado también ha hecho daño a otras. En conjunto, este reconocimiento es lo que da lugar a la compasión, el perdón y los cambios significativos. Este reconocimiento es la consecuencia de habernos atrevido a sufrir lo suficiente nuestro dolor, hasta el extremo de que llegamos a entender que la conducta de otros no tiene mucho que ver con nosotros. La forma en que nos tratan los demás es la culminación de su propio estado interior. Esto crea un espacio mental donde ya no nos sentimos obligadas a ser reactivas y hostiles con las personas que actúan con amargura. Sin embargo, hasta que destapemos y sintamos nuestras heridas de la infancia, seguiremos tomándonos la conducta de los demás como algo personal, porque esta es la visión limitada de una niña no sanada, que no puede hacer más que verse a sí misma como la culpable de todo lo que pasa. Mientras no hayamos sufrido lo suficiente, nos veremos obligadas a repetir ese sufrimiento. El duelo por las heridas de la infancia es un poderoso acto de madurez que nos abre las puertas a un nuevo mundo.

Algunas personas reconocen que aunque las heridas de la infancia sean dolorosas, la angustia o dolor que sienten las ayuda a ser creativas, excéntricas y apasionadas. Algunas temen que si sanan, tal vez pierdan esa singularidad o impulso que las motiva y les hace tener éxito. Lo cierto es que cuando sanamos estas heridas, no perdemos lo que nos hace únicas; por el contrario, nuestra energía creativa se libera de formas que nos ayudan a ser verdaderamente innovadoras y originales, permitiéndonos gozar del espacio psicológico necesario para ver más allá de los confines de la cultura familiar y descubrir nuevas posibilidades que, mientras estábamos limitadas por las heridas de la infancia, no podíamos ver.

Uno de mis retos en mi viaje de sanación ha sido confiar en que el descanso y la relajación no me harán vulnerable a resultados negativos. Esto se basa en la creencia errónea que desarrollé de niña de que para estar a salvo siempre tenía que permanecer en estado de alerta máxima y esforzarme por alcanzar la siguiente meta. En mi infancia, me sentía muy insegura si me relajaba. Cuando me hice adulta, tuve que desarrollar una relación diferente con el descanso y considerarlo como un socio de mi creatividad y productividad, en vez de un obstáculo. Recuerdo que un día estaba exhausta, pero quería seguir trabajando para terminar una tarea y se me estaba acabando el tiempo. Sin embargo, hice algo totalmente distinto, me concedí todo el día de descanso. No hice nada productivo ese día. No me distraje con Netflix o con las redes sociales. Me propuse descansar profunda y conscientemente. Estuve un rato mirando por la ventana observando a las ardillas que jugaban en los árboles cercanos a mi casa. Durante otro rato, me dediqué a mirar cómo pasaban los minutos en mi reloj digital. Entonces, sentí algo de pena y lloré un rato. Seguí mi propio ritmo momento a momento. Todo esto era increíblemente relajante y reconfortante. Me permití SER. Fue increíble ver que después de todo un día de descanso total, los días siguientes, era extraordinariamente productiva y organizada, y ninguna de las tareas me parecía una carga o un esfuerzo. De hecho, estaba tan relajada que las tareas cotidianas me resultaban divertidas y energizantes.

Basándome en lo que he aprendido sobre rehacer ese patrón, ahora me tomo muy en serio lo de tener un día libre cada semana, y mi creatividad y mi productividad han mejorado enormemente. Esto es un ejemplo de que al responsabilizarme de mi estado de hipervigilancia de mi infancia he podido romper el bucle de acabar siempre quemada. A menos que tengamos el valor para afrontar estas cosas, podrían atraparnos de por vida en patrones que no funcionan.

¿Por qué es necesaria la responsabilidad?

No es posible sentir el duelo si no reconocemos la verdad de lo que nos ha sucedido. Y el duelo es justamente lo que vuelve a conectarnos con nuestro yo más profundo y amplía el espacio entre el estímulo y la respuesta, para que podamos acceder a más posibilidades y opciones.

Subsanar la división interior

Cuando hacemos este trabajo, damos validez a la niña interior que se vio obligada a reprimir sus sentimientos, a dudar de sí misma, a negar sus instintos y a rechazar su esencia. Esta división la ayudó a sobrevivir a la insoportable verdad. Cuando nos responsabilizamos de esto, volvemos a ser «reales». La verdad era insufrible y no tuvimos más remedio que reprimirla. Pero ahora que somos adultas hemos de reconectar con esa verdad para vivir realmente.

La respuesta al cambio social y personal está en sentir empatía por la niña maltratada que todas llevamos dentro.

Para que las mujeres descubramos totalmente nuestro poder, hemos de crear un mundo donde una niña no tenga que elegir entre su poder personal y el amor de su madre.

El acto de responsabilidad más elevado es convertirnos en nuestra propia madre. Así dejaremos de pedir a los demás que nos hagan de madre. Dejaremos de pedir a nuestros hijos e hijas, pareja y amistades que nos den lo que no pueden darnos. La compulsión a recrear inconscientemente el dolor se irá disolviendo de forma gradual. No hay manera de que podamos ser nuestra propia madre correctamente, si antes no sentimos empatía por lo que nos ha sucedido. Para ello, tendremos que conectar con nuestra niña interior, escucharla, validarla y autorizarla a que pase su duelo. Esto ayudará a que su dicha y su bondad indestructibles sean canalizadas a través de todo lo que hacemos.

Preguntas para reflexionar

1. ¿Hay algún recuerdo o experiencia de tu infancia que sabes que sería conveniente analizar más a fondo y sanar? ¿De qué parte de tu infancia todavía no te has responsabilizado en tu interior? Y si la aceptaras y reconocieras, ¿podría proporcionarte un alivio profundo y energía en tu vida actual?

2. ¿De qué partes o aspectos de ti misma has tenido que prescindir o cuáles has tenido que acallar para recibir la aprobación de tu familia?

3. ¿De qué formas productivas podrías incorporar o reactivar estos aspectos ocultos en estos momentos? ¿Qué planes de acción tienes para empezar a recuperar estas cualidades en tu vida?

Capítulo 12

EL DUELO

En mi procesamiento de la disolución de mi familia y lo que estaba empezando a parecer la posible disolución de mi matrimonio, viví momentos en los que sentía que no iba a quedar nada de mí. Mientras seguía funcionando en mi día a día, tenía la sensación de que mis estructuras internas se estaban evaporando rápidamente, como si fueran arena escurriéndose entre mis dedos. Todas las estrategias y mecanismos de defensa en los que siempre había confiado me parecían inútiles en esos momentos. Las propias armas que había utilizado para hallar sentido al mundo y a mí misma o eran demasiado dolorosas como para usarlas o se habían vuelto obsoletas. El papel de la «buena chica» era superficial. Mi preocupación por agradar y recibir aprobación había sido reemplazada por mi deseo de veracidad. La motivación para ser una conseguidora «en busca de la excelencia» había desaparecido. Tenía la sensación de que ya no quedaba nada por lo que esforzarme. Y siguiendo la estela de esas máscaras y estrategias en descomposición, fueron saliendo a la luz capa tras capa de ira y tristeza, de las primeras veces en las que me sentí despreciable, mala y que nunca era lo bastante buena. Empecé a sentir que estaba viviendo mi vida momento a momento, respiración a respiración.

La terapia fue particularmente intensa en esa época. Empecé a trabajar con Nicole lo que llamé el «agujero negro»: el crudo y mordaz centro de la herida materna. Sentía una desorganización interna y una desesperación absolutas. Siempre iban precedidas de una familiar melodía de fatalidad, compuesta de confusión, inseguridad y agotamiento, que había estado sonando como música de fondo durante toda mi vida. En mi día a día, solía evitar este sentimiento o lo acallaba. Pero, últimamente, se había empezado a instaurar en mi vida cotidiana. Esta progresión me confundía: tenía momentos de claridad y libertad intensos, pero me estaba sumergiendo en una desesperación profunda.

Nicole me explicó que cuanto más sanas, más cantidad de traumas puedes procesar. Es un tipo de progreso distinto al que nos solemos imaginar. Damos por hecho que avanzaremos directamente para «mejor», pero la sanación de un trauma se parece más a una espiral o a una ola. Esta espiral implica regresiones frecuentes, durante las cuales nos enfrentamos repetidamente a ecos de material traumático, a la vez que vamos mejorando muy gradualmente nuestra capacidad para digerir, integrar y trascender los antiguos relatos, creencias, emociones, conductas, formas traumáticas de ser y de relacionarnos.

Durante una sesión de terapia, le dije a Nicole:

—Noto que se acerca el agujero negro. Es una sensación de ser acechada por una fuerza maligna.

—Bueno, pues saquémoslo a la luz, veámoslo detenidamente. Estoy aquí contigo. Estás a salvo. Analicémoslo juntas —me dijo.

—¿Estás segura? —le pregunté—. Tengo la sensación de que si lo hago, me matará. Si me abro a esto, acabará destruyéndome.

—Sí, estoy segura. Te tengo. Estás a salvo.

«Muy bien —pensé—, vamos allá».

Dejé que los sentimientos me envolvieran. Fue como lanzarme al vacío. Nicole me preguntó qué sentía mientras lloraba. Me puse a hablar desde ese lugar.

—*Soy muy mala. Quiero morirme. Soy el ser más espantoso, malvado, horrendo y terrible. Soy despreciable.* —Y entonces cambié de lugar, a otro más profundo, como si estuviera hablando con mi madre—: *No puedo hacer que desaparezcan mis necesidades. Por favor, no me dejes. Lo he intentado, pero no puedo evitarlo. Quiero matarme para que puedas amarme. Soy malísima. Me odio.*

Estaba siendo testigo de la autonegación y de la represión de mi alma, que tuve que llevar a cabo para mantener el vínculo con mi madre.

La soledad traumática, el terror, la impotencia, la sensación incesante de que me acechaba la fatalidad, mi autodesprecio y el anhelo de tener a mi madre. Mientras hablaba y lloraba, sentía la indefensión y pérdida de esperanza más intensas, como si cada célula de mi ser estuviera impregnada por la desesperación. De algún modo, sentir que había alguien conmigo me ayudó a estar presente en todo el proceso. Nicole me reaseguró múltiples veces que estaba a salvo, que ella estaba conmigo. «No estás sola. Estás a salvo». Las piernas no dejaban de temblarme. Solo permitía que los sentimientos, las palabras, salieran de mis labios espontáneamente y que mi cuerpo se moviera a su antojo. El movimiento parecía producirse en oleadas. Se originaba un movimiento intenso de llanto, palabras y temblores, seguido de una quietud profunda durante uno o dos minutos, y luego volvía a empezar. No había imágenes, todo era preverbal o de una etapa que correspondía a los primeros años de mi vida, como una sombra que hubiera quedado almacenada desde entonces en los recónditos recovecos de mi ser.

Durante uno de los breves periodos de tranquilidad, me puse a respirar profundo y fui consciente de una presencia benevolente y palpable que envolvía mi dolor; una conciencia pura, lúcida y afectuosa que era testigo del sufrimiento, pero que permanecía imperturbable y libre. Entonces sentí que esta benevolencia era mi propia esencia, mi propia existencia, y que abarcaba tanto el dolor atroz como la inmensa, afectuosa y tierna conciencia que lo envolvía. Este reconocimiento visceral fue muy liberador.

Esta emoción de la más absoluta desesperación no me mató como temía. Había llegado al fondo de mi dolor más profundo… ¡y estaba viva! Este momento fue un punto de inflexión muy poderoso en mi viaje.

≈≈

El dolor es importante: cómo evitarlo, cómo sucumbir
a él, cómo gestionarlo y cómo trascenderlo.
Audre Lorde

Estar con nuestro sufrimiento es un acto muy sencillo, pero puede ser una de las cosas más difíciles de hacer.

Sentir nuestro dolor sin prisas por remediarlo, anestesiarlo, evitarlo o taparlo requiere un tremendo valor. Ahí es donde entra en juego la rendición. Llega un momento en nuestra sanación en que ya hemos leído todos los libros, conocido a todos los gurús o probado todas las técnicas de moda, en que lo único que nos queda es lo último que deseamos hacer: sentir nuestros sentimientos desagradables. Lo irónico del caso es que estar con nuestro dolor es justamente lo que nos aportará todas las cosas que estábamos buscando al intentar evitarlo.

Una de las principales claves para sanar las heridas emocionales es nuestra disposición a soportar el malestar por el bien de la transformación. Esta voluntad es imprescindible para trascender nuestras heridas de la infancia.

El malestar se puede presentar de muchas formas:

- No siendo comprendida por los miembros de tu familia.
- Cuando estás con tu dolor, sintiéndolo y permitiéndole estar presente.

- A través de periodos de ira e indignación cada vez que despiertas a la realidad de tu sufrimiento en la infancia.
- Dejando que salga el sufrimiento aunque no sepas cuándo pasará.
- Cuando tienes poca energía o te sientes perdida e insegura.
- Cuando te autorizas a ser vulnerable y a recibir ayuda de los demás.
- Cuando estás desconectada de las personas que antes eran allegadas.

Nuestra cultura promueve la idea de la gratificación inmediata y de los resultados al instante. Hace falta mucho coraje y mucha fuerza para ser fiel al nada glamoruso proceso de sanación con su propia cronología. Además del componente cultural, también están los instintos de supervivencia que nos dicen cuándo hemos de luchar o huir bajo amenaza. Esta es la razón por la que recibir ayuda en este proceso es tan importante.

Para la niña interior herida, la única forma de calmarse es actuar de acuerdo con los patrones que le grabó su familia original, generalmente los mismos patrones que la están perjudicando. Esto hace que quedemos atrapadas en un bucle. La respuesta está en cultivar el don de la madre interior y tranquilizar a nuestra niña, a la vez que tomamos otras decisiones diferentes que reflejen mejor nuestros verdaderos deseos y necesidades. Este vínculo interno es lo que nos ayuda a separarnos con eficacia de la familia y de los patrones culturales que provocan el sufrimiento.

Para muchas de nosotras, crecer supuso una serie de autotraiciones, en las que no tuvimos más opción que dividirnos internamente para sobrevivir. Esta división solía implicar algún tipo de negación de nuestros sentimientos y rechazarnos a nosotras mismas para ser aceptadas por nuestra familia. La sanación pasa por recuperar nuestra habilidad para experimentar plenamente nuestros sentimientos y para sentir y expresar la verdad de nuestro verdadero yo, sin avergonzarnos de ello.

Al final, el anhelo y el deseo de vivir en armonía con tu verdad supera al resto de los deseos, incluido el de no sufrir.

Este deseo de veracidad vale la pena y te conducirá a obtener lo que necesitas en cada momento. Y a veces, lo que necesitas es aceptar otro nivel de sufrimiento interior. Los momentos de alivio y dicha que experimentas gracias a haber aceptado tu dolor hacen que valga la pena. Una y otra vez, nos damos cuenta de que estar presentes con nuestro sufrimiento y aceptarlo es lo que nos conecta con la verdad superior que en realidad somos.

Se abrirá un nuevo espacio interior cuando tengas permiso para vivir desde lo REAL.

A medida que vamos haciendo el trabajo interior, irá surgiendo una convicción: una aceleración, anhelo y compromiso intenso de vivir nuestra verdad. Cuando vamos afrontando la verdad de lo que vivimos de pequeñas y cómo nos ha afectado en nuestra vida, se desarrolla el deseo de vivir cada momento desde el interior del fuego de nuestro yo original. Cada momento empieza a suponer una oportunidad nueva y diferente de vivir con la conciencia abierta y simple de lo que es.

Vemos que ser consciente es aceptación en sí misma.

Empezamos por la periferia dolorosa. A medida que adquirimos pericia en soportar el malestar y la incertidumbre, vamos descubriendo nuestro potencial para fusionarnos con la presencia sagrada que reside en el centro de nuestro sufrimiento hasta que descubrimos la verdad respecto a quiénes somos.

Muchas sentimos una profunda añoranza, un anhelo anónimo y un dolor desgarrador. En nuestra infancia, muchas experimentamos este sentimiento de no pisar tierra firme e ir a la deriva respecto a nuestra madre. Abrazar el sentimiento de añoranza que genera la herida materna nos ayuda a darnos cuenta de que nunca podemos ser abandonadas realmente. Esto solo es posible si, al abrazar su más profunda desesperación, nos convertimos en una madre amorosa para nuestra niña interior.

En esa desesperación está la puerta, la puerta hacia nuestra esencia, hacia la conciencia unificada en la que todos somos uno con todo.

De este modo, nuestro sufrimiento es un mensajero que nos informa de que ha llegado la hora de ir al verdadero hogar que está en nuestro interior, que es reconocer que nuestra verdadera identidad es conciencia, que somos espíritu y que jamás podrán herirnos o abandonarnos realmente, porque somos uno con todo.

Sentir nuestro dolor es lo que nos permite liberarnos de él.

Mediante la práctica de estar con nuestro dolor y tratarlo con ternura y aceptación, empezamos a ser conscientes de que el sufrimiento que hemos sentido no es nuestra verdadera esencia. Empezamos a ver que la presencia abierta y amorosa que encarnamos al abrazar nuestro sufrimiento es lo que realmente somos, nuestra verdadera identidad debajo de todas nuestras otras identidades. La culminación de vivir como «yo» es vivir como el «no yo»: el inmenso y generoso espacio que contempla amorosamente nuestro sufrimiento y lo acepta sin condiciones.

A través de la herida primaria sagrada, estamos llamadas a convertirnos en esa madre amorosa para nosotras mismas... y para toda forma de vida.

Al encarnar el amor incondicional de la madre interior, volvemos a conectarnos con la propia vida. Nos reconectamos con el centro que no nace ni muere, pero que a la vez está naciendo y muriendo en incontables formas. Este es el paso evolutivo que nos proporciona el sufrimiento de la herida materna.

Como mujeres, crecemos con la convicción de que el poder sagrado está ahí *fuera*, y en este proceso de sanación, empezamos a darnos cuenta de que lo que más deseamos, lo más sagrado, eterno y puro, está en nuestro *interior* y que siempre ha estado allí. De hecho, *es* nosotras. No solo en una o en alguna de nosotras, sino en todas por igual, en toda forma de vida.

Puesto que todos estamos interconectados, cada vez que abrazamos amorosamente nuestro dolor, activamos el poder de la unidad en todo.

El duelo es nuestra forma de procesar y trascender emocionalmente nuestras experiencias. Para nuestra cultura, obsesionada con la productividad y la perfección, la experiencia del duelo, con su tristeza, rabia y sentimientos de pérdida, puede ser como ir hacia atrás o quedarse encallado en un sitio. Pero eso no es real. El duelo es el gran acelerador.

Según el médico y escritor Gabor Maté, los seres humanos tenemos dos necesidades primordiales: la necesidad de apego y la de autenticidad. En las familias disfuncionales, el niño o la niña reprimen sus necesidades de ser auténticos para mantener el apego con el cuidador principal, normalmente la madre.

La necesidad humana más importante es el apego. Si no se atiende, nuestras heridas de apego persistirán cuando seamos adultas, y podrán influir en que inconscientemente organicemos nuestra vida para no desencadenar el recuerdo de la soledad traumática. Esto es lo que puede hacer que nos quedemos estancadas en relaciones, trabajos o situaciones en los que es necesario pasar página.

La necesidad de reprimir nuestra autenticidad para mantener el apego nos crea una actitud de elección forzosa entre una cosa u otra, que puede enquistarse y hacer que la proyectemos en otras áreas de nuestra vida. La sanación se produce cuando corregimos esta división, y podemos satisfacer con creces las necesidades de autenticidad *y* de apego en nuestro interior, y por consiguiente, también en nuestras relaciones.

Este reencuentro con el yo nos abre la puerta a la posibilidad de percibir un «y» aún mayor, el vínculo del amor y de la pertenencia que impregna toda forma de vida.

Las necesidades de autenticidad. La experiencia de que nuestro verdadero yo sea visto, aceptado y validado incluye:

- Debilidades y limitaciones.
- Fracasos y errores.
- Peculiaridades e idiosincrasias.
- Dones y talentos.
- Grandeza y exclusividad.

Las necesidades de apego. La necesidad de amor, seguridad y pertenencia incluye:

- Ser vista y correspondida con cariño.
- Recibir apoyo emocional.
- Sentir que perteneces a un dúo o a un grupo más amplio de personas.
- Obtener afecto y contacto físico.
- Recibir apoyo y ser entendida.
- Sentirte emocionalmente a salvo.

No disponemos de muchos modelos de lo que implica perseverar en este viaje de sanación, y muchas mujeres tal vez lo interrumpan de golpe. Una parte crucial es la voluntad de querer estar presentes con nuestro dolor. Como seres humanos, es normal que queramos evitar el sufrimiento, pero, en general, intentar evitar el dolor es mucho más doloroso que el dolor en sí. Esta es la razón por la que es tan importante recibir ayuda. La herida empieza en la relación, y la sanación final también se produce a través de ella.

Sin la resistencia que acompaña una trama mental, el dolor emocional puede ser profundamente purificador, aclarador y liberador.

Cuando conectamos con el sufrimiento que es una consecuencia de esta soledad original de la infancia y lo sentimos, se manifiesta una poderosa sensación de *pisar tierra firme*. Cuando somos capaces de ser conscientes de nuestro propio sufrimiento emocional y de afrontarlo, estamos sobre el pedestal del yo. Cuando te das cuenta de que estás sintiendo el dolor profundo del núcleo de la herida y de que estás viva, sientes un alivio inmenso. El sufrimiento emocional que tanto temías que te destruyera, en realidad, te ha proporcionado una nueva vida, en el momento en que te diste cuenta de tu grandeza, de que tú eres más que cualquier emoción dolorosa.

Hay una diferencia entre desesperación y duelo. La desesperación es revivir el sufrimiento del pasado como si estuviera sucediendo en el presente. Es la proyección de nuestro dolor en una situación actual. Es el dolor de la niña interior que no tiene a un adulto afectuoso como testigo. Puedes observar cuándo está sucediendo, revisando el relato mental que acompaña al sufrimiento emocional que estás sintiendo. En la desesperación, el relato suele ser negativo, se centra en las cosas malas y no hay esperanza. Es el relato de una niña que sufre sola sin respaldo de nadie. Cuando estamos desesperadas, la niña interior es abandonada una y otra vez, pues reproducimos este patrón de la infancia en nuestro interior.

El duelo es distinto. El duelo sale a la luz cuando está presente una conciencia adulta afectuosa junto a este dolor, un relato de presencia amorosa, un sentimiento de «estoy contigo en este sufrimiento. No estás sola. Es un sufrimiento del pasado. Ahora puedes sentirlo sin peligro alguno. Te sostengo. Siento mucho que sufrieras tanto y que estuvieras sola. Estás a salvo sintiendo esto y liberándote de este dolor». Mediante este acto de empatía con tu propio dolor, la presencia de esta conciencia interna nos permite digerirlo, atravesarlo hasta que nos sintamos más ligeras y libres.

¿Te acuerdas de cuando eras pequeña? ¿La que hablaba con las abejas, las flores y las mariposas? Al afrontar el dolor en tu interior, estás reclamando a la niña que te está esperando dentro de ti. Tu presencia en el sufrimiento abre la puerta a que su inocencia, vitalidad, alegría, creatividad, risa y sabiduría vuelvan a fluir en tu vida.

En ese momento en que somos conscientes de nuestro propio dolor, podemos vislumbrar un yo más grande, el yo que forma parte de todas las cosas. Y percibir su prodigiosa compasión, y saber que siempre te ha amado hasta la médula. Te das cuenta de que nada ha estado nunca separado de su amor.

La herida materna puede ser un portal para descubrir un vínculo de «apego» indestructible y más profundo que interconecta toda forma de vida.

Al estar dispuesta a permanecer consciente en el dolor, se levanta un velo.

Cada pedacito de dolor emocional que afrontas valerosamente te hace renacer en una expresión más sólida de lo *real*.

Con el paso del tiempo, nos damos cuenta de que la seguridad definitiva no nos la aporta la mente, sino el vivir desde el núcleo de esa presencia interior cruda, abierta y real; ese núcleo «tierra firme» que nos es revelado en el centro de nuestro propio dolor. Con el paso de los años, tal vez toda una vida, comenzamos a aceptar que la seguridad no proviene del esfuerzo o de la actividad mental, sino de un desconocimiento crudo y abierto que solo puede guiarnos momento a momento. De este modo, podemos acceder tanto al asombro infantil como a la profundidad y sabiduría que se han forjado gracias a la integridad radical de afrontar nuestro sufrimiento.

Esta integridad radical es la base sobre la que construimos nuestra vida de autenticidad y servicio al conjunto.

Es una paradoja que al adentrarnos en nuestra más profunda soledad, la traumática soledad de la infancia, tengamos la oportunidad de ver que jamás hemos estado separadas de lo divino. El mundo entero se convierte en nuestra base segura para explorar. Esta seguridad es inmensa, su abrazo es eterno. Puedes empezar a identificarte con este aspecto de tu ser y practicar la aceptación de todo lo que te surge de dentro con una curiosidad gentil y afectuosa.

La vida se convierte en una serie de mudas de piel hasta llegar a lo real.

Metabolizar tu propio dolor te ayuda a ser capaz de convertirte en un modelo de un nivel de verdad más potente. Cuando te conviertes en la viva expresión de dicha verdad, realizas un gran servicio a quienes te rodean.

Tu autenticidad profunda, tu originalidad y tu excentricidad son la más increíble y tonificante expresión de lo divino. Lo irónico es que las propias cosas que tuvimos que reprimir de niñas son, con frecuencia, el vehículo mediante el cual lo divino encuentra su forma de expresarse a través de nosotras.

Lo cierto es que tu propia presencia y la de lo divino son una.

No tienes que hacer o ser nada en particular para que se haga realidad. Siempre has sido y sigues siendo infinitamente aceptada y profundamente amada por lo divino. La experiencia directa que tendrás al cabo de un tiempo no te dejará lugar a dudas. Al principio, será en forma de breves revelaciones, pero más adelante estas empezarán a expandirse hasta que paulatinamente se vaya convirtiendo en tu forma de ser principal.

Sentirte segura en tu originalidad y ser dueña de tu soberanía

Las emociones dolorosas de la herida materna sirven para ayudarte a eliminar las capas de las adaptaciones disfuncionales de tu infancia y para alcanzar la esencia viva del fuego que arde en tu interior... y para caminar cada vez más por el mundo como la luz liberadora.

De esta forma, la herida materna es una maestra. A medida que vamos sanando, se transforma y en vez de ser una fuente de sufrimiento se convierte en una fuente de sabiduría. Enfrentarnos al dolor no nos aniquila como defiende el ego, sino que nos inicia a una nueva relación con la vida, de la separación a la unidad. Esa presencia dentro de nosotras, lo «amado interior»,* nos está invitando, a cada instante, a una comunión más profunda, a que entreguemos las máscaras, nuestra falsedad, nuestra confianza en la mente y nuestras defensas, y que vivamos desde una profundidad indefensa.

Cuando se presenta un nuevo nivel de dolor para ser procesado, paulatinamente, iremos viéndolo como lo amado interior invitándonos a fusionarnos en el fuego de su verdad, para eliminar otra capa más que nos acercará a la unión con el todo, para que seamos conscientes de que ese inmenso abrazo no excluye nada.

A un nivel más profundo, la herida materna es una herida con la propia vida. Y cuando la sanamos en el ámbito personal, nos adentramos en algo que es universal. Cuando nos desintoxicamos de los mensajes culturales y familiares, nuestra fuerza vital se libera de sus dolorosos mecanismos de defensa y se crea un nuevo espacio en nuestro interior, desde el cual irradiarán poderosas energías que beneficiarán a todos los seres vivos.

---

* N. de la T.: He utilizado el neutro para hacer referencia al principio divino sin género que existe en todos los seres humanos, que la autora expresa como *inner beloved*. En inglés no existe este problema ya que esta expresión sería válida para ambos sexos, pero en castellano estamos condicionados por las terminaciones de los adjetivos.

¿Cómo vivimos esto todos los días?

La verdad es demoledora para el ego. Va en contra de todo lo que nos ha enseñado nuestra cultura. De hecho, esta última está diseñada para distraernos de las indagaciones que hemos de hacer para reconocerla en nuestra experiencia directa. Hace falta valor y una integridad total para vivir según ella. Pero no hay nada más productivo y estimulante.

Cuando nos hemos instaurado en la verdad, nuestro lugar más poderoso es la discreta actitud de afrontar nuestros sentimientos en cada momento.

- Afrontar nuestro sufrimiento, tomarnos el tiempo para procesarlo, indagar y ampliar nuestra percepción.
- Ver nuestras defensas de adaptación y elegir estar abiertas.
- Aceptar nuestra vergüenza y practicar activamente la autoestima.
- En cuanto a la productividad, actuar solo cuando estemos inspiradas; de lo contrario, mejor descansar.
- Hacer un escrutinio de nuestros momentos de falsedad y elegir la autenticidad.
- Trabajar en cada momento para no caer en conceptos como «último, hecho, destino».

Sanar la herida materna lleva su tiempo. Es bastante habitual que se llegue a situaciones de malestar intenso y que se piense: «¿Qué estoy haciendo mal? Pensaba que estaba sanando, ¡pero me siento fatal! ¿Cuándo va a terminar este sufrimiento?». En estos momentos es cuando las personas son duras consigo mismas, se distraen o dudan de su capacidad para sanar. Sin embargo, es justamente entonces cuando es importante no rendirse, seguir adelante y obtener el apoyo necesario para conseguirlo.

Un malentendido bastante común es el de que los individuos «evolucionados» nunca sienten emociones difíciles, como rabia, ira, tristeza o celos. Yo diría justo lo contrario. Estar despierta, consciente y centrada significa encarnar ese espacio benevolente que abarca toda la gama de emociones, que surgirán y serán observadas sin ser juzgadas. La inteligencia emocional procede de la capacidad para sentir todas las emociones sin quedarnos estancadas en ninguna o identificarnos con ellas. Podríamos decir que tenemos la habilidad de adquirir la «fluidez» emocional.

En nuestra infancia, necesitábamos la aprobación externa para sobrevivir, pero de adultas la aprobación que hemos de encontrar es la nuestra.

Tengo la sensación de que el verdadero don del sufrimiento de ser invisible es no tener otra opción que la de encontrar y reivindicar nuestra valía en nuestro interior, sin necesitar la aprobación o validación de otros. Cuando lo conseguimos, se manifiesta nuestra singularidad espiritual. Esta cualidad solo se desarrolla después de haber pasado el correspondiente duelo, cuando hemos sentido la indignación sana en nombre de la niña que fuimos, lamentado lo que legítimamente necesitábamos y no recibimos, aceptado que no era culpa nuestra, visto que el problema estaba en las heridas inconscientes de nuestra madre, padre, cuidadora o cuidador y que nada podíamos hacer al respecto. Cuando nos dejamos llevar por nuestra tristeza a donde esta quiera llevarnos, nuestro corazón se abre y siente compasión por todas las personas y por la vida en general. El duelo no nos debilita o merma, sino que nos restaura, fortalece y renueva.

El duelo es una expresión de ser dueñas de nosotras mismas

¿Has experimentado alguna vez la dicha y el alivio de sentir una emoción difícil desde el principio hasta el final? ¿Esa sensación de limpieza, de haberte sacado un peso de encima, de frescura y novedad? Toda emoción difícil nos ofrece esta transformación. A muchas de nosotras no nos enseñaron que todas las emociones acaban siguiendo su curso hasta llegar a completarse. Como lo más normal era que los adultos de nuestra vida tuvieran miedo de las emociones, posiblemente nos engatusaran, distrajeran o avergonzaran para alejarnos de ellas. Lo cierto es que todas las emociones son pasajeras. Cuando las acogemos y las permitimos, siempre desaparecen.

Hemos de darnos cuenta de que es necesario sufrir una deconstrucción en nuestro interior. Debido a que vivimos en una cultura patriarcal, hemos tenido que asimilar estructuras y creencias que en realidad están pensadas para *evitar que forjemos* nuestro poder personal y que nos realicemos como mujeres. Así que, sin esta deconstrucción imprescindible con su correspondiente malestar, no puede tener lugar ninguna transformación genuina. Esta es la razón por la que defiendo con tanto fervor que seamos totalmente honestas respecto al hecho de que este trabajo lleva su tiempo, y hago hincapié en que cada mujer se merece el tiempo y el esfuerzo que conlleva realizarlo.

Si seguimos en el camino de la sanación de la herida materna, es posible que algo verdaderamente milagroso y profundo empiece a despertarse dentro de nosotras. Tal vez seamos conscientes de nuestra propia presencia de un modo palpable, quizás esa presencia nos resulte familiar. Podemos sentirla como un anhelo divino, una beatitud, una fuente interior que siempre está ahí y que siempre lo ha estado. Probablemente empecemos a sentir su fuerza como una emanación que se desborda desde dentro, el núcleo del verdadero yo, el origen de todo. En este estado recibimos conocimiento. El conocimiento de tu naturaleza divina se va abriendo paso poco a poco en tu ser, y con él, el sentimiento de que tienes una fuente de amor en tu interior que siempre ha estado y estará a tu disposición.

Para liberarnos por completo, en primer lugar, necesitamos sentirnos totalmente respaldadas. Hemos de asegurarnos de que tenemos un entorno seguro en nuestra vida que nos apoye en este trabajo. Para mí, el mejor entorno para apoyarnos en este proceso tiene tres elementos a la vez; no obstante, aunque eso es lo ideal, no es necesario para todo el mundo. Cada uno de estos elementos es maravilloso en sí mismo, pero juntos forman un poderoso soporte que puede ayudarnos a trascender la herida materna. Puedes experimentar uno o más en diferentes etapas del viaje.

1. **La psicoterapia individual a largo plazo** con un terapeuta relacional que sintonice contigo profundamente y que tenga años de experiencia en heridas por apego y trauma complejo en el desarrollo. Esto te permitirá profundizar en el necesario procesamiento de las emociones, para que puedas experimentar un cambio significativo en los patrones y creencias de tu infancia. Tal vez nos lleve un tiempo encontrar al terapeuta correcto, por lo que es importante tener paciencia. (Y necesitamos más terapeutas que hagan ellos mismos este trabajo para poder ayudar a otras personas a alcanzar este nivel de profundidad de sanación y transformación).

2. *Coaching* **con un mentor o** *coach* **competente y compasivo** que también haya dedicado muchos años a su sanación y que siga su propio camino hasta el día de hoy. Esta persona te ayudará a actuar respecto a los cambios y perspectivas que adquieres mientras procesas y sanas la herida materna. Este es el servicio que proporciono en mi consulta privada.

3. **Una comunidad estable y solidaria** que fomente la seguridad, la autenticidad y la transparencia. Puede tratarse de un grupo

de amistades o de un grupo formal que se reúne con regularidad con la intención de ayudarse mutuamente en su desarrollo personal. Lo importante es que el grupo sea estable, de confianza, tenga información sobre los traumas y esté disponible.

El valeroso compromiso con la sanación de por vida no es un motivo para que te juzgues, sino para que sientas un profundo respeto hacia ti misma. Este proceso de sanación se va produciendo paulatinamente, paso a paso, con ternura, amabilidad y compasión.

La sociedad actual tiende a juzgar a aquellas personas que hacen terapia o *coaching* durante mucho tiempo y, en cierto modo, las clasifica como inadaptadas o anormales. Te ruego que no te lo creas. Lo cierto es que normalmente se necesitan muchos años de trabajo interior para sanar las heridas intergeneracionales, especialmente si el nuestro es uno de los casos extremos de trauma infantil. Intenté hacerlo sola, así como he visto a otros que también lo han intentado y, francamente, no sirve más que para posponer lo que realmente hay que hacer.

Desear aliviar nuestro dolor es natural. Es humano. Pero si realmente queremos madurar como especie y sanar, hemos de cambiar nuestra visión y *dejar de buscar alivio alejándonos de nuestras heridas* y empezar a buscarlo con *nuestra transformación a través de ellas*.

No hay crecimiento si odiamos nuestras heridas o juzgamos nuestro dolor. Crecemos al aceptar el sufrimiento y al ser conscientes de que ninguna emoción dolorosa puede hacernos daño. Esta visión profunda solo se logra liberándonos del apego a lo «terminado», entregándonos al proceso y obteniendo ayuda profesional. Este poderoso cambio de actitud respecto a nuestro viaje de sanación es crucial para cosechar los dones de vivir conscientemente.

Tu deseo de estar siempre sana no es patológico, es un impulso muy saludable y vivificante. La tendencia a juzgarnos a nosotras mismas por nuestras heridas está muy arraigada en nuestra cultura y en nuestras familias. Puede que sintamos que somos ajenas o que no somos normales. Pero lo cierto es que las mujeres que buscan la sanación y el crecimiento personal suelen ser los individuos más sanos de un sistema familiar disfuncional.

Hace falta una ayuda especializada para mantener la actitud mental necesaria respecto a nuestro proceso, para poder sanar y cosechar los abundantes dones de nuestro crecimiento.

Deja de buscar liberarte del dolor como meta principal. Deja de forzarte por llegar al «final». Empieza a ver la herida como el portal hacia tu poder.

Cuanto más sanes la herida materna, más encarnarás conscientemente tu naturaleza divina.

Es como si el proceso de sanación limpiara los escombros restrictivos que hemos ido acumulando en nuestras familias y en nuestra cultura. Y a medida que vamos limpiando, vamos creando más espacio para albergar la energía de nuestra verdadera esencia y encarnar nuestra identidad como seres divinos, capaces de aportar ideas y soluciones nuevas al mundo, que se encuentra en una fase de gran transición.

Aunque este trabajo de sanar heridas generacionales es difícil, abrumador y, a veces, solitario, es un privilegio que seamos lo bastante conscientes para hacerlo. Muchas de nuestras antepasadas reprimieron su dolor, y este las condicionó de muchas maneras. Ahora tenemos la bendición de la conciencia y las herramientas para sanar nuestras heridas.

Preguntas para reflexionar

1. ¿Qué sentimientos tiendes a evitar o a infravalorar en ti misma? ¿Cuál de ellos, si te atrevieras a aceptarlo y a sentirlo, aliviaría mucho tu carga emocional?

2. Si estás inspirada, la próxima vez que surja esta emoción difícil, visualízate aceptando serenamente esa emoción con sinceridad y afecto. ¿Tienes alguien que te apoye para afrontar esta experiencia?

3. ¿Qué necesidades de autenticidad tenías cuando eras niña? ¿Cuáles eran tus necesidades de apego? ¿De qué modos tuviste que reprimir tus necesidades de autenticidad para garantizarte tu apego con tu madre o cuidadores? ¿Cuáles son algunas de las formas en que ahora puedes expresar o apoyar esas necesidades de autenticidad reprimidas?

Capítulo 13

DESCUBRE A LA MADRE INTERIOR

David y yo nos habíamos distanciado con el paso de los años y decidimos poner fin a nuestro matrimonio, pero quedamos como amigos. Me sentía aliviada porque el proceso de divorcio estaba siendo relativamente tranquilo. Continué con mi terapia durante esta etapa, que se volvía más profunda y se iba concentrando en el inevitable duelo por mis ilusiones, mis pérdidas y el viejo relato de mi infancia. También tenía más práctica en trabajar esas partes de mí más jóvenes que todavía estaban traumatizadas; las calmaba, las regulaba y me responsabilizaba de mi sistema interior. Me sentía orgullosa porque mis diecisiete años de terapia me habían ayudado a tomar decisiones que, aunque no fueran populares ni convencionales, reflejaban mi verdadera identidad y mis verdaderos deseos. Con el fin oficial de mi matrimonio se me abrían un sinfín de posibilidades en la vida.

En esa época, no tenía ningún contacto con mi madre, padre, hermano o ningún otro miembro de mi familia. Mis escritos empezaban a tener más difusión en las plataformas globales, podcast y revistas. Me formé para ser coach y desarrollé mi propio proceso de siete pasos para ayudar a otras mujeres a sanar su herida materna. Cuando no viajaba, estaba en casa dirigiendo mi negocio y disfrutando de mis amistades. Comencé a organizar reuniones en mi casa, donde todas llevábamos algo de comer, para celebrar «círculos de luna nueva» y contactar con otras mujeres; esto me ayudó mucho.

Estaba en el camino del aprendizaje de ser mi propia madre interior, y mi recién descubierta seguridad interna y creciente resiliencia crearon la posibilidad de que encontrara el tipo de relación romántica que siempre había querido y deseado. Al cabo de casi un año de estar sola, después de mi divorcio, sentía el deseo de tener una relación con otra mujer poderosa y la sensación de que mi vida se abriría a todo tipo de posibilidades. Parecía el siguiente paso lógico en mi viaje.

Conocí a una de mis mejores amigas, J., practicando el activismo medioambiental en mi localidad, y ahora hace cuatro años que somos amigas. J. era una lesbiana que había salido del armario y un alma vieja que, a todas las que la conocíamos, nos parecía que era mucho más sabia de lo normal para su edad. Venía a los encuentros que organizaba en mi casa, y nos divertíamos yendo a nadar, saliendo a cenar y bailando juntas. Hacía un par de años que estaba sola e, igual que yo, tenía claro que no se iba a conformar con alguien que no fuera «auténtico».

Me di cuenta de que me había estado enamorando de J. desde hacía algún tiempo, pero tenía miedo de echar a perder nuestra estrecha y duradera amistad. Una tarde, después de ir a nadar a un lago cercano, le revelé mis sentimientos. A pesar de que ella también tenía miedo de poner en peligro nuestra amistad, acordamos asumir el riesgo y nos comprometimos a iniciar una relación romántica con una comunicación clara y abierta.

Empezar a sentirnos seguras para transgredir las normas patriarcales con las que nos educaron, ser más auténticas y que nuestras relaciones reflejen el nuevo nivel de seguridad, amor y apertura que hemos creado en nuestro interior, forma parte de nuestro proceso de sanación, no solo de la herida materna, sino también del patriarcado. Para mí, el viaje de descubrimiento de mi auténtico yo significaba decir no a las antiguas directrices de mi sistema *familiar y encontrar una nueva fuerza y fortaleza para decir sí a otra forma de ser. En nuestro primer abrazo como pareja, tuve la intensa sensación de que se abría una puerta en mi interior hacia un nuevo mundo, que mi anterior yo jamás hubiera podido concebir.*

Durante nuestro primer año juntas, yo lloraba con frecuencia. Me sucedían muchas cosas a la vez. Constantemente, florecían nuevas percepciones, reflexiones y descubrimientos de verdades profundas respecto a mí misma, mi herida materna y la influencia de la cultura patriarcal en las mujeres.

A través de una relación de pareja sana y solidaria con una mujer, y con esa mujer tan especial como es J., estaba descubriendo que mi poder erótico no era algo meramente sexual, sino una parte esencial de mi poder como ser humano de sexo femenino. Esto incluía la experiencia intelectual, espiritual y visceral, el sentido del humor, la alegría y la transparencia total. Sentía que me había expandido hacia el interior de mi verdadero yo, más allá de mi familia y de las normas patriarcales. Sentía que estaba experimentando lo que sería vivir en un mundo no patriarcal. Gracias a la seguridad que me otorgaba nuestra mutua confianza, fui testigo de un florecimiento de mi comprensión y de mí misma, como jamás hubiera podido imaginar. Sin los roles heteronormativos, me sentía más libre para ser más yo misma, sentía tanto la energía masculina como la femenina, sin el mismo nivel de expectativas, estereotipos y obligaciones que suscitan muchas relaciones heterosexuales.

Tenía espacio para reflexionar sobre cómo me habían afectado, a mí y a mi sentido del yo, el patriarcado y las relaciones con hombres, a lo largo de la vida. Descubrí que las cosas que había creído que eran «como tenían que ser» eran antiguas reliquias basadas únicamente en las directrices de la heteronormativa patriarcal, no en las relaciones en general. Una de mis principales epifanías fue que mi papel de «derribamuros» no solo era endémico en cualquier relación amorosa, sino que formaba parte de las relaciones con los hombres, al menos de la gran mayoría de los hombres con los que había estado. Ese rol era totalmente innecesario en mi relación con J., y esto me parecía asombroso. La obligación de descifrar cómo conectar emocionalmente con alguien, de encontrar la forma de ayudarle a salir de su cascarón y persuadirle para crear esa conexión, que para mí era una parte inevitable de la relación de pareja, había desaparecido y dejado un gran espacio. El grado de reciprocidad, comunicación clara y profundidad de la conexión emocional con J. excedía todo lo que jamás hubiera podido soñar que se llegara a alcanzar en una relación. Lloraba por todo lo que me había culpado en el pasado por «no hacerlo bien», por agotarme por haber elegido el buen camino y estar convencida de que me sentía realizada en las relaciones, cuando en realidad no era así.

Había entrado en un mundo de mujeres, desde mi pareja hasta mis compañeras de trabajo y amigas, las autoras de los libros que leía, las compositoras de la música que escuchaba. A medida que me adentraba más conscientemente en ese mundo de féminas, el alejamiento de los hombres contribuyó a que pudiera tener el espacio que necesitaba para admitir lo agotada que estaba, después de tantos años de respaldarlos, de luchar por sus migajas de respeto y de practicar la gimnasia constante de agradar, seducir, decodificar, llevar cargas, rebajarme y contornearme para conseguir un poquito de conexión, y lo más doloroso de todo, creer que ese era mi papel, mi lugar y lo máximo que podía esperar. Hasta entonces, no había sido consciente de lo agotador que había sido para mí mantener relaciones con hombres. Por fin, conseguí ser lo bastante fuerte psicológicamente para admitir lo malo que había sido todo hasta ahora y permitirme el duelo.

En todas las relaciones sentimentales se pasan periodos de luna de miel seguidos de etapas de diferenciación, de definir nuestra propia individualidad dentro de la relación. La felicidad y la expansión de la etapa de luna de miel con J. empezó a dar paso a una etapa incómoda de tensión creciente entre nosotras. Este periodo de diferenciación presentaba retos únicos para mí debido a mi modelo de apego que tenía sus raíces en la dinámica con mi madre.

Puesto que J. y yo teníamos una conexión emocional tan fuerte, esta situación me ofreció la oportunidad de sanar todavía más mi herida materna, concretamente un aspecto específico que aún no había trabajado. Hasta *ese momento el tamaño de mi herida materna se había reducido increíblemente en lo que respecta al aspecto del abandono, gracias a que había desarrollado una madre interior afectuosa y solidaria que podía consolar a mi niña interior, por ese desolador abandono original y por los detonantes que se produjeron por estar con parejas emocionalmente inaccesibles que, hasta aquel entonces, siempre habían sido hombres. Sin embargo, todavía no había trabajado el aspecto invasivo de mi herida materna, en parte porque nunca había sentido que mis anteriores parejas estuvieran lo suficientemente comprometidas conmigo como para que saliera esa faceta de mi herida.*

J. y yo iniciamos el viaje de amarnos mutuamente y de considerar nuestra relación como un santuario para fomentar nuestra sanación y transformación. Puesto que nunca había sido capaz de diferenciarme emocionalmente de mi principal figura de apego, mi madre, era muy difícil para mí abrirme camino por la etapa de diferenciación de J., mi principal figura de apego femenina como adulta.

Desde una temprana edad, a través de mi relación con mi madre, había aprendido lo que llamo «modelo de servidumbre emocional» para las relaciones. Para conservar una conexión primordial, tenía que «sumergirme y fusionarme», en el sentido de que tenía que sumergir mis propios sentimientos y fusionarme con la otra persona, dando prioridad a sus necesidades y deseos antes que a los míos. Había aprendido que mi sentido de separación, autonomía y límites era vergonzoso y un motivo de rechazo, humillación y abandono. Con el tiempo, empecé a darme cuenta de lo automática y casi invisible que era esta dinámica en mi relación con J. Puesto que al principio sentía que no tenía derecho a marcar límites y, con frecuencia, me «sumergía y fusionaba» con ella, empezó a aflorar el resentimiento, lo cual provocó que me sintiera invadida, sobrecargada y exhausta. Después de mucho trabajo interior y terapia de pareja, descubrí que mi ira no iba dirigida contra J., sino contra mi madre y el patriarcado en general, que me enseñó la falsedad de que, si quería conservar mi conexión con mi figura de apego femenina primordial, tenía que reprimir mi necesidad de marcar límites y olvidarme de mí misma.

Para seguir sanando a mi niña interior parentificada tenía que aceptar la legitimidad de mi ira y marcar límites sólidos a tiempo y a menudo, algo que mi madre jamás hubiera tolerado. El afectuoso apoyo de mis límites que recibí por parte de J. fue increíblemente terapéutico. Con el tiempo, he ido encarnando una madre interior «no patriarcal», que no solo consuela y tranquiliza a la niña que hay en mí, sino que la protege y expande su libertad.

Uno de los aspectos más poderosos que he desarrollado es reconocer la diferencia entre lo que es la verdadera empatía y lo que no lo es. Lo he descubierto observándome a mí misma, cuando me pongo a la defensiva y me impaciento al ver sufrir emocionalmente a J. Un día, me dijo que deseaba disfrutar de más tiempo de calidad conmigo y que sentía que estábamos distanciadas. Mientras me explicaba esto entre lágrimas dejando al descubierto su vulnerabilidad, observé que me ponía cada vez más furiosa y me sentía avergonzada. Me di cuenta de que estaba interpretando su tristeza y necesidad de empatía como una exigencia para que me rebajara, y salió el mecanismo de defensa de la rabia. En nuestro trabajo emocional conjunto sobre este aspecto, empecé a vislumbrar que esa respuesta estaba vinculada a mi razonamiento infantil de que la empatía hacia mi madre equivalía a mi «aniquilación emocional».

Cuando era niña, las exigencias emocionales de mi madre parecían estar vinculadas a algún vergonzoso defecto por mi parte, puesto que nunca podía resolverle las cosas, y, por consiguiente, jamás sentía empatía alguna hacia mí misma. Era una situación de indefensión para cualquier niña. Recuerdo un día concreto de mi etapa universitaria en que fui a casa; por aquel entonces, estaba lidiando con una depresión. Casi en el preciso momento en que entré por la puerta, mi madre empezó a hablar de sí misma, sobre las cosas que le estresaban en su trabajo y que estaba pensando en divorciarse de mi padre. Recuerdo que me senté a escucharla, consciente de que mi sufrimiento interior no le importaba y de que estaba siendo utilizada. Me di cuenta de que estaba siendo tratada como un objeto que le servía para consolarse, qué inconsciente era ella de esto y qué sola me había sentido siempre en nuestra relación. Noté que la desesperación, el agotamiento y la desesperanza me invadían. Su exigencia de empatía fue como hundirme en unas asfixiantes arenas movedizas, sin que aquello tuviera perspectivas de llegar a su fin, sin consuelo ni reciprocidad a la vista.

Al hacer de madre de mi niña interior y llorar el hecho de hasta qué extremo había tenido que olvidarme de mí misma ante las necesidades emocionales de mi madre, he descubierto que la verdadera empatía no es subordinación o servidumbre, como lo había vivido yo. La empatía no incluye arreglar problemas, cargar con el sufrimiento de otro como si fuera propio, amoldarnos a sus ilusiones o mordernos la lengua para no hablar. La verdadera empatía surge de un lugar donde reside un poder interior sereno, de un lugar aparte, de la soberanía y de la seguridad que reina en nuestro interior. A medida que me he ido afianzando en mi separación interna en el marco de mi relación con J., he podido sentir mucha más empatía, verla tal como es y estar a su lado con amor, afirmación y aceptación cuando sufre. Y como ya no equiparo sentir empatía con renunciar a mí misma, puedo estar con ella sin temor a los mecanismos de autodefensa. Darme cuenta de que la empatía no fomenta la dependencia de otra persona, sino que crea un espacio para que esta sienta su propio poder y fuerza interior, es decir, lo que eliminará los obstáculos para una verdadera conexión, ha sido extraordinario. De este modo, ambas partes se sienten independientes y vistas, singulares y conectadas.

En el ámbito de mi relación con J., me siento sumamente agradecida por la forma en que he podido identificar y transformar tantos guiones dolorosos de mi infancia y por que sigamos sanándonos y creciendo juntas como pareja. Realmente, las relaciones son el pilar sobre el cual creamos las nuevas experiencias que vivimos, que trascienden el «horizonte materno» y se adentran en nuestro propio paisaje adulto liberado e individuado.

Y la Gran Madre dijo:

Ven, hija mía, y dame todo lo que eres.

No tengo miedo de tu fuerza y tu oscuridad, de tu miedo y tu dolor.

Dame tus lágrimas. Serán mis caudalosos ríos y rugientes océanos.

Dame tu rabia.

Hará erupción en mis volcanes de lava y estrepitosos truenos.

Dame tu espíritu cansado. Le dejaré descansar sobre mis tiernas praderas.

Dame tus esperanzas y sueños. Plantaré un campo de girasoles

y dibujaré arcoíris en el cielo. No eres demasiado para mí.

Mis brazos y mi corazón acogen tu verdadera plenitud.

En mi mundo hay lugar para todas vosotras y para todo lo que sois.

Os meceré entre las ramas de mis antiguas secuoyas y los valles

de mis suaves colinas. Mis suaves vientos os cantarán canciones

de cuna y consolarán vuestro apesadumbrado corazón.

Libera tu dolor profundo.

No estás sola ni nunca lo has estado.

Linda Reuther, de «Homecoming» [Regreso al hogar], un poema de *Her Words: An Anthology of Poetry about the Great Goddess* [Sus palabras: una antología de poesía sobre la Gran Diosa].

La relación madre e hija sigue viva en nuestro interior cuando somos adultas. La voz de nuestra madre puede ser de apoyo y ánimo, pero también puede ser la voz crítica de nuestra cabeza, que hace que nos sintamos estancadas, desanimadas e inseguras. En el proceso de sanar la herida materna hemos de transformar nuestra madre interior, partiendo de una réplica de nuestra madre humana —con sus limitaciones—, en la madre que siempre hemos deseado: una madre interior que pueda satisfacer nuestras necesidades con precisión y generosidad, que pueda apoyarnos en nuestro florecimiento y amarnos por ser auténticas. Creamos esta madre afectuosa e incondicional dentro de nosotras mismas, dialogando con regularidad con nuestra niña interior y aumentando activamente nuestra facultad para cuidarla, nutrirla y consolarla. Paulatinamente, se irá creando un vínculo seguro entre la madre y la niña interiores, que llenará el vacío de los cuidados maternos que no recibimos de nuestra madre. De esta manera, el vínculo de apego primordial ya no es con «nuestra madre externa», sino con la interna, que nos aportará una gran libertad y vitalidad. Dejaremos de buscar fuera este amor fundamental, porque lo encontraremos dentro. Esto reduce la presión sobre otras personas que forman parte de nuestra vida, de tener que llenar un vacío que jamás podrían llenar, y nos permite estar más presentes y menos a la defensiva en nuestras relaciones. También nos aporta suficiente seguridad interior para expresarnos mejor, ser inventivas, valientemente originales, atrevidamente auténticas y sinceras con nosotras mismas y con otras personas.

Muchos no se dan cuenta de que lo que en realidad desean es su *propio* amor, que es verdaderamente infinito y sin límites. La razón por la que de adultas seguimos anhelando el amor materno es porque el amor de madre es lo que nos concede el *permiso para amarnos a nosotras mismas*. Cuando lloramos la pérdida de la oportunidad de conseguir ese permiso de nuestra madre (porque no podemos volver a la infancia), ese duelo nos devuelve nuestro poder. Reconocemos que nuestra niña interior no tiene la culpa de que su madre no pudiera darle el amor que necesitaba. Creer que era culpa tuya era una forma de aferrarte a la falsa esperanza de que, algún día, tu madre se convertiría en la madre que necesitabas. Comprender la verdad (que tu madre no cambiará y que no eres responsable de sus heridas) hace que cambies a tu madre primordial externa por la interna y que te des una segunda oportunidad de disfrutar de la atención que nunca tuviste.

Ser tu propia madre es una habilidad que tendrás que aprender; con la práctica podrás crear una relación interior totalmente nueva. A través de la madre interior experimentarás en primera persona que tu infancia no condiciona irremediablemente tu destino, sino que es tan solo el terreno sobre el que naciste y que se puede modificar. Ser nuestra propia madre nos ayuda a generar un profundo reservorio de seguridad interior que nos permitirá desarrollar todo nuestro potencial.

La forma de hacer de madre de nuestra niña interior es tomando decisiones que no pudimos tomar en el pasado, para recibir nutrientes emocionales que sustituyan los déficits anteriores. Por ejemplo, si cuando eras pequeña te avergonzaron por decir lo que pensabas, para experimentar otro resultado, puedes cambiar este patrón asumiendo el riesgo de decir lo que piensas ahora, aunque te incomode. Cuando actuamos para contrarrestar el patrón original y tenemos una experiencia diferente de la que tuvimos de niñas (tal vez recibir apoyo, en lugar de ser avergonzadas por decir lo que pensamos), nuestra niña interior recibe el mensaje de que ahora las cosas son diferentes.

Si los demás responden de forma similar a como lo hicieron nuestros padres en su tiempo, quizás con algo de rechazo o abandono, el aspecto de la madre interior siempre puede comportarse de otra forma, por ejemplo respaldándonos y validándonos. Esto hace que cada experiencia se convierta en una oportunidad para reescribir el pasado y abrirnos a nuevas posibilidades para el futuro. El nuevo resultado nos demuestra que no estamos ancladas en el pasado, que no estamos encasilladas en ese patrón, sino que, como adultas, somos capaces de generar nuevas experiencias de nosotras mismas y de la vida.

Para crear un vínculo interno, primero hemos de tener la voluntad de dialogar regularmente con nuestra niña interior. Según el grado de trauma que experimentaras de pequeña, al principio, a esa niña tal vez le cueste confiar y abrirse a ti. Basta con dialogar un poco cada día para cosechar grandes beneficios, como energía física, emociones positivas y bienestar general. Al cabo de un tiempo, tu niña interior empezará a confiar más en ti. Ten paciencia, los resultados te sorprenderán.

El papel de los detonantes y ser sincera contigo misma como medida de seguridad

Los detonantes emocionales indican que hemos proyectado antiguos miedos o patrones en las personas que nos rodean. Son una retrospección emocional que procede de la niña interior, una ración de trauma lista para ser procesada, digerida y sanada. Los detonantes nos brindan la oportunidad de indagar en ese patrón enfermo del pasado, que ha sido activado para corregirlo y liberarlo. Muchas tenemos miedo de que si nos convertimos en la mujer poderosa que hemos de ser, supondremos una amenaza para nuestros allegados. Ocultamos nuestra luz para no ofenderles o desencadenar sus inseguridades. Tu niña interior teme que si reclamas tu plena individualidad te quedarás sola. Es comprensible que esta soledad nos diera mucho miedo de pequeñas. Pero cuando somos adultas hay un tipo de soledad diferente, una soledad que nos nutre.

En cierto modo, siempre estamos actuando bajo la presión de tener que elegir entre la evolución o la seguridad, la individualidad o la pertenencia. El teórico del apego John Bowlby explicó cómo utilizan los niños y niñas a su madre, como punto de partida seguro para la exploración. Si la madre transmite suficiente seguridad al hijo o hija sintonizando con él o ella, este se siente seguro para aventurarse y explorar su entorno. Hemos de trasladar nuestra fuente de seguridad externa a nuestro interior.

El milagroso poder de la «presencia ante el dolor»

Como madre interior no intentaremos hacer desaparecer este sufrimiento. No nos apresuramos a expulsar a la niña interior de nuestros sentimientos, como hubieran hecho nuestras madres u otros adultos. Nosotras encarnamos una amorosa presencia que acompaña al sufrimiento, y permitimos que los sentimientos estén presentes todo el tiempo que sea necesario. Hemos de activar el viejo circuito neuronal para poder trabajar sobre él. No podemos hacerlo todo mentalmente, para sanarnos hemos de sentir. Solo cuando se produce la activación emocional original podemos sanar y corregir esa respuesta traumática. En ese momento, la madre interior puede aportar una presencia amorosa y benevolente que diga: «Te veo. No estás sola en este sufrimiento. Estás a salvo, aunque sientas este dolor emocional. Vamos a dejar que este dolor siga ahí. Hagamos algo tranquilizante. ¿Qué te parece salir a pasear, ponerte crema en las manos o mirar los árboles por la ventana?». Hacer algo físico y sencillo *con* el dolor ayuda a la niña interior a sentir intuitivamente que está a salvo en el presente.

A continuación están lo que considero que son los pilares de la madre interior. Si se aplican con regularidad, empezarán a llenar gradualmente el vacío materno y a forjar un vínculo de confianza entre la madre y la hija interiores. Según la situación, algunos de estos pilares serán más necesarios que otros, a medida que vas sanando diferentes capas de tu herida materna.

Los pilares de la madre interior

Aceptar las emociones: aceptar los sentimientos que surgen y acogerlos con empatía y amorosa curiosidad.

Consuelo: consolar habitualmente a la niña mediante acciones que le hagan sentir que está siendo protegida, consolada y que se encuentra a salvo. Esto implica consuelo físico y emocional.

Libertad: darle a la niña tiempo y espacio para que sienta su propia energía, reciba las cosas que desea y siga sus propios ritmos, como cuándo empezar y terminar algo.

Jugar: darle tiempo a la niña para usar su imaginación, sentirse libre de responsabilidades, que pueda reírse, gozar y disfrutar de la vida.

Estructura: fomentar el sentimiento de que eres una fuente de apoyo segura, de confianza y coherente, de que hasta cierto punto tienes una rutina predecible.

Comunicación sistemática: hacer revisiones periódicas con la niña interior y tranquilizarla, hacerle saber que te importa, escucharla, hacerle preguntas y actuar de acuerdo con tus palabras. Los vacíos de comunicación son oportunidades para corregir rupturas del pasado, de nuestra infancia.

Escuchar: escuchar los miedos y preocupaciones que pueda tener y responder rápidamente con confianza, empatía y pruebas de que está a salvo. Ejemplo: «Cuéntame las razones por las que estás enfadada. Quiero saberlo todo. Estoy aquí por ti».

Disciplina: hacer cosas regularmente y de manera proactiva que beneficien a la niña interior y a tu yo adulto. Esto puede implicar acciones, como pedir cita con el médico y dormir lo suficiente.

Algunos ejemplos de cosas positivas que le puedes decir son:

- «¡Me alegro mucho de que hayas nacido!».
- «Eres maravillosa y la bondad encarnada».
- «Eres adorable y especial».
- «Estás a salvo».
- «Te respeto».
- «Estoy muy orgullosa de ti».

- «¡Me alegro mucho de que estés aquí!».
- «¡Puedes hacerlo!».
- «Voy a estar contigo siempre que me necesites».
- «Es normal tener necesidades. ¡Me encanta satisfacerlas!».
- «Me encanta cuidarte».
- «Es normal cometer errores».
- «Me parecen bien todos tus sentimientos».
- «Puedes descansar en mí».
- «No hay nada que puedas hacer o decir que haga que no te ame».
- «No tienes que hacer o gestionar nada. Tienes que ser una niña y aprender, jugar, explorar y crecer. Está bien que te relajes, y confía en mí para que me haga cargo de todo».
- «No tienes que cuidar de mí. Soy adulta y tengo todo el apoyo que necesito. Tú has de ser una niña y recibir mi ayuda. No tienes que corresponderme».
- «Te amo tal como eres, pase lo que pase».

Algunos ejemplos de preguntas que puedes hacerle:

- «¿Cómo te encuentras hoy?».
- «¿Qué necesitas de mí en estos momentos?».
- «¿Qué puedo hacer por ti ahora?».
- «Percibo que estás sintiendo＿＿＿＿＿＿＿. ¿Te gustaría hablar de ello?».
- «¿Qué te gustaría hacer ahora?».

Tu madre interior

Tu madre interior es tu yo adulto, con todo tu conocimiento y todo tu poder, amparado por fuerzas superiores, como el universo, Dios/Diosa y tu yo superior.

En tu papel de madre interior, ayudas a esa niña a que vea que el pasado realmente ya ha terminado. Lo haces siendo consciente de su estado emocional y tomando nuevas decisiones que le demuestran que los peligros a los que se enfrentó en la infancia ya no existen.

Tú, como madre interior, tienes la capacidad de cuidar de tu niña y proporcionarle las cosas que tu madre no pudo darle. Algunos ejemplos son:

- Tranquilizarla cuando tiene miedo.
- Consolarla cuando vas en una nueva dirección que a ella le parece arriesgada.
- Apoyarla afirmando su valor, valía y merecimiento.
- Proteger sus límites.
- Apoyarla en sus deseos de jugar, aprender, explorar y crecer.
- Ratificar su bondad y que es indestructible, pase lo que pase.

El vínculo interno que cambiará tu vida en profundidad

Vas alternando en tu interior entre ser la madre o la niña. De este modo, recibes el alimento que precisas y aportas el receptáculo seguro que necesitabas cuando eras niña. Se podría decir que a través de esta relación, creas un centro de integridad y seguridad interior, que te permitirá medrar y florecer realmente en el mundo. Esta relación se va volviendo más profunda con el tiempo y enriquece mucho nuestra vida. Para las mujeres que fueron parentificadas, también supondrá recordarle a la niña interior que no ha de trabajar o gestionar nada, como hizo cuando era pequeña; ahora puede descansar, jugar y ser niña, puesto que ya tiene a una adulta capacitada que puede protegerla y cuidarla.

Cuando tu niña interior, con tu ayuda, entienda realmente que nunca ha sido la responsable de su dolor, se producirá un cambio primordial:

- El vínculo de apego primordial empieza a cambiar, la madre externa limitada cede paso a la madre interior incondicionalmente amorosa.
- Cada vez eres más capaz de sentir la realidad de tu propio encanto y regocijarte en tu propia bondad y valor, independientemente de cuáles sean las circunstancias.
- Eres más capaz de recibir amor de otras personas, porque una parte de ti ya no está tan obcecada en considerarse «inferior» para ser leal a tu madre (esperando indefinidamente a que esta actúe como tú necesitabas).
- Puedes verte con más precisión. Reconocer tus defectos, debilidades y errores, a la vez que sigues siendo fiel a tu sentido básico de la bondad y el valor. Tal vez llegue la aprobación externa, pero ya no la necesitas para sentirte bien.

Formas de cultivar la madre interior «suficientemente buena»

Al cultivar la madre interior «suficientemente buena» estás desarrollando una nueva relación contigo misma. No tienes que ser perfecta, cometerás errores. Lo importante es que estés dispuesta a seguir adelante. Y cada pasito supone mucho.

¿Cuáles son algunas de las cosas que deseabas cuando eras pequeña y no pudiste conseguir? De niña, ¿deseabas que tu madre...

- ... te cepillara cuidadosamente el pelo?
- ... te preparara la ropa para ir al colegio la noche antes?
- ... te leyera un cuento antes de acostarte?
- ... escuchara atentamente lo que tenías que decirle y respondiera con empatía?

- … te consolara y te ayudara a buscar soluciones cuando estabas preocupada?
- … te apoyara en tu interés por la música, el arte o la danza?
- … te diera muchos abrazos y fuera afectiva físicamente?
- … defendiera tu independencia, dejándote jugar durante horas, inmersa en tu imaginación?
- … se emocionara con tus éxitos y grandes logros, felicitándote con entusiasmo en cada oportunidad?

Hay algo muy primitivo en nuestra esencia...

La niña que fuimos es algo más que una instantánea de nuestra historia, es una energía vital que vive dentro de nosotras en este momento. Nuestra niña interior forma parte de nuestro auténtico yo, el que éramos antes de tener que ponernos una máscara y adoptar un falso yo, para sobrevivir en nuestra familia y en nuestra cultura. Cuando velamos por nuestra niña interior, empezamos a recuperar nuestro verdadero yo natural. Comenzamos a restituir la bondad y el mérito a aquellas cosas que tal vez tuvimos que poner a la sombra.

¡Volver a acoger a esas partes de nosotras mismas que tuvimos que rechazar es sumamente liberador!

Podemos volver a acoger nuestras partes rechazadas aceptándonos a nosotras mismas y actuando de forma que le demuestre a nuestra niña interior que el pasado ha terminado y que ya puede ser ella misma.

Algunos ejemplos de este tipo de acciones sanadoras y liberadoras son:

- Marcar límites cuando antes nos había estado prohibido.
- Decir lo que piensas, cuando antes eso hubiera provocado el rechazo.

- Dedicar tiempo a jugar o a no hacer nada, cuando te enseñaron que nuestra valía se mide por nuestro esfuerzo.

Para sanar hemos de ser rebeldes. La sanación nos exige que tengamos valor para deshacer los patrones disfuncionales que se establecieron en una etapa temprana de nuestra vida. Es un largo viaje y puede ser muy difícil, pero vale la pena. En última instancia, amplía nuestra capacidad para disfrutar de un mayor nivel de alegría, placer, creatividad y conexión.

En nuestro interior podemos encontrar un amor ilimitado.

En nuestra cultura parece que a los niños y niñas se les recompensa por *crecer para salir* lo antes posible de la infancia; sin embargo, no son amados con la misma facilidad por estar en cualquiera de las etapas que por su edad le corresponden. Por esta razón, muchas crecimos sintiéndonos censuradas o abandonadas por el mero hecho de tener necesidades: la necesidad de comer, de ser abrazadas, de ser vistas, de ser escuchadas, de descansar, de ser entendidas, etc. Aprendimos a odiar nuestras necesidades y a odiarnos por tenerlas. Es probable que acarreemos este autoescarnio en nuestro interior, y esto podría estancarnos.

Cuanto más trabajamos con nuestra niña interior, más restauramos nuestra vitalidad y seguridad.

Todas necesitamos sentirnos adoradas, queridas, consoladas, cuidadas y honradas por ser quienes somos. Cuando ayudamos a nuestra niña interior a experimentar estos sentimientos, una energía y vitalidad nueva inunda todas las áreas de nuestra vida, porque nos estamos liberando de la vergüenza y consagrando en la bondad y las bendiciones. Esto renueva nuestra seguridad, ligereza y alegría.

Crear un entorno interior seguro para que tu niña prospere

Escucha lo que tu niña interior tiene que decir y siente el cambio de energía en tu cuerpo y en tus emociones. Modela, dibuja, escribe en tu diario, escribe cartas, dialoga con una silla vacía, saca tus juguetes viejos favoritos... Diviértete con el proceso. Estás creando un santuario en tu interior, donde todo está bien, pase lo que pase. ¡Un santuario donde no corres peligro por ser niña, donde es seguro tener sentimientos, ser desordenada y desaliñada, donde no pasa nada por llorar y donde puedes jugar y divertirte!

Descubrir y encarnar tu indestructible bondad

Tenía una foto de un zorro en mi mesa de despacho y recuerdo que, un día, cada vez que la miraba se me saltaban las lágrimas. Noté algo muy fuerte por dentro, me senté a mirar la foto y a experimentar lo que surgiera. Miré los ojos del zorro y sentí su inocente y pura presencia. Empecé a llorar y me di cuenta de que lloraba por la inocente y pura presencia de mi niña interior. Y en aquel llanto, se produjo una importante revelación. Vi que el trauma primario no había conseguido destruir la inocencia y la pureza, tal como me temía, sino que estaban presentes conmigo en aquel momento. De hecho, jamás podían ser totalmente destruidas, ni yo estar totalmente separada de ellas, porque esa inocencia y pureza eran la propia esencia de mi ser y formaban parte de mi conexión con la vida.

Amar a nuestra niña interior nos permite acceder a nuestra esencia, nuestra verdad y nuestra vitalidad como no nos lo permite ninguna otra cosa.

El vínculo indestructible que creamos entre nuestro yo adulto y nuestra niña interior compensa las carencias de nuestra infancia, mediante el sustento emocional que nos aporta la fuerza necesaria para encarnar a nuestro yo realizado, brillante y auténtico. Es un proceso de construir una nueva base para que pueda soportar nuestra verdadera inmensidad.

Una de mis afirmaciones favoritas es: «Ejercemos de madre hasta la maestría». En cada nuevo nivel de empoderamiento, la niña interior necesita que le confirmen que no corre ningún peligro adentrándose en un nuevo territorio al que no han llegado ni su familia ni sus amigas, y que no estará sola, que es el principal de los muchos temores que acarreamos.

Cada vez que pasamos a un nuevo nivel en nuestra vida, nuestra niña interior necesita más confirmación y apoyo.

Las energías sanadoras profundas de la maternidad interior incluyen:

- Aminorar nuestros miedos y ansiedades y ser amables con ellos.
- Permitirnos más espacio para estar con nuestras emociones.
- Dedicar tiempo a distinguir el dolor del pasado de la seguridad del presente.
- Dar pruebas de todas las cosas buenas y hermosas de nuestra vida cotidiana.
- Darnos permiso para hacer las cosas más despacio durante el día, hora a hora.
- Crear nuevas circunstancias no negociables que nos ayuden a salvaguardar nuestros límites.
- Actuar con claridad y serenidad como adultas, a la vez que tranquilizamos los miedos de nuestra niña interior.
- Celebrar nuestras alas y ser dueñas de nuestro esplendor, tanto si tenemos aprobación externa como si no.
- Tener el valor de poner fin a relaciones que nos desgastan o nos faltan al respeto, sin sentir remordimientos.
- Incluir en nuestra agenda nuevos hábitos coherentes de atenciones y cuidados personales.

Cada nivel nos ayuda a mejorar nuestra habilidad como madre interior y fomenta cambios extraordinarios en la vida de una mujer, como:

- La ampliación del sentimiento de posibilidad y el entusiasmo sobre el futuro.
- Una autoestima feroz ante cualquier situación que pretenda rebajarla.
- El sentimiento claro de que es capaz de crear lo que desea.
- El sentimiento de que se merece apoyo infinito y conexión con los demás.
- El sentimiento de abundancia y espacio para que todos los seres obtengan lo que desean.
- El sentimiento de que ocupa un lugar especial en el mundo, que jamás le podrán arrebatar.
- Una generosidad alegre y el deseo de ayudar a otras mujeres en sus sueños.
- La voluntad de adentrarse en la incomodidad de lo desconocido para defender la verdad y lo real.

Ejercer de madre interior no es como ir a dar un paseo por el parque, si bien es cierto que incluye mucho tacto y delicadeza. También incluye estar dispuesta a sentirte incómoda, ser firme y paciente:

- Estar dispuesta a sentirte incómoda, muchas veces con emociones dolorosas que reprimiste de pequeña.
- El compromiso de conectar y dialogar regularmente con tu niña interior.
- El valor para pedir ayuda y no hacerlo sola.
- La predisposición a probar cosas nuevas con las que tal vez no te sientas a gusto y que requieran tiempo.

- La voluntad de renunciar a la gratificación instantánea y adoptar una perspectiva a largo plazo.
- La intención de dar prioridad absoluta a tu vida interior y escuchar a tu cuerpo y tus emociones, actuando desde tu conocimiento interior.

Algunos indicativos de que te beneficiarías enormemente de tu madre interior son:

- Vuelves a sentirte como una niña pequeña en situaciones de estrés.
- Te sientes más indefensa e impotente de lo habitual.
- Te esfuerzas en el trabajo hasta llegar a quemarte.
- Te vuelves insensible para poder afrontar las cosas.
- Se repiten los patrones de tu infancia en tus relaciones.
- Tienes que combatir el miedo a la soledad por rechazo u abandono.
- Te sientes paralizada en los momentos de cambio en tu vida, debido a la culpa, la vergüenza o la obligación.

Aquí tienes una gran verdad...

La paradoja de que cuando vamos más despacio y le prestamos atención a la niña interior, aceleramos nuestro impulso para seguir evolucionando como mujeres.

Preguntas para reflexionar

1. ¿Te sientes identificada con algunos de esos indicativos? Si es así, ¿con cuáles?
2. Busca una foto tuya de pequeña y mírala fijamente. Observa los detalles y disfruta de su inocencia y de tu singularidad. Como adulta, envíale a esa niña algo de energía de bondad y aceptación. «Te quiero y estoy aquí contigo». Pon la foto donde puedas verla todos los días.
3. ¿Qué actividad podrías hacer para sustentar a tu niña interior hoy? ¿Qué la ayudaría a sentirse más atendida, amada y respaldada? Piénsalo y hazlo. Observa cómo te sientes después.

Ejercicio: seis pasos para dialogar con tu niña interior

1. **Conecta:** habla con tu niña interior en silencio, en voz alta o escribiendo. Salúdala diciendo: «¡Hola! Estoy aquí contigo». Hazle saber que estás presente y a su disposición. (Si estás empezando con esto, hacer solo el paso uno a lo largo del día puede ser muy reconfortante).
2. **Indaga:** hazle preguntas a tu niña interior, como: «¿Qué te está sucediendo en este momento? ¿Cómo te sientes? ¿Qué necesitas ahora? ¿Quieres hablar de lo que te preocupa?».
3. **Escucha:** crea espacio para escuchar y observar detenidamente lo que está pasando. Presta atención a las palabras, imágenes y sensaciones que surgen de tu niña interior.
4. **Empatiza:** confirma la experiencia emocional de tu niña interior, repitiéndole en un tono suave lo que te ha dicho, y respóndele

con empatía: «Ya veo. Sí, te entiendo perfectamente, es lógico que te sientas así. Es normal y natural que tengas esos sentimientos, teniendo en cuenta por lo que has pasado».

5. **Abrazo interior:** visualízate sosteniéndola entre tus brazos y tranquilizándola físicamente con delicadeza, dándole la mano con respeto, con contacto visual, acariciándole la frente con afecto y como lo haría una madre, etc.

6. **Recontextualización positiva:** crea un relato poderoso para ayudarla a que encuentre un sentido a lo que le sucedió en el pasado y lo que le está sucediendo ahora. Explícale con amabilidad que el pasado ya ha pasado y que ahora está a salvo. Este relato positivo ha de ser sincero, alentador y sentido. Dale pruebas fehacientes para confirmar el nuevo relato que reconoce el mérito de tu niña interior y la seguridad del presente.

Capítulo 14

LA VIDA MÁS ALLÁ DE LA HERIDA MATERNA

J. *se había trasladado a mi casa en el bosque y nos lo pasábamos muy bien estando juntas, preparando la comida, sentándonos junto a la estufa de leña y saliendo a pasear por los senderos de detrás de la casa. También visualizábamos juntas el tipo de casa que queríamos comprar a medias, una con terreno para cultivar, en la que nuestras amistades y seres queridos se pudieran quedar a dormir, con espacio para hacer grandes reuniones, para forjar sentido de comunidad y de conexión entre mujeres. Visualizamos una casa que pudiera ser un punto de encuentro donde las personas pudieran hallar su verdad.*

En cuestión de pocos meses, milagrosamente, encontramos la casa perfecta; además, hacía algún tiempo habíamos conectado con un grupo de mujeres con las que empezamos a relacionarnos y, al poco, se convirtieron en grandes amigas y en nuestra «familia de adopción». Cuando nos mudamos a nuestro nuevo hogar, hacíamos bromas respecto a que estábamos transformando una casa victoriana, construida en una época de represión para las mujeres, en una casa donde pudiéramos gozar de libertad de expresión.

También tuvimos que fusionar nuestras respectivas bibliotecas. Nos leíamos en voz alta mutuamente libros de Audre Lorde, Adrienne Rich, Alice Walker, Judy Grahn, Mary Daly, Andrea Dworkin, Denise Levertov, Muriel Rukeyser, Leslie Feinberg y otras autoras. Tenía momentos en los que reflexionaba sobre mi antiguo yo y me daba cuenta de lo ignorante que había sido, lo ciega que había estado a la profundidad, al poder y a la resiliencia de mis antepasadas feministas. Sentía una mezcla de profunda humildad, tristeza y gratitud por todo lo que estaba aprendiendo y viviendo. Me sentía orgullosa de estar entre las mujeres revolucionarias.

Sentía que amar a una mujer era lo más natural, sagrado y liberador que había experimentado jamás. A diferencia de otras muchas mujeres, no viví la experiencia de «salir del armario» con mi familia, puesto que, en aquellos momentos, hacía cuatro años que no tenía contacto alguno con ella. Me di cuenta de que había sido condenada al ostracismo y excomulgada, no por ser lesbiana, sino porque había salido del armario como persona, y ese acto de desobediencia patriarcal y de autorreivindicación fue el precursor del descubrimiento de mi sexualidad lésbica, un paso importante en mi evolución.

Con el paso del tiempo, empecé a aceptar que aunque mi familia estuviera convencida de que me amaba, no tenía la capacidad para amar a la mujer empoderada en la que me estaba convirtiendo. Me recordaba esta verdad una y otra vez: que se había terminado y que no volvería a verlos más. Que por más que los quisiera, por buenas que fueran mis intenciones, no eran capaces de darse cuenta de esto. Llegar una y otra vez a esta conclusión interior era doloroso, pero importante, especialmente para evitar que volviera a formarse el sueño imposible. Cuanto más lamentaba y aceptaba esta realidad, más mía me parecía mi nueva vida con mi pareja, nuestra nueva casa y comunidad. Empecé a sentirme muy orgullosa de que, a pesar de lo doloroso que era sufrir tantas pérdidas en mi vida, ahora todo parecía ser más auténtico, productivo y real. Aunque todavía sigo procesando el trauma que sufrí, por primera vez, me siento dueña de mi vida, muy viva y agradecida. Lo que para mí antes había supuesto un vacío ahora se había convertido en una comunidad de amigas, una relación sana con J., una familia del alma y una red global de colaboradoras. De ese dolor ha surgido más amor y abundancia de lo que jamás hubiera podido imaginar.

La vida se parece a una práctica devocional, cada vez con nuevas capas que sanar, pero con cada una que sanamos vamos adquiriendo más claridad y libertad. Cada capa es una oportunidad para aceptar cualquier detonante que vaya apareciendo, como ser la madre de mi niña interior, distinguir el pasado del presente, vivir más intensamente o confiar en que todo lo que sucede es por mi bien, aunque mi mente todavía no sepa el cómo o el por qué. Mi mente superreactiva ya no actúa como «madre», sino más bien como un sereno sustrato del ser que se va convirtiendo en el pilar de mi vida. Con cada capa, me he vuelto más tierna y feroz a la vez. Me siento más integrada, como una mezcla de niña inocente y bruja sabia, y esta energía se manifiesta en la mujer adulta que soy ahora.

Con el paso del tiempo, he llegado a un estado al que he bautizado como «derrota benevolente», la aceptación de que todas las estrategias que me ayudaron a sobrevivir en mi familia ya no me sirven. Cuando era niña, pensaba que para poder sobrevivir tenía que dominar mentalmente la vida. Tan solo necesitaba descubrir las reglas y dominarlas mediante el esfuerzo, la lucha, la estrategia, siendo una buena chica, estando siempre alerta y asumiendo las responsabilidades de otros. Estaba convencida de que estas estrategias mentales crearían circunstancias favorables y que ENTONCES podría descansar. Pero todo ese esfuerzo mental y físico fue un fracaso, porque no me condujo a mi meta principal: ser visible para mi madre y mi familia y que me amaran como tan desesperadamente anhelaba.

El duelo me ha conducido a un estado de serena profundidad y claridad. En el fondo, lo que mi niña interior siempre ha deseado ha sido descansar y simplemente SER. Y durante mucho tiempo, he creído que necesitaba el amor de mi familia para autorizarme a hacerlo. El consuelo ha llegado gracias a que me adentré en niveles cada vez más profundos, a que acepté que no puedo controlar la vida o las circunstancias, por más que lo intente. Lo que te *aporta el Ser no se puede conseguir a través del trabajo, solo se puede sentir y experimentar en el ahora. Y la verdadera creatividad y conocimiento residen en el presente.*

Mi deseo de veracidad y de vivir con integridad siempre me remite al hecho de que no hay nada en este mundo, por bello, validador, expansivo o extático que sea, que pueda borrar el trauma que soporté ni eximirme de mi responsabilidad de atender el dolor que siento dentro de mí. Mi alimento emocional ahora NO procede de consolarme con estrategias mentales que me prometen ser rescatada o recompensada en el futuro, o de la esperanza de ser capaz de controlar las circunstancias, sino del poder de estar en el momento presente, donde hay un amor que no precisa de estrategias mentales. Es como si la madre interior dijera a cada momento: «Acepta la derrota benevolente, quédate aquí conmigo, ya no es necesario que corras, te protejas o busques nada. Siempre estoy aquí ahora, sosteniéndote, sosteniéndolo todo».

Todo lo que hay en este mundo cambiará o desaparecerá. El esfuerzo mental no nos acerca a lo que deseamos, es justo al contrario. Afrontando valerosamente nuestro sufrimiento encarnando a la madre interior, estando presentes en nuestro desgarro, podremos encontrar el sustento que buscábamos. Esto nos predispone a conectar realmente con la vida, sin la burbuja de aislamiento de la evitación o la negación. Creo que lo que todas buscamos es este contacto pleno con la vida, con la verdad.

Al sanarnos de la herida materna descubrimos el verdadero poder y empezamos a encarnarlo. No es el poder del patriarcado que se manifiesta como «poder sobre», sino el poder del Ser, de «estar con». Ya no confiamos en una figura de autoridad externa o acatamos sus mandatos, sino que sintonizamos con la autoridad de nuestra verdad interior, encontramos el **flow*** *y vivimos momento a momento a partir de él.*

---

* N. de la T.: Voz inglesa que significa 'fluir'. En psicología es el estado que alcanza un individuo cuando está totalmente centrado en el disfrute de lo que está haciendo, en el que pierde la noción del tiempo y de su propia identidad. El psicólogo M. Csíksentmihályi fue quien acuñó este concepto.

Sanar la herida materna no es ver la transformación como un medio para evitar el dolor que te ocasiona el pasado, sino como una forma de abrazar la vida en el presente. Ningún camino es fácil. Se requiere tener valor, agallas y resiliencia, pero vale la pena. Este proceso tiene sus propios tiempos orgánicos para todos. Es un viaje sin final, una sucesión de oportunidades para evolucionar, eliminar más autoengaños y manifestar nuestro verdadero yo, como vivacidad, libertad y alegría.

≈≈

Pensaste que podías elegir el camino hacia la unión. Pero el alma persigue cosas que hemos rechazado y casi olvidado. Tu verdadero maestro bebe del río que no tiene presas.
Rumi

A medida que la herida materna va sanando, te vas dando cuenta de que nunca fuiste anormal. Recobrarás una energía inmensa. Gradualmente, te irás haciendo consciente de manera directa e intuitiva de que eres divina y que estás conectada con toda forma de vida. La medicina está en la propia herida.

Una vez sanada, la herida materna no se limita a desaparecer. En lugar de ser una fuente de sufrimiento, se transforma en una fuente de sabiduría que alimenta cada aspecto de tu existencia. A medida que cuidamos de ella en el proceso de sanación, nos va revelando a su debido tiempo todos los logros, cambios e introspecciones necesarios para plantar las semillas de una vida y un mundo nuevos.

En tu viaje hacia la otra cara de la herida, te irás transformando, como lo harán tu visión de ti misma y tu vida. Esto suele suceder de formas mágicas e inesperadas, porque tu conexión con la vida se va restaurando gradualmente. Empiezas a sentir tu verdadera pertenencia. Se abre un espacio para más juego, placer y creatividad. Seguirás experimentando episodios de duelo y residuos del trauma, pero cada capa que elimines liberará más aspectos de ti que te permitirán explorar más a fondo tu propósito y tu potencial.

Surfear las olas de la sanación

La mejor metáfora que he encontrado para la vida después de la herida materna es la de surfear. Empecé a surfear a los diecisiete años, con un grupo de amigos. Me pasé todo el verano sin ponerme de pie sobre la tabla, aprendiendo a interpretar las olas, desarrollando la fuerza de la parte superior de mi cuerpo, calculando los tiempos para saber identificar qué olas surfear y cuáles dejar pasar. Al principio, las olas me golpeaban y revolcaban; unas veces, incluso me arañaba la cara con el fondo marino; otras, la tabla se levantaba y me daba en la cabeza. Pero seguí intentándolo. Al final, comencé a prever las olas, a aprovechar el impulso hacia delante, a saltar en el momento justo y a surfearlas con entusiasmo, en vez de sentirme superada o amenazada por ellas. Así es el proceso de sanación de la herida materna: aprender a cabalgar las olas de la sanación, aprovecharlas, dejar que nos ayuden a evolucionar, aprender a canalizar su fuerza, acogerlas.

Con el tiempo, descubriremos el verdadero estado de la gratitud y la compasión genuina hacia nuestras madres y sus viajes personales. Tal vez sintamos gratitud por lo que ella pudo darnos y compasión por lo que no pudo darnos. Es gradual. Es un proceso evolutivo. Sanamos en espiral. No existe el «ya he terminado», el foco o el destino pierde fuerza gradualmente. El foco se dirige hacia el poder personal y la libertad que experimentamos con cada capa que eliminamos. Surfear las olas de la sanación deja de ser una tarea pesada y se convierte en una aventura, que siempre nos conduce hacia lo desconocido y que nos proporciona ayuda y tesoros por el camino.

Permiso para ser real

El permiso para ser real es algo que te concedes a ti misma en la intimidad de tu espacio interior, es algo entre tú y tú. Cuando sanas tu herida materna, te conviertes en la base segura desde la cual te exploras a *ti misma*. Como madre interior de la niña que llevas dentro, te transformas en el espacio profundo, donde todo está bien. Hay un poderoso círculo de amor que fluye a tu alrededor y a través de este vínculo interno, que te ayuda a irte liberando gradualmente de los patrones limitadores de tu familia original y de la cultura patriarcal. La exploración, la experimentación y los errores son bien recibidos. Aquí no existe el fracaso, solo el aprendizaje. A medida que nos sentimos más seguras interiormente, somos más libres para asumir riesgos, descubrir nuevos territorios, explorar el paisaje interior sin el habitual miedo a «¿qué van a pensar de mí?». Este miedo puede que siga presente, pero su poder para paralizarte es menor.

El patriarcado nos ha exigido que nos rebajemos y renunciemos a nuestro poder a cambio de aprobación externa. Cuando experimentamos el despertar, nos empequeñecemos, no por ceder ante una autoridad externa, sino al rendirnos ante la verdad que mora en el centro de nuestro ser, ante lo divino, ante nuestra fuente interior. Se convierte en lo que guía nuestra vida. Entonces, vivimos nuestra vida con devoción a *eso*. En este contexto, el proceso de empequeñecernos es lo máximo, porque nos convertimos en un instrumento de un poder superior. A partir de aquí, todo lo que hacemos podemos vivirlo como una expresión de esta verdad.

Nuestra verdadera autoridad está dentro. Esto es muy terapéutico, porque el patriarcado nos dice que hemos de dividirnos y traicionarnos a nosotras mismas para ser aceptadas. Aquí nuestra autoridad está directamente emplazada en nuestro propio centro. El lugar donde descubrimos nuestra integridad natural. Tara Brach, en su libro *Aceptación radical*, nos anima a que el sufrimiento sea la puerta hacia el despertar del corazón. Visto de este modo, nuestro sufrimiento no es algo que debamos sacarnos de encima, sino una puerta hacia verdades más profundas. Brach nos dice que veamos nuestro dolor como algo que nos ha sido confiado. Para cultivar la seguridad interior, atendemos a nuestra niña interior como nuestra madre externa no pudo hacerlo. La forma de sustituir esas carencias originales es sentirlas primero en su totalidad. Hemos de experimentar estos sentimientos que estaban prohibidos cuando éramos jóvenes. Este es el primer paso para volvernos auténticas.

A medida que vamos viviendo de acuerdo con nuestro yo original, de vez en cuando, la vida nos irá pidiendo que nos alejemos de lo conocido y que encontremos la paz en lo desconocido. Se nos pedirá que nos hagamos amigas de la soledad última y que nos sintamos seguras con nuestra propia presencia. En esa sobria simplicidad, hallamos una plenitud profunda que no es de este mundo. El ego se calla y se pone al servicio del misterio natural de nuestra propia evolución. Existe una conexión entre el anhelo por la madre y el anhelo por lo amado interior. Podríamos decir que este anhelo fluye a través del mismo canal, el anhelo de la niña por su madre y el de la adulta por la verdad última en forma de Dios/Diosa/todo lo que es. Esta es la razón por la que cuando sanamos la herida materna, se nos despeja el camino para encarnar el poder espiritual que quiere manifestarse a través de nosotras.

Cuando profundizamos lo suficiente en nuestro propio dolor y soledad existencial, descubrimos que jamás hemos estado solas.

Allí, en nuestro propio dolor y sentimientos encontrados, hay una amorosa presencia que acompaña todo lo que hemos experimentado hasta ahora. Cuanto más seguras nos sentimos interiormente, más cambia nuestra lealtad a las creencias que heredamos de nuestras familias y cultura, y más se inclina hacia nuestra verdad e integridad interiores. Paulatinamente, nuestra capacidad para ser sinceras con nosotras mismas respecto a nuestros sentimientos se convierte en nuestra fuente de seguridad. Esta seguridad innata empieza a eclipsar las ilusiones de la seguridad que pensábamos que habíamos alcanzado, a través de los viejos mecanismos de defensa que adoptamos en la infancia.

La integración de la niña cada vez más sana y de la adulta consciente y sabia culmina en una nueva forma de ser, en un puente entre el espíritu y la materia, o la nueva Tierra. Cuando hacemos de madre de nuestra niña traumatizada interior encarnamos a la Diosa. Nos inunda una mayor sensación de paz y libertad, y ya no tenemos tanta necesidad de que los demás cambien para sentirnos bien. Podemos dejarlos ser tal como son y liberarnos del apego a que nos vean tal como somos. Esto solo es posible cuando hemos alcanzado un estado en que podemos vernos y apreciarnos con exactitud suficiente para soltar lo que nos condiciona. La forma de conseguirlo es haciendo de madre de nuestra niña traumatizada en la seguridad del momento presente. Ejercemos de madre en tiempo real, sintiendo el dolor del trauma del pasado *y* el dolor que nos ocasiona la situación actual, cuidándonos en ambos estados simultáneamente. Es un estado que tiene mucha fuerza y que hemos de vivir siendo conscientes de los múltiples niveles en los que nos movemos a un mismo tiempo; hemos de ser conscientes de la adulta y de la niña en el presente, así como de la presencia divina informe que somos en el nivel más profundo.

El mejor uso que podemos hacer de una infancia traumática es utilizar los defectos de nuestra familia para que nos ayuden a engrandecernos. Nuestra grandeza radica en ser más fieles a nuestra propia esencia. Este es el mayor regalo que nos concede el sufrimiento que padecemos por nuestros abusos. Esta es la verdadera resurrección. Cuando vemos la luz en nuestro más profundo dolor, somos capaces de verlo en todas partes y en todas las cosas. La unidad de la conciencia y la pertenencia existencial se convierten en una realidad subjetiva. Ser la soberana implica ser tierna y feroz a la vez. Permítete ser inmensa. Permítete tu espacio. Al final, llegarás a un punto en que tu niña interior se sentirá lo bastante segura como para empezar a deshacerse de sus primeras creencias, de esas que nos dicen que hemos de ser pequeñas para ser amadas. De este modo, seremos cada vez más capaces de experimentar vitalidad, asombro, creatividad, alegría, regocijo, entusiasmo, consuelo y receptividad. El vínculo interior nos permite separarnos emocionalmente de los mensajes tóxicos de «ser menos que» y «encógete para ser aceptada» que recibimos las mujeres por parte de nuestro entorno.

Muchas anhelamos tener la potestad para ser auténticas, reales, vistas y amadas tal como somos. Existe el deseo colectivo de tener una experiencia visceral de nuestra verdadera creatividad, poder y belleza, sin que esté descafeinada o aminorada por las estructuras limitadoras de nuestra cultura. Todas tenemos el potencial para expresar nuestro verdadero yo, de una manera que transforme el mundo. Ha llegado el momento de expresar lo que consideres oportuno.

¿Saldrás a la luz?

Sea cual sea el permiso que estás esperando, no llegará. El único que puede liberarte es el tuyo.

La fuerza encarna tu valor y tu talento innegables.

Cuando nos rebajamos o menospreciamos no estamos siendo íntegras. Hemos de descartar de una vez por todas la idea de que infravalorarse ennoblece. El mejor regalo que podemos ofrecer a los demás es nuestro ejemplo de que nuestra vida funciona, que progresamos en nuestro poder y que somos nosotras mismas sin tener que disculparnos, sin vergüenza, pero sintiendo que estamos bendecidas y dando gracias por ello.

La fuerza es la flor de legitimidad. Reivindica tu legitimidad y tu derecho a tener tu espacio.

No podemos encarnar nuestra fuerza si antes no la legitimamos. Nadie ni nada externo puede aportarnos el sentimiento de legitimidad que ansiamos; sin embargo, es el origen de todo lo demás. La legitimidad es el sentimiento básico de merecimiento. El momento para desarrollarlo era la infancia, y nuestra madre nos confirió el sentido de legitimidad a través de su propio sentimiento subjetivo* de pertenencia al mundo. Si *ella* no sentía la pertenencia, nuestro sentido de legitimidad y valía básico no estaba garantizado. No podemos retroceder en el tiempo para conseguir esta legitimidad. Solo podemos lamentar la oportunidad perdida y engendrar la legitimidad interna que anhelamos.

Puesto que nuestras madres se educaron en culturas patriarcales, todas tenemos la sensación de andar algo perdidas. Cuando aceptamos la herida materna, esta se convierte en un regalo y nos conduce al sentimiento de legitimidad que buscamos. La legitimidad es el derecho a ser, a florecer y a actuar como una entidad con voluntad y poder. A pesar de los mensajes culturales que nos dicen

---

* N. de la T.: *Felt-sense* en inglés; se refiere a un estado de conciencia donde se registra el significado que el cuerpo le está dando a una situación, persona o evento en el presente. Es una especie de resumen de todo lo que sientes, piensas, has vivido y experimentado (y por tanto sabes) con respecto a algo, y lo comunica a la conciencia «despierta» de un modo no racional, sino como una sensación corporal. (Fuente: somatofobia.com)

lo contrario, todas estamos legitimadas por el mero hecho de existir, de *ser*. La propia vida nos ha legitimado por el mero hecho de haber nacido. Esto lo vamos sintiendo cada vez más, a medida que vamos eliminando capas de creencias limitadoras y los residuos traumáticos que ocultan nuestra esencia.

Atrévete a sentir tu fuerza.

Nuestra esencia, nuestro yo espiritual, es la chispa de la fuerza. Cuanto más confiamos en ella, más intenso es su brillo a través de nuestra forma humana, más clara es su guía y mayor la transformación que proporcionamos a quienes nos rodean, gracias a que estamos vibrando con nuestra fuerza.

La solidez de este sentimiento de legitimidad subjetivo crea una especie de recipiente que contiene esa chispa de fuerza interior. El recipiente de la legitimidad sustenta nuestra fuerza y le permite florecer. Incluso podríamos decir que nuestro sentido de legitimidad básico es el recipiente humano de la fuerza de nuestro Dios/Diosa interior.

Para ser dueña de tu fuerza has de tener el valor de vivir y encarnar la verdad pura de tu ser, a cualquier precio.

Ser dueña de tu fuerza implica vivir desde la esencia, más allá de tu ego personal. Es entregarte a tu verdad más profunda y dejarte llevar a dondequiera que sea, aunque tu mente piense lo contrario. Hacen falta agallas y fortaleza para esto.

En última instancia, se trata de derribar los muros internos del yo egoico individual que siente que se ha de defender contra la vida. Cuando estos muros internos han sido derribados, tu voluntad personal se funde con la voluntad de lo divino, como un río que desemboca en el mar. De pronto, hay un poder en tu interior, que te aporta una energía, apoyo e inspiración increíbles. Dejas de ser un río solitario y te conviertes en el océano. El objetivo de la vida cotidiana es encontrar ese *flow* y permitirle que te conduzca a todo lo que necesitas, todo lo que has de saber y todo lo que quiere expresarse a través de ti.

¿Qué es lo que se interpone para que vivas en sintonía con tu verdad? ¿Qué precio estás pagando?

Hemos de observar nuestro lavado de cerebro respecto a la autoflagelación y reclamar nuestra fuerza vital, eligiendo nuevos pensamientos y creencias que reflejen y expresen con exactitud lo que sabemos que es cierto. Muchas mujeres tocan techo antes de conseguir un gran logro, porque todavía tenemos la tendencia de *buscar primero el permiso externo* para prosperar, tener éxito o destacar. El patriarcado ha ejercido el efecto luz de gas* sobre las mujeres para que crean en su falta de valor o de poder. Es un largo legado y las creencias están profundamente arraigadas. Nuestras madres y abuelas no pudieron elegir, tuvieron que creérselas y transmitírnoslas. Nosotras hemos de legitimizarnos, por nuestras madres que no pudieron hacerlo. No hay otra manera. Como dice el refrán, nosotras somos quienes estábamos esperando.

No hay excusa para no perseguir tus sueños. Ahora es el momento. No subestimes los efectos de simplemente tomar la poderosa decisión de hacerlo. Confía en que lo que venga a raíz de esta decisión será exactamente lo que necesitas atraer. No es fácil, pero merece la pena. No hay nada que se pueda comparar a vivir desde la profundidad de tu ser.

La atenuación es el impulso de restarse importancia, de empequeñecerse, de desaparecer, de ser invisible. Según parece, la atenuación es una de las heridas principales que sufrimos las mujeres

---

* N. de la T.: *Gaslighting,* en inglés, es un tipo de maltrato psicológico que consiste en negar la realidad, dar por hecho lo que nunca sucedió o presentar información falsa para hacer dudar a la víctima de su memoria o percepción. El término procede de una famosa obra de teatro de Patrick Hamilton, que inmortalizó el cineasta estadounidense George Cukor en su película del mismo título, donde la protagonista sufre este tipo de maltrato por parte de su esposo, que pretende volverla loca.

en este mundo. Desde una temprana edad, nos enseñan que hay cosas en nosotras que tienen que avergonzarnos, así que aprendemos a ocultar, a contorsionarnos y a automanipularnos para ser aceptadas en el mundo. Tuvimos que creer en nuestro defecto para poder sobrevivir. Tuvimos que obedecer y autorreprimirnos.

Podemos transformar la vergüenza en un amor apasionado.

El hecho de no haber sido aceptadas (por nuestras familias y por la sociedad) no significa que no seamos legítimas. No implica que nos pasara algo raro. Significa que tanto nuestra sociedad como nuestras familias sufren heridas profundas. Admitir esto no implica buscar culpables, sino reconciliarnos con la verdad para que podamos sanar.

El final de la atenuación llega cuando estamos dispuestas a ser mal vistas, a arriesgarnos a ofender a los demás por el bien de la realidad y de la verdad en nosotras mismas y en el mundo. Debemos estar dispuestas a sentirnos incómodas y a ser consideradas molestas.

Hemos de conectar con nuestra crudeza interior, con la bravura, con el «no voy a parar hasta que sea totalmente dueña de mí misma».

En nuestra cultura tenemos la tendencia de apresurarnos a perdonar, a compadecernos y a buscar soluciones. Y como mujeres, hemos aprendido a la perfección a enmascarar las cosas que nos incomodan a nosotras y a los demás, y a esconderlas debajo de la alfombra. Esto incluye aceptar menos de lo que nos merecemos para que haya «paz».

Ha terminado el tiempo de la obediencia. Hemos de tener la determinación de ser dueñas de nosotras mismas, saber a ciencia cierta que nos pertenecemos.

Cuando éramos niñas tuvimos que claudicar con un mundo y con una familia que estaban heridos. Estas heridas nos han robado años de nuestras vidas. Como portadoras actuales del dolor generacional y colectivo, tenemos la facultad de transformar conscientemente ese sufrimiento en conciencia. De niñas no teníamos otra opción que entregar nuestro poder. Ahora es el momento de sustituir ese «sí» por un poderoso «no» a las cosas que siguen oprimiéndonos, empezando por las formas en que nos oprimimos a nosotras mismas.

Para autoliberarnos, primero hemos de identificar y reconocer de qué modo estamos divididas internamente. Hemos de reconocer e identificar las formas en que estamos divididas. De lo contrario, seguirán controlándonos y limitándonos. Transigir sale muy caro.

¿Cómo transiges tú? ¿Cómo te atenúas a ti misma?

El camino hacia nuestra propia pertenencia puede ser largo y traicionero, porque conlleva enfrentarnos a la tristeza, al dolor y a la ira que bloquean nuestro verdadero yo. Hemos de afrontar estos sentimientos aterradores. El amor que en realidad somos no teme la fragmentación que hemos acumulado. Por ello, suscita en nosotras la valentía de afrontar nuestro dolor y superarlo.

El amor que somos metaboliza el dolor y lo convierte en sí mismo...: amor.

Hemos aprendido a alejarnos de las cosas que nos asustan y nos incomodan. Es una forma de entregar nuestro poder. Cuanto más conscientes somos, más cuenta nos damos de que hemos de cambiar y dirigir nuestra atención *hacia* aquello que nos incomoda, para llevarle la luz de la conciencia, por el bien de nuestra propia transformación.

Es imposible sanar la herida materna sin la ayuda de una relación terapéutica con un terapeuta experto en apego y trauma, especialmente las personas que han sufrido abusos y traumas graves. La herida se produjo en la relación y la sanación final también tiene lugar en el contexto de una relación. Un aspecto de convertirnos en nuestra propia madre es el de conseguir la ayuda de calidad que necesitamos. En el apéndice, en la página 319, recomiendo qué es lo que has de buscar.

Nuestra seguridad reside en la voluntad de atender nuestras partes fragmentadas.

El amor que somos no tiene miedo de la ruptura. Cuando aceptamos nuestra fragmentación, se transforma en un conjunto inquebrantable, que descubrimos que siempre ha existido: un todo eterno y atemporal que es nuestra verdadera naturaleza. Esa esencia es invocada por nuestra disposición a sentirnos incómodas y a ver las sombras que residen en nuestro interior. Y es alimentada por nuestra lealtad a lo real y veraz, no importa a qué precio.

Caminar por el filo de la navaja de la fiereza y la ternura

A medida que procesamos nuestras partes fragmentadas en nuestro interior, literalmente vamos disolviendo las capas que han ensombrecido nuestra luz. Cuando las capas se disuelven, aparece un aspecto más profundo de nuestra verdadera identidad: una conciencia de amor puro que se ha mantenido prístina e intacta, a pesar de todo el sufrimiento. Esto lo descubrimos al enfrentarnos a todas las creencias que nos dicen que no somos lo bastante buenas o poderosas. Este mensaje no conlleva una solución rápida y sencilla, pero es la verdad sin adulterar. Merece la pena cada gramo de malestar e inconveniencia que requiere el proceso de ser dueña de ti misma y de amarte.

La intimidad más poderosa es la que no se ve afectada por ninguna emoción o experiencia que puedan separarte de ti misma. Esta es la verdadera seguridad y libertad. Es el don que nos está esperando en la herida materna.

Preguntas para reflexionar

1. Cuando éramos niñas, muchas nos vimos obligadas a decir sí cuando queríamos decir no. Puede que hayamos tenido que soportar experiencias que nos parecieron insoportables o duras, sin poder expresar nuestro sufrimiento. ¿Has tenido alguna experiencia de este tipo?

2. Imagina que conectas con tu niña interior. Expresa empatía por lo difícil que fue sentirte sola, indefensa o sin voz en esos momentos. Imagina que le dices que ahora eres su yo adulto y que estás con ella para defender su derecho a decir no y hacer que se respeten sus necesidades y sus límites.

3. ¿De qué maneras puedes defender tu derecho a decir no en tu vida cotidiana que afirmarían tu soberanía como mujer adulta y que reforzarían la sensación de tu niña interior de sentirse protegida y escuchada?

CONCLUSIÓN

La mujer emergente: liberar a la «complaciente» y hacer las paces con nuestro poder

... la conexión de mujer a mujer y entre todas nosotras es
la más temida, la más problemática y, potencialmente,
la fuerza más transformadora del planeta.

Adrienne Rich

La herida materna ha supuesto hasta ahora un punto muerto en el empoderamiento femenino. Hasta las más evolucionadas de entre nosotras han evitado este tema. Sanar la herida materna es el siguiente reto del feminismo, pues es el eje de los tipos más insidiosos de autolimitación o maneras sumamente sutiles e invisibles de echarnos atrás, con el fin de garantizarnos el amor, la seguridad y la pertenencia. Estos insidiosos patrones autolimitadores han pasado de madres a hijas durante siglos. AHORA ha llegado el momento de detener el ciclo.

A lo largo de la historia, los niños dependían de sus padres solo hasta que se convertían en cabezas de su propia familia, pero la dependencia de las niñas, madres y esposas, de sus padres o esposos era de por vida. Hay un antiguo refrán inglés que dice: «Un hombre

301

es hijo hasta que toma a una esposa; una hija es hija para siempre». El tradicional acuerdo familiar de que las mujeres *solo podían ser poderosas a través de sus protectores masculinos* ha limitado el desarrollo de una solidaridad femenina consolidada y la cohesión de grupo a lo largo del tiempo, al igual que la utopía de que los privilegios de clase y raza podían proteger a las mujeres blancas de la misoginia.

En todos los tiempos, muchas mujeres, de etapas diferentes de la vida, han encontrado la seguridad a través de algún tipo de «protección» masculina, lo que les ha impedido superar el estado infantil de estar bajo la continua supervisión masculina hasta el final de sus días. De este modo, la familia dictaba las obligaciones y roles que la hija adulta tendría que seguir durante toda su vida, con su padre, esposo e hijo, generalmente con la ayuda adoctrinadora de la madre o la suegra. Si a esto le sumamos la falta de una tradición que validara su autonomía e independencia, cuya consecuencia era la invisibilidad de las mujeres destacadas, ha conducido a que, durante mucho tiempo, estas ni se atrevieran a imaginar la posibilidad de transgredir el acuerdo de subordinación a la tutela familiar en el que vivían, desde su nacimiento hasta su muerte.

Cuando una mujer se convertía en madre, en la mayoría de los casos, su hogar pasaba a ser su territorio; su prisión como hija se convertía en su centro de poder como madre, para ejercer su dominio a su manera. Así es como han sido las cosas durante la mayor parte de la historia de la civilización occidental, debido a la escasez de oportunidades para las mujeres fuera de casa. Si una mujer se rebelaba contra las normas de la familia o de la sociedad, podía ser expulsada, abandonada a su suerte o sufrir calumnias, torturas o incluso la muerte. En algunos casos, puede que las encargadas de lanzar la primera piedra o de conducir a la desterrada lejos del hogar hayan sido su propia madre o su suegra. En algunos lugares, esto sigue siendo una práctica habitual.

Estamos viviendo en una época concreta en el tiempo, en 2021, en la que muchos de estos acuerdos patriarcales han cambiado en las últimas décadas: ahora, hay más mujeres que hombres con licenciaturas universitarias; están optando por tener menos hijos, si es que deciden tener alguno, y ostentan más cargos políticos que nunca. Sin embargo, los derechos reproductores de las mujeres siempre corren peligro. Todavía muere un número altísimo de mujeres de color en el parto, las indígenas siguen desapareciendo y la mayoría de los pobres son mujeres que no son blancas.

En la era digital del feminismo, disponemos de más información que nunca a nuestro alcance, y las mujeres tenemos la oportunidad de conocernos, lo cual conlleva el potencial de que grandes grupos de mujeres se liberen del yugo patriarcal. Pero para que suceda a gran escala y de una manera sostenible, hemos de hacer el trabajo interior de sanar la herida materna. Hemos de solventar la forma en que la atmósfera tóxica cultural del patriarcado ha equiparado nuestra necesidad de amor, seguridad y pertenencia a la convicción de que somos «inferiores», razón por la cual ejercemos opresión de maneras insidiosas sobre nosotras mismas y sobre las demás mujeres. Las mujeres blancas, en particular, no debemos incurrir en la vergüenza o el sentimiento de culpa por el legado de la supremacía blanca que hemos heredado. Pero sí hemos de ser muy humildes e intentar comprender que detenernos a escuchar a las mujeres negras y otras mujeres de color, y aprender de ellas, es un acto esencial de reivindicación de nuestra humanidad ante la supremacía blanca y el patriarcado.

La sanación de la herida materna nos ayuda a ser conscientes de nuestra historia, personal y cultural; de este modo podremos formular un verdadero futuro pospatriarcal feminista para todas. Esto es una labor a largo plazo que supondrá generaciones. También nos ayuda a cultivar en nuestro interior una conciencia materna saludable, una madre interior transpersonal, una inteligencia benévola a la que podemos recurrir en cualquier momento en busca de fuerza, consuelo y orientación.

Estamos en un momento del tiempo en que muchas mujeres se están sanando a sí mismas, están desarrollando una intolerancia a los sistemas tóxicos y optando por dejarlos atrás, ya sea alejándose de su familia de origen o de organizaciones, empresas, iglesias y comunidades. En el proceso de sanación de la herida materna nos volvemos más intrépidas, alteramos el estado actual de las cosas, nos atrevemos a mantener conversaciones difíciles, sabemos cuándo nos conviene más alejarnos, nos negamos a fomentar la disfunción y creamos nuestros propios sistemas de ayuda que nos dan prioridad a nosotras mismas y a otras mujeres. Al enfrentarnos a nuestro sufrimiento interior y vivir la transformación como una forma de vida, vamos dejando de proyectar nuestras necesidades de apego no satisfechas en situaciones o personas. Nos volvemos más soberanas, independientes y singulares. Nos centramos más en la realidad, estamos más conectadas con nosotras mismas y con nuestro *flow* superior interno. Experimentamos menos conflicto, presión o coacción y más «sintonía» profunda con nuestra propia verdad, somos capaces de distinguir la sabiduría superior que hay en nosotras y dejar de confundirla con la basura patriarcal que nos ha sido inculcada en la infancia en lo que a nuestra persona se refiere.

Gerda Lerner, en la conclusión de su libro *La creación del patriarcado*, recomienda dos cosas a las mujeres para poner fin al patriarcado: 1) que al menos durante un tiempo nos centremos en la mujer y 2) que salgamos del pensamiento patriarcal. Aclara que centrarse en las mujeres significa que hemos de confiar en nuestra experiencia femenina, que ya no nos creemos la ubicua mentira de nuestra cultura de que somos inferiores. Significa que aprendemos a identificar y a ignorar los comentarios de los hombres, y a dirigir nuestra atención a nosotras mismas, a otras mujeres y a nuestras antecesoras feministas en busca de validación.

Alejarnos del pensamiento patriarcal significa que hemos de ser escépticas con todos los sistemas de valores conocidos, ya que nuestra anulación está integrada en cada uno de ellos. Asimismo, nos aconseja que seamos críticas con nuestros relatos mentales, que han sido confeccionados en el contexto patriarcal. Y por último, explica que hay que tener mucho valor para terminar con el patriarcado: el valor de cuestionarnos a nosotras mismas, de quedarnos solas, de aceptarnos y de considerar que nuestras experiencias son inherentemente válidas. Nos dice que quizás el mayor reto de todos sea trascender la ilusión de la seguridad que depende de la aprobación externa y tener la audacia de afirmar que tenemos derecho a transformar el mundo definiéndonos y centrándonos en él sin tener que disculparnos.

En mi labor de guiar a las mujeres en la sanación de su herida materna, a través de mis cursos, programa mentor y retiros, he observado una oleada de estas dos vertientes. Cuando las mujeres sanan su herida materna, automáticamente empiezan a centrarse en sí mismas y en otras mujeres, y se conciencian más de su importancia como colectivo en el tiempo. Cada una vamos deshaciendo el equipaje de nuestras antecesoras, en los patrones de autorrepresión, y en este acto, descubrimos nuestra verdadera energía o fuerza vital, que empieza a convertirse en la Estrella Polar que guía nuestra vida y busca su propia expansión y expresión. Este proceso implica conectar con otras mujeres y ayudarlas a evolucionar, mujeres que consideramos hermanas y que están intentando superar la misma opresión que experimentamos nosotras y nuestras antecesoras. También nos volvemos más conscientes de la necesidad de reclamar nuestra humanidad al patriarcado, acabando con enfermedades sociales como la supremacía blanca, la homofobia y el clasismo entre otras. En el meollo de todo esto medra la resiliencia, cultivada para dar espacio al dolor y al sufrimiento de otras mujeres. El dolor ya no es un callejón sin salida, una debilidad o una amenaza a nuestro poder, sino una puerta hacia el autoconocimiento y la liberación. En el segundo punto de Lerner, también he observado que la sanación de la herida materna hace que las mujeres se cuestionen el modelo patriarcal, que dejen de verlo como algo universal y que se ha de respetar porque así nos lo han enseñado, y que lo vean como lo que es, una antigua reliquia histórica para controlar a las mujeres, sin que estas reciban nada a cambio. Ya no confunden la deferencia a la familia y a las instituciones masculinas y su forma de pensar con un salvoconducto a la seguridad. Las mujeres están empezando a hallar su seguridad, mérito y visión en su *propia* autoridad, en su interior y en la colaboración con otras mujeres. Al sanar la herida materna nos liberamos de las distorsiones patriarcales que habíamos normalizado y declaramos que ya no estamos supeditadas a los sistemas patriarcales que nos impusieron en el momento de nacer.

Algunas relaciones no sobrevivirán a tu yo real.

En el aspecto personal, como mujeres, muchas estamos en el proceso de liberarnos de los mandatos patriarcales que alegan que hemos de estar por debajo y no decir nada, que hemos de aceptar nuestro rol de subordinadas, de ser el sexo débil. Una de las principales formas en que se manifiesta esto todos los días es tan habitual y familiar que la damos por sentada, y sin embargo, en ella reside una fuerza virgen capaz de derrocar al patriarcado. *Se trata de cómo actuamos en las relaciones.*

En las relaciones personales es donde se produce la verdadera revolución.

Como mujeres estamos condicionadas a creer que nuestro mérito está en conseguir que las relaciones funcionen, que el terreno emocional es lo nuestro y que si fracasa una relación, la culpa siempre será nuestra. Incluso cuando sabemos que es mejor dejar correr una relación, es probable que quede un residuo sutil de autoculpa que sigue atormentándonos por dentro, mucho después de que la relación se haya disuelto. Los mensajes culturales de género nos recompensan por ser el sexo «emocional» y ensalzan a las mujeres que intentan rehabilitar a hombres inmaduros y toleran una falta de respeto, que parece no tener límites, por parte de amigos, familiares y colegas. Esto se plasma en el mensaje de fondo de innumerables comedias y relatos románticos.

Autenticidad se ha convertido en una palabra de moda en el extenso «complejo industrial del empoderamiento femenino» que es el *coaching* y el crecimiento personal actual. Pero la autenticidad que tanto anhelamos es mucho más radical y subversiva para el *statu quo* de lo que imaginamos. Nos exige la fidelidad inquebrantable a la esencia de esa verdad interior que ha quedado oculta por nuestras experiencias de haber sido educadas como mujeres y el compromiso de reclamar y encarnar nuestra verdad, aunque nos encontremos con la desaprobación y el rechazo externos.

Una de las cosas que escucho más a menudo en boca de otras mujeres es su temor a que su autenticidad perjudique sus relaciones; esto incluye las relaciones sentimentales, las amistades, los compañeros y las compañeras de trabajo y los familiares.

Las mujeres se preguntan:

- «¿Podrá sobrevivir mi matrimonio a mi verdadero yo?».
- «¿Hundirá a mi pareja mi sinceridad?».
- «Si me convierto en quien quiero ser, ¿perderé a mis mejores amigos o amigas?».
- «¿Si me atrevo a ser como soy, me repudiará mi familia?».

- «¿Podré mantener mi trabajo si no soy capaz de tolerar ciertas cosas?».

Una de las principales armas con las que nos condiciona el patriarcado es el miedo a perder las relaciones. Silenciamos nuestras voces, exageramos y desvirtuamos la verdad, manipulamos para salirnos con la nuestra, nos estancamos en nuestra evolución, todo ello para ser leales. No hemos de juzgarnos o culpabilizarnos por estas formas de actuar. Son mecanismos de defensa que se transmiten intergeneracionalmente para poder soportar la misoginia, y son un motivo para autocompadecernos. Ahora es urgente que maduremos para abandonarlos y entablar una nueva relación con nuestra verdad y nuestro poder.

La sinceridad total es una gran amenaza para el patriarcado.

Derribamos el patriarcado con pequeños gestos y momentos, sencillos y privados, que el mundo exterior probablemente no perciba jamás:

- Cuando escuchamos la vocecita que nos dice que algo no va bien con una persona o situación.
- Cuando elegimos crear espacio para nuestro dolor, en lugar de forzarnos a poner buena cara.
- Cuando reconocemos lo furiosas que estamos y nos negamos a ignorarlo.
- Cuando somos lo bastante valientes como para reconocer nuestro racismo, capacitismo,* homofobia, etc.

---

* N. de la T.: También *ableismo,* que significa 'discriminación social contra las personas con discapacidad', por ejemplo en la configuración del espacio urbano que no está adaptado para ellas o en infravalorar a estas personas por su discapacidad.

- Cuando defendemos a otros que están privados de sus derechos.
- Cuando nos permitimos ser inconvenientes y desagradables con los demás por nuestro propio bienestar.
- Cuando relajamos nuestro ritmo frenético y respetamos nuestra necesidad de espacio, silencio o descanso.
- Cuando vemos con claridad una verdad incómoda y decidimos expresarlo, aunque pueda decepcionar a otra persona.

Cada vez que honras respetuosamente y sin disculparte tu propia verdad, y la expresas sin tapujos para proteger los sentimientos de otros, les estás haciendo un regalo. Cuando eres firme, clara y respetuosa, das poder a los demás, aunque desencadene alguna reacción en ellos. Los desencadenantes son rupturas del estado actual de las cosas, aberturas turbulentas que liberan una nueva forma de ser, si tenemos el valor de realizar el trabajo interior que nos exigen.

Hemos de estar dispuestas a arriesgarnos a perder las relaciones a fin de:

- No transmitir el trauma que hemos experimentado tanto personal como colectivamente.
- Ser verdaderamente creativas, originales e innovadoras.
- Cambiar los patrones opresivos intergeneracionales para las niñas del futuro.
- Terminar con la supremacía blanca, el antinegrismo,* el racismo y la homofobia en nuestras comunidades y organizaciones.
- Salvar la vida en este planeta.

---

* N. de la T.: Tipo de racismo específico hacia las personas de raza negra.

- Relacionarnos con personas que tengan experiencias diferentes a las nuestras (esto es especialmente aplicable a las mujeres blancas y privilegiadas, las heterosexuales, las no discapacitadas, las ricas, etc.).

Algunas relaciones que puede que no sobrevivan son:

- Relaciones con miembros de la familia que confiaron en que desempeñarías cierto rol que protegía sus inseguridades y negaciones.
- Relaciones con familiares que tienen una visión del mundo y unos valores más limitados.
- Relaciones con amistades que puede que se sientan amenazadas por tu evolución.
- Relaciones sentimentales en las que tu pareja no se compromete o no está dispuesta a responsabilizarse de su propio crecimiento.
- Relaciones con compañeros o compañeras de profesión que pueden sentirse amenazados por tu valor para decir lo que piensas y que prefieren dejar las cosas tal como están.

Hacer las paces con nuestro poder implica aceptar el hecho de que, inevitablemente, nuestra autenticidad despertará sentimientos dolorosos en los demás, y saber que podremos soportarlo.

Cuando dejamos de sobreproteger a los demás en nuestras relaciones, recobramos una enorme cantidad de energía, que podemos utilizar para nuestra evolución. Y devuelve a los demás su poder para procesar sus emociones y utilizarlas en su propia transformación. Los detonantes son llaves para la sanación que pertenecen a la persona que se ha visto afectada, son las llaves de una puerta que está en su interior. La opción de utilizar ese detonante para sentirse más libre interiormente forma parte de su viaje personal. Es su oportunidad, en su mano está tomarla o dejarla.

Cometer errores, ser malinterpretada y no agradar nos confiere un maravilloso tipo de libertad.

Es maravilloso saber que esas cosas ya no tienen poder para mermar el amor que sientes hacia ti misma. Cuando suceden, puede haber momentos en los que te sientas mal, pero ya no consiguen descentrarte. De hecho, empiezan a ser oportunidades para ejercer mejor como madre de ti misma y afirmarte todavía más en tu verdad.

Esta maravillosa verdad *no* es lo mismo que ser rebelde u oponerte a las cosas porque sí. Es maravillosa porque forma parte de la libertad de ser un individuo completo. Ser un individuo significa tener el derecho a sentir todo tipo de emociones y sentimientos que merecen respeto, aunque los demás no los compartan. Ser un verdadero individuo es una libertad que no estuvo al alcance de la mayoría de nuestras abuelas y bisabuelas. La reivindicación de ser individuos pudo haberles costado heridas físicas, la muerte o el rechazo. Y hoy en día, para algunas mujeres, especialmente las de color, del tono que sea, todavía es así. No llamar la atención ha sido una forma de estar a salvo y fuera de peligro.

Reconciliarnos con nuestro poder también significa responsabilizarnos del poder para oprimir, especialmente las mujeres blancas, puesto que estamos más cerca de los hombres blancos en la jerarquía de quienes se benefician del patriarcado.

Culturalmente, tenemos la necesidad de pasar un duelo; personalmente, también. Y las situaciones del mundo exterior reflejan esta necesidad imperiosa y creciente de contemplar nuestro propio sufrimiento. La herida materna conlleva la oportunidad de ayudarnos a dar un fascinante paso evolutivo, *si* escuchamos la llamada de interiorizarnos, afrontar nuestra situación y pasar el duelo. No obstante, si elegimos eludir y posponer el dolor, estaremos perpetuándolo y perjudicaremos a la Tierra. Cuantos más individuos realicen este trabajo, más se transformará nuestra cultura.

Como mujeres, nos sentimos culpables porque nos basamos en la falsa suposición de que tenemos la responsabilidad de hacer que los demás se sientan bien todo el tiempo. Si eso no sucede, nos lo tomamos como un fracaso por nuestra parte. Autorízate a renunciar a esa culpa. Nunca ha sido una verdadera obligación.

Hemos de desapegarnos del papel de la «complaciente» para tener todo nuestro poder.

Lo cierto es que no podemos proteger a los otros de sus sentimientos dolorosos. Distraerles de esos sentimientos no les hace ningún bien. Solo prolonga su sufrimiento y retrasa su sanación.

Nos sentiremos mal cuando dejemos de identificar nuestra valía con la función de complacer a los demás.

Nos sentiremos mal porque estamos renunciando a un patrón antiguo que nos es muy familiar. Y los demás se sentirán incómodos porque habrá desaparecido la barrera protectora entre ellos mismos y sus «conflictos». Tendrán que enfrentarse a su dolor. Tu capacidad para soportar este malestar por el cambio es de vital importancia. Recuerda que este malestar es temporal. Lo que importa es que puedas aguantar los sentimientos de culpa que vayan apareciendo y que no permitas que condicionen tu conducta. Utiliza la culpa como estímulo para reafirmarte en ti misma.

Si eres coherente, el malestar se irá transformando en una profunda dulzura existencial, en el sentimiento de dicha por pertenecerte a ti misma. Como mujer que irradia la valentía de atreverse a ser ella misma, ofreces una potente «frecuencia de posibilidad» a las demás. Encarnas el antiguo sueño de nuestras antecesoras: ser una mujer que se ha convertido en individuo, una mujer en sí misma...

La herida materna es una herida que todas compartimos, pero también es un puente para que podamos conectar entre nosotras, para sanar, evolucionar, desvincularnos del patriarcado y adentrarnos en una nueva era de poder femenino.

El patriarcado está tocando a su fin, como sucede con todas las eras. Al sanar nuestra herida materna, estamos creando un nuevo linaje de mujeres, que trasciende la familia, el tiempo y las culturas. Estamos creando una creciente conciencia de grupo más cohesionada globalmente que da prioridad a las mujeres. Y creamos una conciencia de grupo que pone en entredicho la autoridad masculina y su errónea reivindicación de que su verdad es universal. A medida que nos vamos centrando en las mujeres y deconstruimos activamente los sistemas patriarcales en el mundo y en nosotras mismas, al haber sanado nuestra herida materna, desarrollamos la capacidad colectiva de dar a luz una nueva era y una nueva Tierra.

AGRADECIMIENTOS

Quiero dar las gracias a mis valientes antecesoras, escritoras cuyo trabajo reflejaba su compromiso de contar la verdad sobre sus vidas como mujeres: Adrienne Rich, Audre Lorde, Marge Piercy, Andrea Dworkin, Kate Millett, Bell Hooks y Phyllis Chesler. También quiero recordar a Mary Oliver, Maya Angelou, Alice Walker, Virginia Woolf y Gerda Lerner. Sus palabras me han inspirado a desarrollar plenamente mi propio impulso, el impulso de evolucionar, de investigar, de entregarme a mi dolor, de explorar mis misterios internos y de compartir mis descubrimientos con otras mujeres.

Mi más sincero agradecimiento a mis agentes Terra Chalberg y Meg Thompson por creer en este trabajo y por vuestros esfuerzos para la elaboración completa de este libro. Vuestra sabiduría, pericia y amistad han significado mucho para mí. Gracias a mi editora, Emma Brodie, por sus increíbles comentarios, orientación y experiencia editorial. Nunca te agradeceré lo bastante que hablaras las cosas conmigo, me animaras y compartieras mi entusiasmo y mi visión para este libro. Mi agradecimiento también para Cassie Jones, Kiele Raymond, Maggie Stephenson y Trista Hendren.

Quiero dar las gracias a Sophia Style, así como a Mónica Manso Benedicto e Isabel Villanueva, que fueron las primeras en contactar conmigo y en invitarme a impartir mis primeros talleres en Barcelona, y me presentaron a su red europea y de otros continentes.

Mi agradecimiento también a mis estimadas y viejas amigas, así como a las recientes: Toko-pa Turner, Karen Sharpe, Heather Kamins, Abigail Hartman, Elizabeth Bridgewater, Pam Parmakian, la familia Webster, Tayla Findeisen, Jillian Casadei, Rachel Smith Cote, Kathleen Fakete, Jim Bauerlein, mis hermanas de B.A.S.I.L. y la familia Pottern.

Gracias a las mujeres con las que he colaborado en otros proyectos, que me han ofrecido su entusiasmo, sabiduría y ayuda: Lourdes Viado, Karly Randolph Pitman, Lucy Pearce, Layla Saad, Erica Mather, Emmeline Chang, Katarzyna Majak, Anna Chan, Rachel Ricketts y Jeannie Zandi.

Gracias a Lise Weil, Kim Chernin y Cynthia Rich, por nuestras conversaciones y por vuestras historias. Gracias a Karna Nau, Sandra Derksen, Ali Brown y Eleanor Beaton, por vuestra experiencia y comentarios.

También quiero dar las gracias a mis clientas, alumnas y lectoras de todo el mundo, por compartir sus historias conmigo en mis cursos, talleres y retiros. Gracias por vuestro valor para realizar este trabajo profundo y por vuestros comentarios sobre cómo ha transformado y transforma vuestra vida. Es una dicha, un honor y un privilegio ser testigo de vuestro camino y poder ayudaros en el trayecto.

Gracias a J., en cuya presencia he sanado, he evolucionado y me he transformado, y cuya afectuosa paciencia, ayuda y ánimos han sido clave para la creación de este libro.

Por último, quiero expresar mi agradecimiento a mi terapeuta, Nicole Ditz, cuya ayuda constante e inquebrantable y cuya brillante experiencia me han ayudado a sanar, pasar el duelo y progresar al máximo durante los últimos veintidós años. Has estado conmigo desde que tenía diecinueve años ayudándome en todas mis etapas. No hay palabras para describir mi profunda gratitud por cómo me has ayudado, a través de tu amor maternal incondicional, a darme cuenta de que soy maravillosa y a ir desarrollando y normalizando gradualmente esa madre adorable que hay dentro de mí, algo que jamás podrá ser destruido o arrebatado, que estará siempre conmigo.

APÉNDICE

Este libro abarca temas como el funcionamiento del cerebro y el trauma complejo en el desarrollo. Como soy *coach*, no psicoterapeuta o especialista en traumas, le he pedido a mi terapeuta, Nicole Ditz, que escribiera este apéndice, que incluye información para quienes quieran profundizar más en el tema. A continuación hay una lista de obras médicas sobre estos temas.

NICOLE ANN DITZ
Psicoterapeuta de psicología profunda integrativa, especializada, desde hace más de veinte años, en tratamientos intensivos de larga duración del trauma complejo en el desarrollo (www.holisticdepththerapy.com).

Advertencia: El emergente campo del trauma complejo en el desarrollo comprende otros campos muy amplios y multidisciplinares que contribuyen a una gran variedad de investigaciones científicas, conocimientos teóricos e infinitas modalidades de tratamientos. Entre estas se incluyen, aunque no se limitan, las ciencias del cerebro, la neurobiología interpersonal, la psicología del desarrollo, las investigaciones y la práctica sobre el apego, las ciencias cognitivas, el psicoanálisis relacional contemporáneo, los modelos de desarrollo caracteriológico, así como un sinfín de escuelas de tratamiento —experiencial, somático, afectivo/emocional y relacional—, basadas en la evidencia. Debido a su complejidad y a las limitaciones de espacio de este apéndice, solo podré aportar explicaciones breves. Si estás interesada en indagar más en este complejo campo, puedes visitar mi sitio web y la lista de otras fuentes que incluyo a continuación de este apéndice.

Mi estilo de terapia incluye numerosas prácticas, modalidades y teorías. Estas prácticas abarcan (pero no se limitan a ello) la terapia cognitivo-conductual, la dialéctica conductual y el aprendizaje de técnicas de tolerancia al estrés, el juego de roles gestáltico, la teoría psicodinámica de las relaciones objetales,[*] prácticas junguianas, el trabajo con los sueños, las artes expresivas o proceso interno de escribir un diario, el diálogo en voz alta con nuestros aspectos interiores o crítico interior, la terapia de resolución de problemas cuando surgen en la vida cotidiana, los sistemas de la familia interna,[**] la reconsolidación de la memoria, el trabajo de transferencia traumática, la recreación traumática y el trabajo de recuperación, el trabajo con la disociación estructural de nuestras

---

[*] N. de la T.: El concepto de relación objetal se utiliza en el psicoanálisis para denominar la manera de relacionarse un sujeto con su mundo, siendo esta relación el resultado de la forma en que está estructurada su personalidad, así como las fantasías puestas en los objetos y sus principales defensas psíquicas. Si la madre permite al hijo expresar su verdadero yo en interacción con ella, podrá desarrollar todo su potencial libre de tener que acomodarse a los deseos o necesidades de la madre, este niño al crecer con su estructura psíquica bien configurada podrá elegir libremente sus relaciones sin tener que adaptarlas a patrones inconscientes relacionales de sus primeros estadios de vida. (Fuente: psicoanalisis0.com)

[**] N. de la T.: El modelo de los Sistemas de la familia interna (IFS) supone un avance en la psicoterapia relativamente reciente. Fue formulada por Richard Schwartz. Para la IFS la mente humana consiste en muchas partes diferentes que juntas forman el sistema de la familia interna. Hay dos tipos principales de partes: partes protectoras (que IFS llama directivos y bomberos) y partes vulnerables (o exiliados). Algunas de las partes hacen roles que nos permiten funcionar bien en la sociedad y otras aseguran que las partes vulnerables –partes a menudo jóvenes que sufrieron algún tipo de herida y que luego fueron exiliadas de la consciencia- no se activen. Lo hacen tanto para proteger a estas partes vulnerables del mundo como para impedir que el sistema, en su conjunto, sea desbordado por ellas. (Fuente: openheartopenmind.eu)

partes internas, las técnicas de regulación emocional de los traumas y el trabajo de psicología profunda para parejas.

Trauma complejo en el desarrollo: suele ser el resultado del maltrato físico y emocional persistente o de la negligencia, así como de las amenazas, el rechazo, la invalidación, la invasión y la desintonización emocional crónica que, generalmente, comenzaron en el vulnerable sistema de apego primario de la primera infancia del niño o niña. Los progenitores, aunque tengan muy buenas intenciones, debido a sus propios problemas psicológicos y traumas no procesados, sencillamente, son incapaces de atender o educar a sus hijos de forma saludable. El trauma en el desarrollo puede provocar diversos grados de disrupción y desorganización generalizada y multifacética, tanto de la arquitectura estructural y neural del cerebro, que se encuentra en fase de rápido desarrollo, como en la del sistema nervioso autónomo, incluidas las ramas simpática y parasimpática. Estas ramas son las responsables de las reacciones secundarias de luchar/huir/paralización/colapso o desconexión ante las principales amenazas, como pueden ser los traumas. El cerebro traumatizado se caracteriza por la falta de integración sólida entre la corteza prefrontal superior, que desempeña una función ejecutiva, y el primitivo y emocional sistema límbico, más orientado a la supervivencia, que está situado en el mesencéfalo y el bulbo raquídeo. Además, el trauma puede reducir la abundante conectividad sináptica entre los hemisferios derecho e izquierdo y provocar lateralidad cruzada. El hemisferio subcortical derecho, entre sus otras innumerables funciones, es el responsable de almacenar recuerdos de traumas emocionales implícitos prelingüísticos y de traumas somáticos relacionados con las sensaciones, mientras que el hemisferio izquierdo está más orientado hacia la comprensión abstracta lógica, analítica, verbal y cognitiva. Puesto que una buena parte de los traumas relacionales de la infancia son almacenados en redes neuronales inconscientes y preverbales del cerebro, una terapia basada principalmente en el análisis cognitivo verbal tendrá bastantes limitaciones para conseguir la sanación. Un terapeuta del trauma competente deberá dedicar mucho tiempo a conectar el primitivo hemisferio derecho emocional subcortical, a través de procesos basados en el apego profundo y el trabajo experiencial.

El trauma complejo en el desarrollo y su perjudicial impacto en la organización del cerebro y del sistema nervioso provoca alteraciones cerebrales generalizadas en los sistemas de conciencia, excitación, emocional, cognitivo, perceptivo y relacional o de apego, así como en los modelos de trabajo interno con sus representaciones mentales para comprender el mundo, el yo y otros. Esto puede conducir a una disregulación emocional crónica; síntomas disociativos; deterioro en la formación de un sentido del yo sólido, a menudo identificándose con situaciones que provocan una profunda vergüenza; sentimientos de aislamiento o soledad generalizados; estados emocionales abrumadores espontáneos y ocasionales de terror, horror o desesperación, así como diversos grados de ansiedad crónica, agitación, depresión o ira. Los síntomas interpersonales pueden incluir, por ejemplo, desconfianza en los demás, ansiedad social y estilos de apego primario inseguro, como apego ansioso o preocupado, elusivo o despectivo y desorganizado. Dependiendo de la forma en que fuera tratado el, o la, menor en el entorno familiar traumático, puede llegar a formarse una visión general negativa y distorsionada del mundo. Las proyecciones subconscientes complejas pueden constelar en torno a una nebulosa sensación de amenaza externa, malestar general y miedo a las personas conocidas y desconocidas que pueden perjudicar, invadir o criticar al frágil yo. A la inversa, otra visión del mundo traumática basada en una historia infantil inconsciente de privación emocional podría buscar sin darse cuenta una figura materna o paterna redentora e idealizada, en las relaciones, instituciones, grupos sociales, organizaciones religiosas o espirituales, etc.

El trauma queda profundamente grabado en los circuitos neuronales del cerebro y el sistema nervioso del niño o niña (y posterior adulto o adulta). Por consiguiente, los síntomas traumáticos se reexperimentan repetidamente en la subjetividad personificada actual del adulto, a través de sensaciones dolorosas, emociones y distorsiones perceptivas, y estados oscilantes de hiperactivación simpática e hipoactivación parasimpática, que se encuentran fuera de la ventana de tolerancia del cerebro, ventana donde pueden integrarse fácilmente emociones y experiencias. Esta situación deja al superviviente con la sensación de estar en una angustiosa montaña rusa que transcurre entre estados simpáticos inseguros altos de miedo/pánico/ira y estados parasimpáticos bajos de letargo/disociación/colapso. El desencadenamiento neuronal de temas relacionados con los traumas tiene lugar incluso cuando es inducido por asociaciones muy sutiles en el entorno actual, que recuerdan subconscientemente al cerebro los hechos traumáticos de la infancia, encendiendo estos antiguos circuitos neuronales hiperreactivos. Si los demás no parecen prestarle mucha atención al superviviente del trauma que tiene una historia de negligencia emocional, esto podría desencadenarle sentimientos desproporcionados de rechazo, abandono o vergüenza. Dada esta constante repetición de la experiencia traumática en el cerebro y en el sistema nervioso, paso mucho más tiempo del deseado trabajando las manifestaciones y secuelas actuales del trauma en el desarrollo que profundizando en los recuerdos del pasado. Los traumas del pasado no están realmente en el pasado, sino que viven con mucha fuerza en el presente, a menos que nos propongamos sanarlos mediante alguna terapia intensiva. Afortunadamente, la neuroplasticidad del cerebro es notable y tenemos la facultad de cambiar a lo largo de la vida. Las investigaciones llevadas a cabo en la última década, mediante sistemas de neuroimágenes, biología molecular, neurobiología y epigenética, han revelado que la psicoterapia de larga duración puede efectuar cambios y modificaciones en la plasticidad sináptica, en el metabolismo de los neurotransmisores e incluso en la expresión de los genes.

Falso yo caracteriológico - organizaciones de defensa: son un sello distintivo de los traumas relacionales complejos en el desarrollo porque el cerebro del niño, el sentido del yo y la personalidad se formaron en el crisol de un sistema familiar traumático y peligroso en el que tuvo que sobrevivir. El falso yo crea un escudo protector alrededor del núcleo del verdadero yo y adopta la forma más conveniente para satisfacer las exigencias implícitas y explícitas de los cuidadores. Estas adaptaciones son un intento de conservar el frágil e inseguro vínculo de apego con el cuidador principal y minimizar abusos y rechazos. Estas adaptaciones caracteriológicas pueden asumir miles de formas. En la comunidad de personas de alto funcionamiento con la que trabajo, las adaptaciones que más veo son los tipos de las complacientes, obedientes e hiperconformistas; las fuertes, heroicas y con control; las perfeccionistas compulsivas, triunfadoras y productivas; las cuidadoras, mediadoras y parentificadas; las desapegadas emocionalmente y mentalmente dominantes, y las soñadoras, disociativas y espirituales. Estas y otras muchas adaptaciones son tristemente recompensadas y reforzadas por la sociedad, tanto en la infancia como de adultas. Dedico la mayor parte de mi tiempo como terapeuta a deshacer suave y cuidadosamente los restrictivos excesos de estos falsos personajes defensivos, a la vez que ayudo a mis pacientes a que crezcan y desarrollen un verdadero sentido del yo generoso, sólido y libre. (Para una lectura interesante sobre trauma, máscaras psicológicas y temas relacionados con el verdadero y falso yo, consulta mi sitio web, la sección «The Invisible Faces of Complex Trauma» [Los rostros invisibles del trauma complejo]).

El agujero negro: en el psicoanálisis contemporáneo y la teoría del trauma, se describe el agujero negro como brechas disociativas, rupturas, vacíos internos, experiencias no formuladas y estructuras ausentes en la formulación de un sentido del yo firme y cohesionado. Estos déficits o agujeros psicológicos en la estructura del yo son la consecuencia de que el desarrollo de una persona en su infancia se produjera en un entorno familiar abusivo, intrusivo y/o negligente. La estructura del yo sólida y auténtica se forja y consolida cuando el niño puede desarrollarse en un entorno tranquilo, solidario, seguro, protector y de sintonía emocional con los cuidadores. Cuando se trata de un ambiente traumático, el niño no puede basarse en su experiencia intrapsíquica del yo, sino que, en cierto sentido, ha de vivir de dentro hacia fuera, hipervigilante de las amenazas que se produzcan en el entorno familiar externo y a la defensiva intentando prever los daños psicológicos, a veces incluso físicos, y protegerse de ellos. Esto crea disrupciones traumáticas en el proceso de la formación del yo. Los agujeros en la estructura del yo se correlacionan con la desorganización, disregulación y disociación estructural interna del cerebro y del sistema nervioso. Esto, a su vez, favorece crisis primitivas de emociones asociadas abrumadoras, como el terror a la aniquilación, el horror o la vergüenza profunda para atravesar los mecanismos de defensa y sobrepasar al yo consciente del niño y, posteriormente, del adulto. Algunos pacientes describen esto subjetivamente como un sentimiento de que podrían «desaparecer, disolverse, ser destruidos, volverse locos, implosionar o volar en pedazos». Otros describen estos agujeros fenoménicamente como estar «vacío, inmerso en la oscuridad, en espacios gélidos donde no hay nada», en los que se sienten completamente solos y temen dejar de existir.

El útero externo: como terapeuta del trauma en el desarrollo, profundamente integradora y especializada en las relaciones, entiendo la relación terapéutica correctiva a largo plazo como una especie de nido terapéutico o útero externo reparador. La relación o alianza terapéutica puede encontrarse empíricamente en todas las escuelas de psicología y neurobiología interpersonal, como el agente sanador primordial, sin que ello afecte a las otras prácticas y estrategias terapéuticas empleadas. Dentro de este útero terapéutico especializado, aporto a mis pacientes un flujo continuado de recursos psicológicos, emocionales cognitivos y relacionales que no tuvieron durante los años críticos de su formación en la infancia, cuando se desarrolla el cerebro y el yo. Este entorno de crecimiento relacional enriquecido proporciona millones de micromomentos de sintonía empática, presencia compasiva, capacidad de respuesta diligente, resonancia, validación y valoración, apoyo y regulación emocional, corrección de distorsiones de percepción, procesamiento de recuerdos traumáticos, reparación de rupturas terapéuticas, psicoeducación, enseñanza de innumerables nuevas técnicas psicológicas y una plétora de oportunidades experienciales para practicar nuevas formas de ser un genuino yo individuado y conectado. El útero terapéutico favorece el crecimiento de un nuevo modelo de trabajo interiorizado de merecido apego seguro. Algunas escuelas psicológicas académicas se refieren a esta relación de apego terapéutico como un tipo de «reparentización limitada». Los florecientes campos de las ciencias del cerebro y de la neurobiología, junto con las nuevas tecnologías de imagen por resonancia magnética funcional (iRMf), están aportando cada vez más pruebas de que este tipo de relación terapéutica correctiva a largo plazo promueve cambios en la neuroplasticidad del procesamiento, integración y estructura del cerebro.

Construir un auténtico sentido del yo en la terapia: el sentido del yo de una persona siempre se forma y se deforma en el ámbito de las relaciones primarias con los cuidadores, que empiezan en el nacimiento. Cuando esas relaciones de apego primario están repletas de interacciones traumáticas, se priva al niño de miles de millones de recursos relacionales saludables, cruciales para su desarrollo de la formación del yo, y el proceso de desarrollar un sentido del yo sólido queda profundamente malogrado. No obstante, gracias a la plasticidad innata del cerebro, los terapeutas integrativos del trauma relacional, como yo misma, podemos aportar, dentro de una nueva relación terapéutica correctiva, y con el transcurso de muchos años, suficientes de los recursos relacionales que faltaron en la infancia o que fueron distorsionados en etapas de formación esenciales. Evidentemente, no es lo mismo que recibir esos recursos y relación de apego seguro de bebé y en la infancia. Sin embargo, me sigue pareciendo increíble la gran cantidad de mis pacientes que han podido superar su disregulación emocional crónica, pérdida, desconexión de sí mismos, desconocimiento de sus verdaderas necesidades y deseos internos, el estar atrapados en dolorosos mecanismos de defensa caracteriológicos y en relaciones tóxicas, y se están volviendo mucho más asertivos, seguros de sí mismos, autoconscientes, vivos, regulados emocionalmente, seguros respecto a su sentido de autoestima y capaces de crear relaciones sanas y satisfactorias, y experimentarse a sí mismos de una manera sólida y real. Este es el milagro ganado con esfuerzo de la lenta constelación de la verdadera yoidad. Parece que siempre implica lo mismo: dar dos pasos hacia delante y uno hacia atrás. Las antiguas formas de ser, las defensas y los patrones heridos son formidables y tenaces. No obstante, he sido testigo de que los que han perseverado y desarrollado la fortaleza interior y el valor de no desviarse del camino han experimentado el crecimiento de un auténtico sentido del yo; muchos de ellos empezaban a sentirse rotos, desvalorizados y sin esperanza. Las personas sufren daños en las relaciones traumáticas de su infancia, pero también se las puede ayudar a cambiar, a sanar y a desarrollar un nuevo sentido del yo, en el contexto de una relación profesional y capaz de responder emocionalmente durante toda la vida. Es imposible realizar este trabajo solo.

Madre interior, niña interior y vínculo interior: las diversas partes de la niña interior, en una adulta sana y no traumatizada, se consideran subpersonalidades. Son las portadoras en nuestro cerebro de la huella del desarrollo de las experiencias formativas de la infancia: recuerdos explícitos e implícitos, sentimientos, creencias, visiones de nosotras mismas y del mundo, así como las primeras experiencias de apego. En el caso del trauma en el desarrollo, estas experiencias formativas estuvieron plagadas de emociones profundamente tormentosas, como miedo, vergüenza, desconfianza y dolor en las relaciones primarias y una carencia básica de seguridad física y emocional. En las supervivientes de situaciones traumáticas, estas partes de la niña o estados mentales regresivos suelen, al menos al inicio, estar parcialmente disociados dentro del sistema del yo, a fin de que la persona adulta pueda manejarse en el mundo. Puede que metafóricamente concibamos que estas partes traumatizadas se manifiestan en la persona adulta durante la actividad disregulada del sistema nervioso simpático, como en situaciones de miedo o ira intensos, o estados parasimpáticos superreactivos, como la vergüenza y la desesperación. Podríamos seguir extendiendo esta metáfora a la idea de que los estados traumáticos de la niña interior representan una actividad más primitiva, subcortical e inconsciente del bulbo raquídeo y de la región límbica asociada a las emociones prelingüísticas fuertes, a las sensaciones, a las necesidades de supervivencia, a los modelos distorsionados de trabajo interior de relaciones de apego inseguras, así como los estados traumáticos de lucha/huida/paralización/desconexión.

Podemos imaginarnos a la «madre interior» metafórica asociada a las maduras regiones cerebrales ejecutivas, prefrontales y bilaterales, marcadas por la razón consciente, la lógica, la resolución de problemas y las aptitudes de autorreflexión interoceptiva. Esta madre interior tiene la capacidad de desarrollar el liderazgo del autosistema, aprendiendo a regular y a auto-tranquilizar estados de angustia intensos, en las subpartes de la niña interior, y traducirlos en comprensión conceptual y acciones efectivas. Estas facultades cerebrales ejecutivas de la madre interior se aprenden interiorizando, durante mucho tiempo, las funciones de «madre» del terapeuta del trauma. Los supervivientes del trauma, inicialmente, tienen poca capacidad de percepción subjetiva y autorregulación emocional, puesto que los estados afectivos primitivos traumáticos son muy potentes y abruman fácilmente a las regiones superiores del cerebro. Por lo tanto, el terapeuta ha de ocuparse directamente de proporcionar los recursos relacionales y cuidados emocionales a las partes de la niña interior que subyacen en la adulta, durante bastante tiempo, hasta que esta desarrolla la capacidad de gestionar esas habilidades por sí misma.

Con el paso del tiempo, a medida que se forma un vínculo de apego interno seguro entre la madre interior y los subyoes de la niña interior, el cerebro se vuelve más integrado vertical y horizontalmente, es decir, de arriba abajo y entre ambos hemisferios derecho e izquierdo. Esto proporciona al superviviente en proceso de sanación una sensación de mayor calma, armonía, competencia, estar a salvo, seguridad en sí mismo, regulación emocional y bienestar. Las subpartes de la niña interior no desaparecen, como creen algunos, sino que desarrollan un sentimiento subjetivo de seguridad emocional y de estar atendidos compasivamente por la presencia de una madre interior. Se integran lentamente en el multifacético sentido del yo de la persona. Esta coherencia cerebral interna facilita que pueda realizar competentemente sus tareas de adulta, a la vez que disfruta de la vitalidad, la imaginación y la vivacidad de las partes rehabilitadas y protegidas de su niña interior.

Si estás interesada en conocer más sobre este tema, puedes consultar en mi sitio web, las secciones «Trauma and Treatment of the Inner Child» (Trauma y tratamiento del niño interior) y «Voices of the Inner Child» (Voces del niño interior).

LITERATURA CLÍNICA SOBRE TRAUMA COMPLEJO EN EL DESARROLLO, PSICOTERAPIA Y NEUROCIENCIA

Armstrong, Courtney, *Rethinking Trauma Treatment: Attachment, Memory Reconsolidation, and Resilience* [Reconsiderar el tratamiento del trauma: apego, reconsolidación del recuerdo y resiliencia] (Nueva York, W. W. Norton & Company, 2019).

Badenoch, Bonnie, *The Heart of Trauma: Healing the Embodied Brain in the Context of Relationships* [La esencia del trauma: curar el cerebro encarnado en el contexto de las relaciones] (Nueva York, W. W. Norton & Company, 2017).

Cozolino, Louis, *The Neuroscience of Psychotherapy: Building and Rebuilding the Human Brain* [La neurociencia de la psicoterapia: construir y reconstruir el cerebro humano] (Nueva York, W. W. Norton & Company, 2002).

Fisher, Janina, *Healing the Fragmented Selves of Trauma Survivors: Overcoming Internal Self-Alienation* [Sanar los yoes fragmentados en los supervivientes de traumas: superar la autoalienación interior] (Nueva York, Routledge, 2017).

Heller, Laurence y Aline LaPierre, *Healing Developmental Trauma: How Early Trauma Affects Self-Regulation, Self-Image, and the Capacity for Relationships* [Sanar el trauma en el desarrollo: cómo afecta el trauma infantil a la autorregulación, la imagen de sí mismos y la capacidad para relacionarse] (Berkeley, California, North Atlantic Books, 2012).

Pease Banitt, Susan, *Wisdom, Attachment, and Love in Trauma Therapy: Beyond Evidence-Based Practice* [Sabiduría, apego y amor en la terapia del trauma: más allá de la práctica basada en las pruebas] (Nueva York, Routledge, 2019).

Schore, Allan N., *Right Brain Psychotherapy* [Psicoterapia del hemisferio derecho] (Nueva York, W. W. Norton & Company, 2019).

Solomon, Marion y Daniel J. Siegel, editores, *How People Change: Relationships and Neuroplasticity in Psychotherapy* [Cómo cambian las personas: relaciones y neuroplasticidad en psicoterapia] (Nueva York, W. W. Norton & Company, 2017).

Streep, Peg, *Daughter Detox: Recovering from an Unloving Mother and Reclaiming Your Life* [Desintoxicación de la hija: recuperarse de una madre no afectiva y reclamar tu vida] (Ile D'Espoir Press, 2017).

Van der Kolk, Bessel, *El cuerpo lleva la cuenta, mente y cuerpo en la superación del trauma,* (Sitges, Barcelona, Eleftheria, 2020).

BIBLIOGRAFÍA

Bargh, John A.,*¿Por qué hacemos lo que hacemos?: El poder del inconsciente* (Barcelona, Ediciones B, 2018).

Bowlby, John, *Una base segura: Aplicaciones clínicas de una teoría del apego* (Barcelona, Paidós, 1989).

Brach, Tara, *Aceptación radical: abrazando tu vida con el corazón de un buda* (Madrid, Gaia Ediciones, 2018).

Bradshaw, John, *Volver a casa: recuperación y reivindicación del niño interior* (Madrid, Gaia Ediciones, 2008).

Cori, Jasmin Lee, *The Emotionally Absent Mother: A Guide to Self-Healing and Getting the Love You Missed* [La madre emocionalmente ausente] (Nueva York, Experiment, 2010).

Dworkin, Andrea, *Pornography: Men Possessing Women* [Pornografía: los hombres poseen a las mujeres] (Nueva York, Plume, 1989).

Evans, Patricia, *El abuso verbal en las relaciones: cómo reconocerlo y cómo responder* (Holbrook, Massachusetts, Adams Media, 2017).

Friday, Nancy, *Mi madre yo misma* (Barcelona, Argos Vergara, S.A., 1987).

Gibson, Lindsay C., *Hijos adultos de padres emocionalmente inmaduros* (Málaga, Sirio, 2016).

Harris, Massimilla, *Into the Heart of the Feminine: An Archetypal Journey to Renew Strength, Love, and Creativity* [En el corazón de lo femenino: un viaje arquetípico para reclamar amor, fuerza y vitalidad] (Asheville, Carolina del Norte, Daphne Publications, 2014).

Lerner, Gerda, *La creación del patriarcado* (Pamplona, Katakrak, 2017).

Martínez, Mario E., *The Mindbody Code: How to Change the Beliefs That Limit Your Health, Longevity, and Success* [El código cuerpomente: cómo cambiar las creencias que limitan tu salud, longevidad y éxito] (Boulder, Colorado, Sounds True, 2016).

Maté, Gabor, *In the Realm of Hungry Ghosts: Close Encounters with Addiction* [En el reino de los fantasmas hambrientos: encuentros íntimos con la adicción] (Toronto, Vintage Canada, 2018).

Millett, Kate, *Política sexual* (Madrid, Ediciones Cátedra, 2019).

Moffitt, Phillip, «Healing Your Mother (or Father) Wound» [Sanar tu herida materna (o paterna)], 2011. Extraído de http://dharmawisdom.org/teachings/articles/healing-your-mother-or-father-wound.

Oliver, Mary, *Dream Work* [Trabajo con los sueños] (Boston, Atlantic Monthly Press, 1986).

Penny, L. «Most Women You Know Are Angry —and That's All Right» [La mayoría de las mujeres que conoces están furiosas. Y eso está bien]. *Teen Vogue*, 2 de agosto de 2017. Extraído de https://www.teenvogue.com/story/women-angry-anger-laurie- penny.

Piercy, Marge, *Circles on the Water: Selected Poems of Marge Piercy* [Círculos en el agua: poemas selectos de Marge Piercy] (Nueva York, Knopf, 2002).

Reuther, Linda, «Homecoming». *In Her Words: An Anthology of Poetry about the Great Goddess* [En sus palabras: una antología de poesía sobre la gran diosa], editado por Burleigh Mutén, 222. Shambala, 1999.

Rich, Adrienne. *Sobre mentiras, secretos y silencios* (Madrid, Horas y Horas, 2011).

Shaw, George Bernard, *Annajanska, the Bolshevik Empress* [Annajanska, la princesa bolchevique] (Whitefish, Montana, Kessinger Publishing, 2004).

Sieff, D. F., «Confronting Death Mother: An Interview with Marion Woodman», *Spring Journal* 81, 2009, 177-199.

Tolle, Eckhart, *El poder del ahora* (Móstoles, Madrid, Gaia, 2007).

Winnicott, D. W., «Ego Distortion in Terms of True and False Self», en *The Maturational Processes and the Facilitating Environment: Studies in the Theory of Emotional Development,* 140-157 (Nueva York, International Universities Press, Inc., 1965). Publicado en castellano por Paidós Ibérica con el título *Los procesos de maduración y el ambiente facilitador: estudios para una teoría del desarrollo emocional*.

ÍNDICE TEMÁTICO

PERMISOS

Páginas 8-9: de *Dream Work,* copyright © 1986 de Mary Oliver. Utilizado con el permiso de Grove/Atlantic, Inc. y la Charlotte Sheedy Literary Agency. Está prohibido el uso de este material a terceras partes, que no sean de esta publicación.

Página 34: del *The Power of Now: A Guide to Spiritual Enlightenment.* Copyright © 2004 Eckhart Tolle. Utilizado con permiso.

Páginas 53 y 301: fragmento de «Husband-Right and Father-Right» y fragmento de «Disloyal to Civilization: Feminism, Racism and Gynephobia», de *On Lies, Secrets and Silence: Selected Prose 1966-1978*, de Adrienne Rich, copyright 1979 de W. W. Norton & Company, Inc. Utilizado con el permiso de W. W. Norton & Company, Inc.

Páginas 61-62, 133 y 191: republicado con el permiso de New Harbinger, de *Hijos adultos de padres emocionalmente inmaduros* de Lindsay C. Gibson, 2015; permiso concedido a través del Copyright Clearance Center, Inc.

Páginas 129-130: el concepto de «The Many Faces of the Good Mother» ('las múltiples caras de la buena madre') ha sido adaptado de *The Emotionally Absent Mother,* segunda edición actualizada y ampliada, de Jasmin Lee Cori (The Experiment, 2017).

Página 164: de *Pornography: Men Possessing Women*, de Andrea Dworkin. Copyright © 1989 con el permiso de Elaine Markson Literary Agency.

Páginas 168-169: de «Healing Your Mother (or Father) Wound» de Phillip Moffitt, https://dharmawisdom.org/teachings/articles/healing-your-mother-or-father-wound. Utilizado con permiso.

Página 181: Estados Unidos y Canadá, «Right to life», de *Circles on the Water*, de Marge Piercy, copyright © 1982 de Middlemarsh, Inc. Utilizado con el permiso de Alfred A. Knopf, impresión de Knopf Doubleday Publishing Group, una división de Penguin Random House LLC. Reservados todos los derechos. En el resto del mundo: «Right to life», de Marge Piercy, copyright © 1979, 1982 de Marge Piercy y Middlemarsh, Inc. De *Circles on the Water*, Alfred A. Knopf, 1982. Primera aparición en *Sojourner*, agosto de 1979. Utilizado con el permiso de The Wallace Literary Agency, una división de Robin Straus Agency, Inc.

Páginas 203-204: de Sieff, Daniela F. (2009) «Confronting Death Mother —An interview with Marion Woodman», *Spring Journal* 81, pp. 177-199, utilizado con permiso.

Página 229: de *Sexual Politics*, de Kate Millett. Copyright © 2016 Columbia University Press. Reproducido con permiso del editor.

Página 266: de «Homecoming», de Linda Reuther, en *Her Words: An Anthology of Poetry About The Great Goddess,* editado por Burleigh Mutén. Copyright © 1999 Shambala.